普通高等教育"十四五"经济管理类规划教材

管理学

案例集

宋默西 杨 树◎主编 路 西 洪如玲◎副主编

Management Casebook

经济管理出版社
ECONOMY & MANAGEMENT PUBLISHING HOUSE

图书在版编目（CIP）数据

管理学案例集/宋默西，杨树主编；路西，洪如玲副主编 .—北京：经济管理出版社，2023.2（2023.10 重印）

ISBN 978-7-5096-8778-9

Ⅰ.①管⋯ Ⅱ.①宋⋯ ②杨⋯ ③路⋯ ④洪⋯ Ⅲ.①管理学—案例—教材 Ⅳ.①C93

中国版本图书馆 CIP 数据核字（2022）第 195369 号

组稿编辑：曹　靖
责任编辑：郭　飞
责任印制：黄章平
责任校对：陈　颖

出版发行：经济管理出版社
　　　　　（北京市海淀区北蜂窝 8 号中雅大厦 A 座 11 层　　100038）
网　　址：www. E-mp. com. cn
电　　话：(010) 51915602
印　　刷：北京晨旭印刷厂
经　　销：新华书店
开　　本：720mm×1000mm/16
印　　张：17. 25
字　　数：320 千字
版　　次：2023 年 2 月第 1 版　　2023 年 10 月第 2 次印刷
书　　号：ISBN 978-7-5096-8778-9
定　　价：58. 00 元

本书参编人员：

廖媛红　栾　玲

马　威　王瑞梅

王卫华　徐洁怡

目 录

第一篇 总论

第二篇 决策

第三篇　组织

第四篇　领导

第五篇 控 制

第六篇　创　新

第一篇　总论

第一章　管理导论

一、专题案例

案例一　华讯方舟的新 T 型人才变革

成立于 2007 年的华讯方舟（集团）科技有限公司以提供通信终端设备起家，曾创下连续三年年均 400% 复合增长率的纪录。随着客户需求的增多，不囿于做纯粹设备提供商的华讯方舟集团，很快便在精进技术的基础上，延伸着自身的业务边界。2007~2011 年，从设备提供商转型为系统服务商，是华讯方舟集团迈出转型的第一步。

从市场环境来看，随着设备数量的增多，市场将逐渐趋于饱和，传统设备商迟早会失去差异化竞争力。因此，在思考未来通信网络发展的同时，企业必须跳出原来的视野去审视产业。而及早地转型为系统服务商，对设备提供商无疑是利大于弊。在转型成为系统服务商的过程中，华讯方舟集团也遭遇了困难。在为高铁提供通信系统服务的项目中，华讯方舟集团前期做了大量投入，周期较长，见效缓慢。所幸的是，最后的成功为转型奠定了坚实的基础，在这一过程中，华讯方舟集团还切入了外贸市场，打开了另一片天地，并在海外市场获得巨大收获，形成了规模化的效应。为此，华讯方舟集团更加着力于技术上的研发与突破。至2014 年底，太赫兹的研发让华讯方舟集团站在了全新的高度上，由此，也为华讯方舟集团打开了更大的业务市场。

据了解，太赫兹作为一种电磁辐射，研究它的难度非常大，对研究这一技术造成了极大的阻碍。而华讯方舟集团获得这一技术，当之无愧地成为了技术创新的引领者，在世界范围内处于领先水平。目前，华讯方舟集团把这种技术主要应用于人体安检仪上，由于对人体辐射危害极小，并能快速映射人体而广受关注和好评。至此，华讯方舟集团已经形成了从半导体元器件到微波大系统、毫米波大系统及太赫兹微电子系统的业务体系。

公司在快速扩张，人才的需求是企业竞争的难题。时代的变化改变着我们对"人才"的定义，因此，具有变革意识、适应转型升级战略的新T型人才（因"转型"英文首字母为T而得名）应运而生。这种人才无疑是当今企业变革的核心资源，因为他们能有效地将资源进行整合并为企业带来更大的价值。

面对新T型人才，华讯方舟集团嗅到了新风向，开始引进人才的同时，在企业内部进行挖掘和培养。据了解，华讯方舟集团目前拥有2000多名员工，其中研发人员占员工总人数近75%，囊括了中科院院士、美国NASA实验室专家、中国国家"百千万人才工程"人选、孔雀团队、海内外人才以及世界知名院校专家在内的行业科技精英。

华讯方舟集团作为一家技术引领市场的企业，其核心人才主要有三类，分别是研发人才、集成人才和领导转型升级任务的各级管理者。吴光胜表示，在人才机制上，华讯方舟集团形成了"海内外一体，老中青结合，在研研发人才一代，预备研发人才一代，还有瞄准未来技术方向的又一代"这样一种"三三制"的结合。据了解，华讯方舟集团在进行军民融合业务的同时，公司内部也引进许多军转干部人才。在吴光胜看来，这些人才本身便具有过人的责任感和执行力。为了让具有新T型人才潜质的人熟悉公司更多的业务，华讯方舟集团会以岗位调配、外派等手段来进行培养。同时，吴光胜还特别强调，让其担任一定的市场先导性角色十分必要。"管理上，我们让具有市场意识和全球意识的人来指导后端，让听得见炮声的人指挥炮火，这也是我们较大的特色。"

资料来源：改编自《华讯方舟集团：持续变革的人才哲学》。

思考题

1. 结合案例，用系统原理分析华讯方舟的持续变革。
2. 结合案例，用人本原理分析华讯方舟变革对人才的培养。

案例一 分析参考

1. 企业是一个人造的、开放的和动态的系统，企业的管理活动所要处理的每一个问题都是系统中的问题。因此解决每一个具体问题，不仅要考虑该问题的解决对直接相关人和事的影响，还要顾及对其他因素的影响。只有把局部与整体、内部与外部统筹兼顾、综合考虑，才能妥善处理组织中的问题。企业是整体的，要素间是相互依存和相互影响的，当企业内外部的要素在发生变化时，企业必须进行适应性改革。

（1）从市场环境来看，随着设备数量的增多，市场将逐渐趋于饱和，传统设备商将会失去竞争力，因此华讯方舟跳出原来的视野去审视产业，从设备提供商转型为系统服务商，并着力于技术上的研发与突破以适应市场变化，此举让华讯方舟站在了全新的高度之上，为其打开了更大的业务市场。

（2）从企业内部来看，华讯方舟快速扩张，对人才的需求也在变化，华讯方舟需要具有变革意识、适应转型升级战略的新 T 型人才为企业实现更大的价值，以更好地进行技术创新、持续变革。经过不断的人才将引进和内部挖掘培养，华讯方舟集团形成了"海内外一体，老中青结合，在研研发人才一代，预备研发人才一代，还有瞄准未来技术方向的又一代"这样一种"三三制"的结合。

2. 组织是人的集合体，组织活动是由人进行的，组织活动的管理既是对人的管理，也是通过人进行的管理。人是组织的中心，也是管理的中心。以人为本的原理要求对组织活动的管理既是"依靠人的管理"，也是"为了人的管理"。

（1）"依靠人的管理"强调组织被管理者参与管理，参与组织活动方向、目标及内容的选择、实施和控制。随着改革不断深入，华讯方舟集团需要新 T 型人才为企业实现更大的价值。经过不断的人才将引进和内部挖掘培养，华讯方舟集团形成了"三三制"结合的人才系统。这都体现出依靠人的管理。

（2）"为了人的管理"是指管理的根本目的是为人服务。管理的为人服务不仅应包括通过管理工作来提高组织业务活动的效率，而且应包括通过管理工作，充分实现组织成员的社会价值，促进成员的个人发展。华讯方舟通过岗位调配、外派等手段对人才进行培养，同时，让其担任一定的市场先导性角色，让其实现自身的社会价值，提升积极性。

案例二 FD 企业：客户驱动下的绿色升级

驱动绿色制造成为习惯和必需品是 FD 企业优质客户的基本标准。在它的客户清单上，英国电信、西门子、飞利浦等世界 500 强企业赫然在列。这些优质客户先后加入联合国全球契约组织，采用全球报告倡议组织制定的标准，实施可持续发展战略。在这个过程中，作为供应商的 FD 企业，其绿色制造在不断地升级。如今，绿色制造成为 FD 企业选择客户的关键标准。

近年来，全球气候和自然环境进一步恶化，联合国和各国政府纷纷提升应对举措。作为经济社会的行为主体，企业担负起更多的社会责任。欧美国家推出一系列的绿色制造相关法规、指令或标准，规定凡是在欧美市场销售的产品，必须符合相关条件，取得相关认证，否则将处以巨额罚款，或者直接拒绝进口。它们对产品的节能、环保、安全等指标做出了严格的规定。取得这些绿色制造相关认证，成为了中国企业打开欧美市场的"敲门砖"。

FD 企业董事长深知个中真谛。FD 企业主营的电源产品涉及 12 大类、48 小类的零部件，共有 100 多家供应商。所有这些供应商都被 FD 企业要求达到欧盟的认证标准，因为一旦有供应商没有通过欧盟认证，FD 企业的产品如果包含了违规的一个零件，整个产品也就违规，将带来不可估量的损失。

随着英国电信、西门子、飞利浦等客户纷纷加入联合国全球契约组织，采用全球报告倡议组织制定的标准，把绿色制造升级到包括员工权益、健康、安全、反腐败等在内的可持续发展或者企业社会责任，FD 企业也在这些客户的审核下，升级了自己的绿色制造实践。FD 企业曾经花费 2 年的时间，接受英国电信的辅导，最终通过了企业社会责任的认证。如今，在全球化方面走在前列的中国本土企业，如本土通信巨头，也越来越多地加入联合国全球契约组织，采用全球报告倡议组织制定的标准，实施可持续发展战略。要想赢得国内外优质客户，本土供应商一定要升级其绿色制造的体系和实践。FD 企业也因此成为本土通信巨头的优秀供应商。

在 FD 企业，绿色制造已经成为一种习惯。而习惯的养成都必须经历一个过程。从单纯产品的节能环保安全，到包括生产在内的企业运营节能减排环保安全，再到企业社会责任和可持续发展，绿色制造经历了一个升级的过程。在世界 500 强客户的驱动下，FD 企业在绿色制造升级中形成了习惯。过去 10 年，FD 企业实施相应举措，先后通过了"能源之星"第四代和第五代认证。FD 企业董事长说，我们推出了一系列多接口 USB 充电器，这套新产品从 2014 年开始规划，2015 年年初已经取得了认证，提前一年的时间规划好"能源之星"第六代要求的产品。

资料来源：改编自《FD 企业：客户导向的绿色升级》。

思考题

1. FD 企业的绿色制造反映了管理的什么原理？

2. 结合案例，谈谈在全球化的背景下管理活动有哪些发展趋势。

案例二　分析参考

（1）FD 企业的绿色制造反映了管理的适度原理。管理活动中存在许多相互矛盾的选择。比如，在业务活动范围选择上专业化与多角化的对立，在组织结构安排上管理幅度宽窄的对立，管理权力分配上集权与分权的对立。在这些对立的选择中，前者的优点恰好是后者的局限，后者的贡献可能是前者的劣势。因此管理必须在两个极端之间找到最恰当的点，进行适度管理，实现适度组合。

企业对效益的追求和对环境的保护要达到平衡，不能一味地追求效益而对环境造成不可恢复的破坏。为了达到欧盟的相关的标准，得到优质客户，FD 企业从单纯的产品节能环保安全，到企业社会责任和可持续发展，绿色制造经历了一个升级的过程，两者达到了协调。

（2）反映了系统原理。企业是一个人造的、开放的和动态的系统，企业的管理活动所要处理的每一个问题都是系统中的问题。因此解决每一个具体问题，不仅要考虑该问题的解决对直接相关人和事的影响，还要顾及对其他因素的影响。企业是整体的，要素间是相互依存和相互影响的，当企业内外部的要素在发生变化，企业必须进行适应性改革。随着英国电信、西门子、飞利浦等客户纷纷加入联合国全球契约组织，采用全球报告倡议组织制定的标准，将包括员工权益、健康、安全、反腐败等在内的可持续发展或者企业社会责任等方面的标准升级为了绿色制造标准，FD 企业为了取得绿色制造相关认证，打开海外市场，升级了自己的绿色制造实践并形成了习惯，这也成为其挑选客户的依据。

（3）在全球化背景下管理活动向绿色制造、信息化的方向发展。结合 FD 企业的案例，绿色制造已经成为全球企业共同追求的目标，企业想要可持续发展，绿色制造是基础。

另外，信息化是全球化的成因和重要特征之一，因此信息化也是管理活动的发展必然趋势。近年来，随着信息技术和网络技术的飞速发展，信息化和网络化影响着个人、组织和政府的方方面面，信息化和网络化已经极大地改变了企业和政府的管理环境和经营方式，也改变了人们的生活方式。

案例三　大数据时代：云创科技公司的成长

　　南京云创大数据科技股份有限公司（以下简称云创科技公司）成立于 2011 年 3 月，是专业从事大数据、云计算、云存储、云视频及云环保等领域的高新技术企业。公司创业之初，针对爆炸式增长的大数据趋势，专注于海量数据的存储，业务集中于为客户提供性能更优越、成本更低的海量数据存储系统。当时存储市场主要是 EMC 等高端存储的天下，云创科技公司着眼于中低端的存储市场，自主研发了 cStor 云存储系统，该系统具有极高性价比、超低功耗、可靠性高、通用、免维护等优势，可广泛应用于海量数据存储需求的场合，在保证性能、可靠性、质量等的前提下，将成本降低为目前的 1/10。

　　云创科技公司迅速打开大数据存储市场大门的同时，发现用户的大数据需求不仅是大数据的存储，很多是综合性的大数据需求。由此云创科技公司大力研发大数据处理产品线，研发了 cProc 云处理系统，代表产品是数据立方（DataCube）云计算数据库，成功解决了海量数据的高速入库、快速索引和关联查询问题，使万亿记录级的数据查询能够秒级处理。相对于 Hadoop 能够处理海量数据、Spark 能够处理实时数据而言，数据立方是全球第一套能够实时处理万亿记录的商用系统，且性能远超国际领先水平。

　　2012 年，针对全国雾霾污染越来越严重的情况，云创科技公司运用物联网技术与大数据的新思路开发了 cEvn 云环保平台。该平台突破传统环保壁垒，综合利用大数据云计算技术及分布式物联网传感器技术，动态监控局部区域的环境，定位污染源并及时预警。同时，云创科技公司搭建了全国首创的全面、稳定、便捷、免费的环境数据开放服务平台——环境云，以及提供智能硬件自助开发工具和数据接入、数据分析、数据查询、托管、硬件社交化等服务的万物云智能硬件大数据托管平台（万物云），使云创科技公司由帮助别人做大数据，逐渐变为自己也拥有大数据的公司。

　　云创科技公司是国际上大数据和云计算产品线齐全的企业之一，针对爆炸式增长的大数据需求，研发了自主知识产权的 cStor 云存储、cProc 云处理、cVideo 云视频等产品线，每条产品线都让人眼前一亮。通过"组合拳"形成了一系列独一无二的行业解决方案，并且在处于大数据产业链关键环节，云创科技公司时刻以市场用户的最新需求变化为核心推动力，在智慧城市、智能电网、互联网、环保、移动互联网、通信、传媒、教育等领域有很大的应用和市场。在全国范围内已经拥有200多家用户标杆案例，涉及政府、公安、智慧城市、环保、地震、互联网云服务等多个行业，并得到了各行业内的高度认可。

随着大数据时代的到来，"数据即资产"成为全球新趋势。国家竞争的焦点正在从对资本、土地、人口、资源和能源的竞争转向对大数据的竞争。大数据的现状和未来有三个主要阶段：

第一阶段为随着云计算中以大数据为代表的计算技术的快速发展，信息处理的速度和质量大大提高，海量数据可以快速并行处理。大数据将与物联网、移动互联、云计算、社会计算等热门技术领域交叉融合，产生多种综合应用，并在大数据安全与隐私保护方面得到进一步发展。

第二阶段为大数据的深度学习计算服务，是人工智能（AI）的入口，在一些特定领域活动表现超过人类。自动驾驶、机器人、物联网、个性化、VR、AR等是AI的大数据分析结合各领域的深度学习，包括大数据与神经计算、深度学习、语义计算和人工智能，已经成为大数据领域的核心。基于大数据和深度学习的人工智能将成为引领社会发展的主流技术方向。

第三阶段为人工智能在很多领域中表现超过人类，高级机器智能（HLMI），使人类很多的工作将自动化，AI研究和开发本身逐渐实现自动化。研究表明在45年内AI有50%的可能性将在所有任务中表现超过人类，在120年内所有人类的工作都将自动化，如翻译语言、撰写文章、驾驶卡车、零售工作、写畅销书及外科医生的工作。

2016年初，云创科技公司布局人工智能，成立深度学习小组研究大数据，并已有初步研发成果，为AI的进一步发展提供了较好的技术储备。

资料来源：改编自《云创大数据的成长》。

思考题

1. 大数据、云计算、人工智能等如何影响我们的工作和生活？

2. 云创科技公司如何与企业，特别是制造企业结合，促进制造企业的智能化？

案例三 分析参考

1. 信息化是全球化的成因和重要特征之一，因此信息化也是管理活动的发展必然趋势。近年来，随着信息技术和网络技术的飞速发展，信息化和网络化影响着个人、组织和政府的方方面面，信息化和网络化已经极大地改变了企业和政府的管理环境和经营方式，也改变了人们的生活方式。

大数据、云计算、人工智能将让我们的工作和生活变得更加便捷和精彩。大数据和云计算在智慧城市、智能电网、互联网、环保、移动互联网、通信、传媒、教育等领域都有很大的应用，涉及政府、公安、智慧城市、环保、地震、互联网云服务等多个行业，人工智能在很多领域中表现超过人类，高级机器智能使人类很多的工作自动化。

2.（1）云创科技公司可以通过海量数据智慧追踪，帮助企业智能预警风险。企业能够准确地对市场形势做出预判，从而迅速调整营销策略。通过数据可以帮助企业把握商机，更灵活、快捷地对用户的需求做出响应，让企业在激烈的市场竞争中赢得先发优势。

（2）通过大数据科学测算，辅助企业科学、智慧决策。大数据可以通过数据测算、验证和分析的方式帮助企业找到事件之间的联系，快速确定问题源头，解剖问题、输出决策。

（3）可视化大数据报告，全面监控运营全流程。借助大数据对来自各个系统模块、不同维度的数据进行多种方式划分，根据不同维度、不同板块、不同需求对采集到的数据做出合理、精准的预测分析，形成不同业务系统的可视化报告，帮助企业实时监控经营过程中所有流程。

二、推荐书目

推荐书目 1：罗伯特·艾格：一生的旅程：迪士尼 CEO 自述，文汇出版社，2020

作为迪士尼的董事长兼首席执行官，罗伯特·艾格在书中回顾了自己 45 年的职业生涯，分享了《复仇者联盟》《星球大战》《黑豹》等超级 IP 的诞生过程，分析了并购皮克斯、漫威、卢卡斯影业及二十一世纪福克斯的前因后果。2005 年，身处内忧外患中的迪士尼面临着被出售的风险，艾格在一片争议声中赴任，将迪士尼的未来之路聚焦为三个方向：打造高质量品牌内容、拥抱科技、着眼全球。书中为我们揭开了迪士尼批量打造超级 IP 的秘密。

推荐书目 2：黄卫伟：以奋斗者为本，中信出版社，2014

自 1987 年至今，这 30 多年，华为公司成长为全球通信设备产业的领先企业。靠的是什么？靠的是竞争力。华为的核心竞争力来自于它的核心价值观，即以客户为中心，以奋斗者为本，长期艰苦奋斗。当把15万名知识型人才聚集在一起的时候，你会深切地感到，尽管技术很重要，资本很重要，但更重要的还是人才资源管理。

本书由华为管理层联合编著，取材于任正非及其高管的人力资源管理思想精髓，是对《华为公司基本法》的继承与创新。

作者分享了自己从麦肯锡学到并使用多年的10个管理工具，比如，输出设想法、零基础思考法、假定思考法、A4纸记录法、矩阵模型、逻辑树等。这些工具有的读者可能早就知道，但关键在于活学活用。为此作者从自己多年的咨询经验中总结出"带团队"的40个关键点，并将这些工具的使用方法融入其中。

第二章 管理理论的历史演变

一、专题案例

案例一 T公司生产工人薪酬方案改进之路

T公司是一家从事电网智能控制设备研发与生产的公司，主要产品是改善电网电能质量的智能式电容器，其优势在于可以根据客户的实际需求灵活地设定调节参数。每一批产品都是根据客户的需求定制，从软件、硬件电路和结构布局上都存在着一定的区别。T公司生产部门的员工管理方式非常原始，工人采用固定工资，按照出勤天数和加班时间计算月薪，年终奖金为当年12个月工资的平均数。在这种吃大锅饭的薪资制度下，员工的工作积极性普遍不高，生产效率也非常低下。

在了解情况后，王经理针对存在的问题对薪酬方案进行了第一次改进：①设定基本工资。②根据岗位分工设置岗位工资。③从工作服从性、生产任务达成率、品质合格率和现场5S四个方面对工人考核，考核结果与绩效工资挂钩。④设定满勤奖金，出台考勤管理规定。通过这些措施的联合，初步遏制住了生产部门的混乱局面。从薪酬水平说，不同车间的差异不太大，SMT和调试员工月收入在3500~4000元；大件和总装车间略低，月收入在3200~3800元。这样的薪酬水平在同行业之中属于中等偏上水平，但由于工业园区内有几家大型电子工厂，也算不上特别有竞争力。

在第一次改进之后，虽然员工的工作态度大有改观，生产秩序也有了明显进步，但生产部门劳动效率仍旧偏低。王经理再次对生产部门的薪酬方案进行调整。通过工作分析和定额测算，生产部门与人力资源部门联合出台了各个岗位的标准生产定额，明确要求工人在标准工作时间内完成标准定额规定的产量（以品质合格为前提），对超过产量的部分计发奖金。第二次薪酬方案的改进极大地激发了员工的工作热情，混工时的现象几近绝迹，生产效率成倍提高，在不增加设备与人员的情况下，当年产量实现了80%的增长。员工薪酬水平也有了明显的上升，SMT和调试车间的工人总体可以达到4300~5500元/月；大件和总装的工人收入达4500~5200元/月。员工收入在本行业和本地区都接近领先水平。

在第二次改进之后，公司的生产"瓶颈"依然存在。前一个车间工作的迟缓堆积必然造成后续车间的等待。不同车间需要的技能也不同，大量工人干着急也帮不上别人的忙。一来二去，原本就紧张的生产时间就在这些等待中流失，最终拖延了产品交付时间，引来了客户的抱怨。经过几轮和各车间主管的会议，王经理计划通过盘活内部人力的方式来解决这个问题。首先对全体工人进行技能培训，实现SMT、调试、大件与总装四个车间的工人可以相互轮岗。其次根据实际需求将空岗人员及时调节到紧张岗位上，通过人员的机动轮岗平衡整个生产节奏，解决岗位人员闲时空闲、忙时紧张的局面。相应地，员工的工资将由四个部分组成，固定工资（基本工资+岗位工资）、绩效工资（所在部门确定）、本岗位超产奖金（所在部门确定）、轮岗超产奖金（轮岗部门确定）。

轮岗制确实解决了很大的问题，但只有SMT和调试车间的员工愿意支援总装和大件，而反向流动支援却受到了员工的抵触。支援人员不能达到定额标准，无法获得轮岗超产奖励，没有经济收益，员工就对支援工作缺乏兴趣，轮岗制设计的目标只是部分实现。王经理思考：如何调动员工的积极性，让工人乐于投身技能的学习并参与到岗位轮换中去。

资料来源：改编自《进无止境：小批量定制模式下T公司生产工人薪酬方案改进之路》。

思考题

1. T公司生产部门劳动生产效率低下的原因是什么，请结合泰勒制的提出背景和科学管理思想加以阐述分析。

2. 劳动定额和计件工资制的本质是什么？T公司生产部门在使用劳动定额和计件工资制时遇到了什么问题？

3. T公司生产部门引入轮岗制解决了哪些问题？又出现了什么新问题？

4. 如何通过薪酬方案的持续改进解决轮岗后产生的新问题？请给出具体的薪酬改进方案。

案例一　分析参考

1. 泰勒认为，企业的劳动生产率普遍低下的原因主要有三个方面：

（1）劳动力使用不当，包括工作分配不合理和劳动方法不正确。

（2）工人不愿干或不愿多干，其中既有工人本身的因素，又有报酬方法上的原因。

（3）劳动效率低是企业生产组织与管理方面的原因。T公司生产部门的员工管理方式非常原始。工人采用固定工资，按照出勤天数和加班时间计算月薪，年终奖金为当年12个月工资的平均数。在这种吃大锅饭的薪资制度下，员工的工作积极性普遍不高，效率也非常低下。

2. 劳动定额和计件工资制的本质是"按劳分配"。刺激工人提供更多的产量，工资标准不仅应当稳定，而且应该随着产量的增加而提高，实行差别计件工资制，即在计算工资时，采取不同的工资率，未完成定额的按低工资率付给，完成并超过定额的按高工资率付给，超过定额的按高工资率付给。

T公司生产部门在使用劳动定额和计件工资制时遇到的问题：

（1）高技能员工的稀缺性一直存在，此类高技能员工很难通过外部市场获得，即使获得也无法从数量上满足企业的现实需要，同时很容易造成新老员工在薪酬层面的不均衡，滋生内部矛盾。

（2）传统的一岗一定额能够较好地满足大量生产和批量生产的要求。但在单件生产上却表现出了明显的不适应。单件生产的特性可能会造成单一岗位的工作技能要求高但工作量不大，完成工作后人员闲置从成本上考虑又是不可接受的。

（3）计件工资既不能解决工作岗位对员工技能的要求，也无法补偿员工为提升工作技能做出的努力。

3. T公司生产部门引入轮岗制的优点：

（1）提高劳动生产率，合理调节和控制生产节奏。

（2）提升员工技能广度，培养多能工，提高员工收入，提高员工积极性。

（3）成为员工职业发展的有效手段，能够激发员工的潜能，促进人才发展。

（4）有利于激励和留住优秀人才。

（5）合理调配人力资源，节约招聘成本，降低因无法及时招到合适人才给生产带来的损失。

（6）促进部门沟通，提高办事效率。

引入轮岗制后，出现了新的问题：

（1）由于不同车间对工艺技术的要求不同，T公司内部劳动力资源无法自由流动或调配，造成"闲时空闲、忙时紧张"的资源浪费。

（2）员工倾向于轮岗至工序简单、技术难度低的岗位，经过一段培训后可胜任并拿到超产奖励；但对于技术难度高的岗位，员工经过培训仍无法达到定额要求，无法获得薪酬激励，导致轮岗目标部分未达成。所以总装和大件车间的生产任务无法完成的困难依然存在。如何调动员工的积极性使其主动跳出自身的舒适区、积极投身技能的学习并参与到岗位轮换中去，成为矛盾的焦点。

4.（1）调整薪酬结构，增设技能工资：员工工资＝岗位定额工资＋技能工资＋超产奖金，其中，超产奖金既包含超出本岗位定额的奖金，也包含轮岗岗位的奖金。通过增加技能培训和认定，增设技能工资，提升员工向多技能员工方向发展的积极性，提高员工的技术水平。

（2）对轮岗行为的薪酬激励：针对轮岗制度，设计特定的岗位薪酬定额标准，提高轮岗所获奖金的比例或金额，使员工的工作产出有合理回报，提高员工轮岗积极性。在薪酬制度中，同一岗位针对不同员工设定不同定额，对本岗位员工给予较高定额，对轮岗支援的员工给予一个较低的定额，保障轮岗员工的积极性；同时，根据岗位技能要求的不同设定不同的定额，技能要求低、容易上手的岗位，轮岗定额与本岗定额接近或相同，技能要求高、上手难的岗位，需要加大轮岗定额和本岗定额之间的差距，鼓励员工的轮岗积极性。

（3）加强绩效考核指标设定与企业业务目标的一致性。通过通盘考虑整个生产部门的目标，在生产率主题之下分解出影响因素，如技能水平、努力程度、团队协作等，再进一步落实到对车间生产工人的具体行为要求，然后审核现有薪酬体系和绩效考核是否强化了这些行为要求，如果没有，则逐步改进。

案例二　竹叶青"高端绿茶领导者"的品牌之路

竹叶青经历了2013~2015年的增长缓慢期，自2016年以来，虽然业绩有所回升但仍未达到预期目标。竹叶青之前局限于区域茶的品类定位，品类大于品牌，无法在消费者心目中留下深刻的印象。2018年底，公司携手第三方咨询公司——君智重新对竹叶青品牌战略进行了调整，聚焦于"绿茶"，打造新的绿茶品类，树立"绿茶领导者"的品牌定位。这些品牌动作正确与否？这样的品牌战略定位是否能让竹叶青走得更远？这一系列的问题引人深思。

从2012年开始，受国家宏观政策等因素影响，整个茶叶市场不景气，茶叶市场本身就品类繁多，龙井、碧螺春、铁观音，还有近几年的新品类黄茶、白茶等，加之越来越多的茶叶新品牌不断涌现，各种大师茶、文化概念茶充斥市场，竞争越发激烈，消费者对茶叶具有地域品类偏好。而竹叶青近年来为了应对环境变化，不断扩充品类与品牌。竹叶青品牌在四川享有较高的声誉，然而在四川以外的地区却面临尴尬的局面，消费者不知道竹叶青是酒还是茶，品牌知晓度和认知度较低，无法吸引主流人群。

竹叶青高层团队与君智咨询经过几个月的市场调研、重新梳理企业内聚焦于企业本身的优势资源，竹叶青企业认为当下品牌战略的问题是：随着企业的不断扩张，企业品牌与品类越来越多，品牌之间的区隔不够清晰，多品牌分散消费者的注意力，主品牌渐渐被稀释，消费者对竹叶青品牌的认知越来越不清晰，竹叶青品牌定位虽然经过多次调整，仍无法在消费者心目中留下清晰的品牌形象。企业决定重新对品牌架构进行整，凝练企业优势资源，最终决定将竹叶青聚焦于高端绿茶。综合整体分析后，君智咨询认为：结合企业自身的资源优势及市场整体的需求，将公司的市场锁定在行业占比最大的绿茶这个品类中，并且聚焦于高端绿茶这个缺位的细分市场，于是竹叶青公司决定主打竹叶青品牌，以论道、静心与品味区分三个不同等级，着力打造竹叶青高端绿茶。经过细致的分析和讨论，企业最终决定筛选出了"峨眉高山绿茶"作为新的茶叶品类，而"竹叶青"仅作为这个新品类的品牌，这样既符合消费者根据地理位置判断茶叶好坏的习惯，也满足消费者根据茶叶产地海拔来判断茶叶品质优劣的思维定式。无形中，竹叶青就与那些平原绿茶、低质量绿茶进行了切割，减少了竞争对手的数量。

竹叶青定位于高端绿茶市场，借势名人代言，如先后有高晓松、刘嘉玲、冯绍峰、窦文涛等明星和名人为竹叶青圈粉，引发目标受众尤其是众多政商名流的青睐，因此，竹叶青品牌也先后被冠以"四川名片""中国茗礼"的称号，确立竹叶青高端绿茶的市场地位。全新品牌战略启动一年后，2018年12月26日，竹叶青举办了"源自峨眉高山，问鼎中国十年"的峨眉高山绿茶战略成果发布会。会议当天，中国工程院院士兼著名茶学家陈宗懋、著名财经作家吴晓波、中国茶叶流通协会会长王庆、著名作家蔡澜等专家和学者都肯定了竹叶青领军高端绿茶的发展之路。2019 年 12 月，竹叶青与分众传媒签订了 6 亿元订单。同时，宣布李宇春、李易峰成为新的品牌代言人，并发布明星定制款论道和竹叶青云山空间体验店，为区域茶企冲破地缘桎梏，成为全国性品牌做出良好示范。

资料来源：改编自《精一执中——竹叶青"高端绿茶领导者"的品牌之路》。

思考题

1. 利用法约尔的管理五要素，试分析竹叶青"中国高端绿茶领导者"这一新的品牌定位是如何形成的？

2. 竹叶青公司面临困局选择重新进行品牌定位，体现了法约尔提出的哪些管理原则，试举例说明。

3. 在竹叶青从"平常心，竹叶青"到"峨眉高山绿茶"的定位转变过程中，你认为经营和管理的关系是什么？

4. 竹叶青公司如何通过运营配称使新定位"到位"的？

案例二　分析参考

1. 管理原则是在具体的管理活动中被执行的。法约尔认为，管理活动包括计划、组织、指挥、协调和控制五个方面的内容。

（1）计划。计划是管理的一个基本部分，包括预测未来和对未来行动予以安排。预测是计划的基础。行动计划的制订则是计划工作的主要内容，它指出了组织所需达到的结果、应该遵循的行动路线、所要经过的阶段及所要使用的手段，是人们对组织未来前景的预先安排。

（2）组织。从广义上说，管理的组织工作包括物的组织和人的组织（或称社会组织）。法约尔主要讨论了人的组织。他指出，在配备了必要的物质资源以后，管理者的任务就是把本单位的人员合理地组织起来，以完成企业的六个基本职能。组织工作包括：选择组织形式，规定各部门的相互关系，选聘、评价和培训工人等。

（3）指挥。指挥的任务是让已经建立的企业发挥作用。"对每个领导来说，指挥的目的是根据企业的利益，使他单位里所有的人做出最好的贡献"。

法约尔认为，指挥是一种艺术，领导者指挥艺术的高低取决于自身的素质和对管理原则的理解两个方面。

（4）协调。法约尔认为，协调是一项单独的管理要素，是指"企业的一切工作都要和谐地配合，以便企业经营的顺利进行，并且有利于企业取得成功"。协调就是平衡各种关系：使企业活动和物质资源保持一定的比例；使组织的各个职能部门都意识到自己的工作对其他职能部门可能产生的影响；使收入与支出、生产与销售、材料供应与生产消耗保持正确的比例等。实现组织协调的手段既包括计划的合理制订，也包括会议或其他形式的信息沟通。

（5）控制。控制是保证计划目标得以实现的重要手段，是要"证实各项工作是否都与已定计划相符合，是否与下达的指标及已定原则相符合。控制的目的在于指出工作中的缺点，以便加以纠正并避免重犯"。

2.（1）统一领导。对于达到同一目标的全部活动，只能有一个领导人和一项计划。这是统一行动、协调组织中一切努力和力量的必要条件。竹叶青高层团队与君智咨询经过几个月的市场调研、重新梳理企业内聚焦于企业本身的优势资源，将公司的市场锁定在行业占比最大的绿茶这个品类中，并且聚焦于高端绿茶这个缺位的细分市场，体现了统一领导的管理原则。

（2）首创精神。首创精神是指人们在工作中的主动性和创造性。法约尔认为，"想出一个计划并保证其成功是一个聪明人最大的快乐之一，也是人类活动最有力的刺激之一。这种发明与执行的能力就是人们所说的首创精神，建议与执行的自主性也属于这个范畴"。它对企业来说是一股巨大的力量，因此应尽可能地鼓励和发展员工的这种精神。竹叶青定位高端绿茶市场，决定"峨眉高山绿茶"作为新的茶叶品类，体现了首创精神的管理原则。

3. 经营和管理是两个不同的概念，管理只是经营的一部分。除了管理外，经营还包括技术、商业、财务、安全及会计等一系列职能。这六个方面的活动，在任何组织的任何层次都会以这种或那种方式不同程度地存在，因此组织中不同层次的工作人员都应根据任务的特点，拥有不同程度的六种职能活动的知识和能力。

其中，技术职能是企业加工材料、生产产品的制造活动；商业职能是指与原材料和设备的购买以及产品的销售有关的市场活动；财务职能是指围绕资金的筹集和运用而展开的活动；安全职能是指与设备和人员保护有关的活动；会计职能是指为监视资金的合理运用而对其运动过程中的变化状况进行的记录、归类和分析活动。作为经营的一个方面，管理职能本身由计划、组织、指挥、协调、控制一系列工作构成。要适应企业经营的需要，必须加强管理教育。

4. 竹叶青通过营销策略的重新调整，支撑了"高端绿茶领导者"的品牌战略定位。

（1）产品策略。在企业发展过程中坚持以科技创新加持品质提升。先后投入近亿元，打造了数条全自动生产线，结合国际先进的微电子控制技术，从半成品茶叶生产到茶业精加工，全程全封闭，包装茶叶品质稳定如一。竹叶青包装礼盒与其他同类产品陈列在一起，就能脱颖而出，这种包装非常能烘托出"高端"的品牌定位，非常适合作为礼品。

（2）价格策略。为满足目标市场对高端产品和设计款式的需求，竹叶青将论道定价调整为高端产品价位。而同时也保留了静心等中等产品线。

（3）渠道策略。线下门店多为自营，在选址方面，竹叶青直营店多开在繁华的商圈中，给人一种高端大气的体验，门店的设计大气、优雅而高端。以木色和青色为主的色调，营造出充满禅味的环境气氛，把品牌的形象风格及态度自然地流露出来。设计原创性强，以简约时尚的横竖线条为设计元素，所有线下门店均设有品茗桌和茶艺师，可以让顾客真实品尝感受竹叶青绿茶的芳香，使顾客获得更好的体验。

（4）传播策略。选取符合品牌调性的明星专家代言人，通过央视等主流媒体传播背书，树立高端的品牌形象，给品牌带来强大的口碑支撑。

案例三　团队建设，一直在路上：璟盛园艺的探索之路

漳州市璟盛园艺有限公司地处盛产花卉的美丽城市——福建省漳州市，成立于 2014 年。公司主要经营漳州水仙花种球、兰花、盆栽及其他园艺产品。公司刚起步，一切都靠总经理陈泳琳，亲自负责公司采购，成为团队引领者。公司进入快速发展阶段后，陈泳琳设置了运营、运营助理、客服、采购、配货打包、主播、美工及短视频等岗位。繁荣的景象之下，他却感到烦恼：公司团队建设的问题已经凸显。公司管理层多次"头脑风暴"后，一系列举措开始出台。

提炼组织愿景目标，明确岗位职责与岗位间配合。陈泳琳与公司管理层反复讨论，凝练了公司愿景：打造家庭园艺的领先品牌公司的发展目标：依托电商平台，实现品牌化、精细化、产品多样化。有了凝聚人心的蓝图，细节也不可忽视，陈泳琳梳理了每个岗位的工作职责与相互间衔接配合事项：运营的产品分析、客服和主播的客户沟通、美工对网店后台操作和装修的熟悉、配货打包的存

货盘点、运营与美工的方案沟通、美工与客服主播的产品对接确认……每个人的责任、对团队成员的责任、对公司的责任都逐渐明晰。

开启"品茶时间",强化团队沟通与协调。团队成员之间的交流对相互配合很重要,陈泳琳开始琢磨如何做好团队内部沟通。"每天,我会在办公室泡一壶好茶,请大家有空的时候来喝茶闲聊。漳州属于闽南地区,闽南人都喜欢品茶,这种轻松的场合,沟通效果更好。"陈泳琳挺认可这种方法。在沁人心脾的茶香中,员工们身心得到了放松,逐渐打开了话匣子,开始积极地发表意见。大家在"品茶时间"畅所欲言,相互之间越来越默契了。"以前总觉得上班时间做好本职就好,与同事没啥交集。现在经常在一起喝茶聊天,感觉对每个人的个性、做事风格更加熟悉了,也开始反思自己过去是不是过于封闭了,工作真不是一个人的事,要靠团队一起努力。"小 D 对此深有体会。

加强业绩与收入的联系,以期调动积极性。对于客服、主播岗位,公司根据其直接面向客户的特点,进行了抽成制设计。其中,客服岗位薪酬为 2200~3000 元/月的底薪+提成,主播岗位薪酬为 2600~3000 元/月的底薪+提成,客服和主播的薪酬一般为 4000~5000 元/月,能力强的薪酬可以达到 7000~8000 元/月。美工岗位则按"完成抠图基础工作、主图详细设计、整个店铺风格把控"三种不同业绩水平,对应 3500 元/月、5000 元/月、7000 元/月三档不同的薪酬。

精细化培养团队成员,提供学习成长机会。"陈总,真是没有对比就没有伤害啊,人家的网络主播真有两下子,说话让人舒服,我要是客人也愿意买,我要回去好好琢磨一下了!"参加完网络直播培训的小 E 对陈泳琳感慨道。陈泳琳笑而不语,他明白自己的一系列"招数"开始生效。公司的办公室里,放着他精挑细选的营销类杂志;营销或花卉类公众号上看到的销售心得分享文章,他也不忘及时发到工作群中;行业内的重要论坛、讲座、展览会,他除了自己参加外,总会分批次安排员工一起去。渐渐地,大家开始体会到陈泳琳的苦心,投入更多的心思思考如何改进工作了。"知识爆炸的时代,不学习真不行。别以为美工的工作简单,真要做好,离不开好好用功。"美工小 G 深有体会。

虽然"多管齐下",但陈泳琳坦言,公司团队建设的问题,依然没有彻底解决。在员工的能力、团队的主动性积极性等方面,虽然有所提升,但和理想状态还有一定距离。此外,按照陈泳琳的设想,公司应成立电商部,下设客服、主播、美工及短视频等岗位,电商部主管在引导下属吸引客流、优化电商平台设计等方面发挥作用,但公司至今都没有招聘到合适的主管。由于中层断层,陈泳琳只能事必躬亲，时常感到心力交瘁。

资料来源：改编自《团队建设，一直在路上：璟盛园艺的探索之路》。

思考题

1. 陈泳琳采取了一系列措施加强团队建设，体现了协作系统的哪些要素？

2. 结合巴纳德的思想，简述陈泳琳在璟盛园艺发展过程中发挥的职能。

3. 公司进入快速发展阶段后的团队建设，这些组织活动管理体现了科学管理学派的哪些假设？请进行分析。

4. 假如你是陈泳琳，未来可能还会遇到哪些团队建设的问题？你将如何调整管理举措，合理应对，以实现"渐入佳境"的效果？请进行预测和分析。

案例三 分析参考

1.（1）协作的意愿。组织是由个人组成的，组织成员是否愿意提供基于协作的劳动和服务对于组织而言至关重要。协作的意愿意味着个人自我克制，以及将对自己行为的部分控制权交移他人，这是一种个人行为的非个人化过程。其结果是协作的意愿与个人的努力结合在一起。没有这种意愿，就不会出现以组织目标为导向的个人努力，不会有各组织成员相互协调共同为目标努力的组织活动。

（2）共同的目标。共同的目标是组织成员产生协作意愿的必要前提。如果没有共同目标，很难产生协作意愿。没有共同的目标，组织成员就不知道组织要求他们做出何种努力，同时不知道自己能从协作劳动的结果中得到何种满足，从而不会参与到协作活动中去。

（3）信息的沟通。组织的共同目标和不同成员的协作意愿，必须要通过信息沟通，才能相互联系产生互动。没有信息沟通，组织成员就没办法很好地认识组织的共同目标并接受目标；没有信息沟通，组织也无法了解成员对于协作的态度和参与意愿，从而影响到组织将现有成员的努力聚合为协作劳动。因此，组织的存在及活动是以信息沟通为条件的。

2. 巴纳德认为，经理人员在组织中的作用就是在组织的信息沟通系统中占据成员相互联系关系中的中心地位，通过广泛的信息沟通来协调组织成员的协作活动，以保证组织的正常运转从而实现组织的共同目标。具体来说，经理人员的职能主要有三项：

（1）建立和维持一个信息系统。巴纳德指出，组织活动的复杂性及协调同成员劳动的重要性决定了有必要建立一个正式的信息沟通系统，即经理人（或管理人员）组织。这项工作包括：确定和阐明经理人员的职务，并由合适的人员来担任这些职务。

（2）从不同的组织成员那里获得必要的服务。包括招募和选聘能够提供合适服务的工作人员，维持组织的"诱因"和职工的士气，以保证协作系统的生命力。

（3）规定组织的共同目标，并用各个部门的具体目标加以阐明。公司刚起步时依靠总经理陈泳琳，亲自负责公司采购，成为团队引领者。公司进入快速发展阶段后，陈泳琳设置了运营、运营助理、客服、采购、配货打包、主播、美工及短视频等岗位。提炼组织愿景目标，明确岗位职责与岗位间配合；开启"品茶时间"，强化团队沟通与协调；加强业绩与收入的联系，以期调动积极性；精细化培养团队成员，提供学习成长机会。陈泳琳的这一系列做法，都体现了巴纳德所提出的经理人员的职能。

3. 管理科学在研究组织活动的管理时是以下述假设为前提的：

（1）组织成员是经济人，或者叫作组织人、理性人。他们认为，人是理性的动物，追求经济上的利益，会根据物质手段的刺激程度而做出不同的努力。

（2）组织是一个追求经济效益的系统。管理科学学派认为，组织追求的是以最小的成本求得最大的收益，而且是整个系统的最大收益，不是局部的最大收益；组织追求的是整体优化，不是局部优化。有时，局部的最大收益反而会妨碍整个系统的最大收益。

（3）组织是由作为操作者的人同物质技术设备所组成的人机系统。这个人机系统对投入的各种资源进行加工，将其转变为产品后输出。工作过程能明确规定，结果也能用定量的方式进行准确的衡量和评价。

（4）组织是一个决策网络。决策是一个符合逻辑的理性程序，并遍布于组织活动的各个方面构成一个网络。许多管理决策都具有结构性，可以应用计量模型。

4. 璟盛园艺的团队建设不会一帆风顺，可能还会出现以下这些问题：

（1）团队目标缺乏深入提炼，团队成员目标导向不明确。团队成员在未来缺乏目标导向，仅了解个人薪酬发放的计算方式，理解领导培养自身的良苦用心，但对整体目标把握不到位。

（2）基层员工的能力依然可能存在不足，同质化严重。虽然公司投入了一定资源来培养基层员工，但员工本身的资质有限，在公司发展进入更高的阶段后，基层员工的能力可能无法跟上公司的步伐。

（3）中层管理者的招聘可能依旧难以解决，缺乏团队中层核心，影响决策执行。由于公司所在地及工作场所的限制，一些候选人可能觉得在璟盛园艺较难获得更广阔的发展平台、实现自我价值，因此中层管理者"难产"、缺乏中层核心的问题可能依然存在。

（4）团队成员之间可能因利益分配产生冲突，全面调动积极性出现困难。整体上，三档制的薪酬分配稍显简单粗暴，应该考虑引进更加细致的绩效评价标准，与薪酬与奖励挂钩。而在分工方面，随着公司业务的扩展，岗位的种类与员工人数都必将增加，包括运营、运营助理、采购、配货打包等，这些岗位目前的薪酬制度还没有考虑类似激励性较强的方案。这将导致这些岗位员工的不平衡感，与客服、主播、美工岗位之间的利益分配差距加大，甚至有可能产生不良的内部冲突。给全面调动所有员工的积极性带来较大的困难，影响了员工的工作动力。

针对上述这些未来可能会出现的问题，漳州市璟盛园艺有限公司可以考虑主要依据以下思路进行应对。

第一，应进一步提炼目前发展阶段（规范化阶段）的团队目标。

第二，除了做好社会招聘外，还可以考虑与漳州当地的相关院校（开设园艺、美术、市场营销、工商管理、文化产业管理、新闻传媒等专业）进行校企合作，提前挖掘和储备优秀的基层人才。

第三，可以考虑系统构建员工合伙制，完善激励机制，充分调动每个团队成员的主动性和积极性。

第四，应多管齐下，除了开设厦门分部、实行员工合伙制等举措，还应该为中层管理者提供全方位的职业培养平台，如提供高水平的培训学习机会、加强与行业优秀人才交流、提升人力资本等。

二、推荐书目

推荐书目1：泰勒：科学管理原理，北京大学出版社，2013

弗雷德里克·温斯洛·泰勒（Frederick Winslow Taylor，1856～1915年），美国人，西方古典管理理论主要代表人物之一，科学管理运动的创始人，被公认为"科学管理之父"，也有人称他为"理性效率大师"。《科学管理原理》出版于

1911 年，标志着一个管理新时代的到来，其所提出的管理原理开创了"科学管理学派"，影响了从企业管理到公共管理的领域。至今，这本书仍然带给管理人无限的启示，是不可不读的管理经典。

推荐书目 2：亨利·法约尔：工业管理与一般管理，机械工业出版社，2021

《工业管理与一般管理》是一部划时代著作，明确提出了管理的概念，使独立的管理职能和普及的管理教育从此成为可能。重要的是，法约尔在这本经典著作里贡献了 14 项管理原则和 5 项管理要素，成为后世管理实践和管理教育的基本逻辑。如今很多人认为，现代管理中的大部分理论，仍然是法约尔理论中某一部分的重新提出和补充。管理源自实践，作为企业的总经理，法约尔关注的是整个组织，如此广阔的视角使他终提出"管理是计划、组织、指挥、协调和控制"，这对所有管理者和管理学研究者而言都是一部全面且经典的著作。

推荐书目 3：郭威：巴纳德组织理论研读：重温《经理人员的职能》（从读不懂到解其意），天津人民出版社，2019

巴纳德将组织视为一个由协作活动组成的系统，组织是一个类似"磁场"般的存在，这个认识超越了将组织视为人的集合体的定义。巴纳德深邃的思想可能源于他与哈佛大学的研究者有着密切的思想交流，以及他作为新泽西贝尔公司总裁和众多社会机构领导人的经历。已存的所有理论思考不能满足他感知到的世界，于是他自己写书，造就了一本传世之作，建立了社会系统学派，成为现代组织理论的建立者。

第二篇　决策

第三章 决策与决策过程

一、专题案例

案例一 扬帆出海：做世界的安踏

在"一带一路"倡议的推进下，中国企业加快了海外投资的步伐，对外投资收购活动十分活跃。其中，2018 年安踏体育用品有限公司（以下简称安踏体育）斥资 46 亿欧元收购芬兰高端体育用品巨头亚玛芬体育公司（以下简称亚玛芬体育）作为中国体育用品行业史上最大的跨国收购案而备受外界关注。

安踏制鞋厂成立于 1994 年，起初主要生产海外订单，做贴牌产品，订单量大，利润丰厚。但是好景不长，在 1997 年的亚洲金融危机面前，安踏放弃了过去从事代加工的路线，转而发展建立自主品牌。1999 年，公司花重金聘请乒乓球世界冠军孔令辉担任代言人，并在央视黄金时段大打广告，安踏品牌一炮而红。2011 年，北京奥运会带来的"体育热"渐渐退去，整个体育市场形成了库存危机，安踏也未能幸免。2012 年，"关店潮"大面积爆发，安踏体育做出了"从品牌批发向品牌零售转型"的决定，全面贴近消费者，重点提升终端店铺和零售商的竞争力。与此同时，安踏体育逐步开始实施全面覆盖的多品牌战略。2009 年，安踏体育以 3.32 亿元的价格从百丽国际手中收购了 FILA 在中国的商标使用权和经营权。2015 年，安踏体育收购了英国户外品牌 Sprandi。2016 年，安踏体育收购了来自日本的知名功能运动服装品牌 Descente。2017 年，安踏体育及韩国 KolonSport（高端户外登山品牌）共同成立合资公司并主要负责中国市场业务。同年，安踏体育以 6000 万港元收购了香港中高端童装品牌 Kingkow。不断的收购策略使安踏体育满足了各种细分市场的特定需求，取得了极大的成功。安踏体育靠着创新升级走过了生产制造、创立品牌、零售转型、多品牌发展 4 个阶段，成为中国第一的体育用品公司。

2018 年 8 月，安踏体育的高层对海外收购专业运动品牌的态度稳健且积极，在收购方向上十分清晰。丁世忠带领专家团队全面分析了收购的利弊，如果收购成功，安踏体育可以进一步补强中高端短板、获得先进技术、赢得增长空间、实现"走向世界"的梦想；但也会暴露公司估值不准、财务压力大、业务疲软等问题。安踏体育的工作人员表示，此次收购经过公司谨慎考量，公司相信自身的整合能力。2018 年 9 月 11 日，亚玛芬体育宣布确认收到安踏体育和方源资本的联合体的收购意向。但安踏体育面临着如何筹集足够的资金支撑收购，在国家加强对外投资监管的大环境下能否成功出海，配合国内外反垄断当局审批进展等诸多难题。安踏体育称，目前该起收购的前景具有不确定性，视为"或有收购"，其最终能否达成将受限于若干条件。历经数月艰苦奋战，2019 年 3 月 12 日，安踏体育领衔的投资者财团宣布成功完成收购亚玛芬体育的要约，在最终交易方案中，安踏体育占股 57.95%。这起涉及数十亿欧元、中国体育用品行业史上最大的海外收购案终于画上圆满句号。

"出海"收购之路可以说是机遇与挑战并存，征途漫漫，我们相信收购亚玛芬体育后的安踏体育将在成为世界级体育用品公司的发展道路上永不止步。

资料来源：改编自《安踏体育收购亚玛芬体育：买买买"永不止步"》。

思考题

1. 结合决策的内涵，简述安踏体育在发展过程中决策的功能与任务。

2. 结合案例和所学，判断安踏体育收购亚玛芬体育这一战略决策的类型并说明理由。

3. 通过这一案例，分析其对其他企业做出重大战略决策有何启示。

案例一 分析参考

1.（1）决策是指为实现一定的目标，在多个备选方案中选择一个方案的分析判断过程。结合案例，安踏体育面临亚洲金融危机时，在继续从事代加工和发展自主品牌中选择了后者，并由此提高了品牌的形象和知名度，是一次成功的决策。

（2）决策的功能：从组织层面来看，决策能够为组织确立明确的方向；从个体层面来看，决策可以激发组织成员的积极性。

结合案例，安踏体育以"从品牌批发向品牌零售转型"的战略应对"关店潮"危机，这一决策使安踏体育明确了未来的发展方向，完成了品牌升级，成为走出行业困境的第一人。有效的战略决策，在一定程度上激发了安踏内部成员的工作热情，不断克服困难，迎难而上。

（3）决策的任务：从外部环境视角看，决策的任务是让组织灵活适应外部环境的变化；从组织内部来看，决策的任务包括调整和优化组织管理体系。

结合案例，安踏体育在中国体育运动行业拐点到来时刻果断地选择了全面覆盖的多品牌策略，主动及时适应外部环境的变化。通过一次又一次认真研判收购事件，安踏体育不断拓展，逐渐覆盖了从大众市场到高端市场、从功能性到时尚休闲体育用品、从儿童到成人不同年龄层的消费者群体，并且针对整个组织管理体系进行了系统的调整优化。

2.（1）风险型决策。安踏体育在收购亚玛芬体育这一决策中，虽不能准确地预测出结果，但却因拥有较充分的信息而能预知该方案及其结果发生的可能性和大致概率。在全面分析利弊、控制风险的基础上做出最佳收购选择，属于风险型决策。

（2）非程序化决策。安踏体育收购亚玛芬体育这样的重大决策是不常发生的、例外的、具有重大影响的，不同于处理日常的管理问题的程序化决策。这一大收购案非常重要且复杂，所以公司给予特别注意，属于非程序化决策。

（3）群体决策。安踏体育在收购亚玛芬体育前召集专家团队，凝聚智慧，共同提出有关这一决策的建设性意见，在方案贯彻实施之前，发现存在的问题，提高考虑问题的全面性、实施决策的可行性，属于群体决策。

3. 用管理学中的理论，结合自己的思考，提出自己的想法观点，言之有理即可。

案例二　许总的电商创业之路

2014 年，还是在校学生的许总成立"阿笠女装店"，开始尝试从事电商。2015 年 4 月初，淘宝出现重大变革，大力扶持个性化店铺，发挥最优化的千人千面系统，流量入口配比也发生了改变。淘宝 80% 的中小卖家因此深受影响，"阿笠女装店"同样受到重创，不到 6 个月的时间便宣布倒闭。才走出大学校门一年的许总，亏损了 8 万元。

为了进一步了解市场，许总选择去一家做餐饮厨具的电商公司做运营总监。总结之前的失败经验，他认为在需求上满足顾客、在风格上有自身特点的原创产品对公司的发展至关重要。在老板的支持和同事的帮助下，开发出来的新产品经许总运营推广销量大增，公司在 2016 年 4 月实现盈利大突破，创下历史新高。但由于公司资金链突然断裂，许总被迫失业，在即将实现"有自己的产品，有自己的特色，有自己的销售渠道"的梦想之时却再次失败了。

面对两次失败，许总将这几年的经验和心路历程写成了一个帖子发在京东主办的"派代"论坛上，这引起了强烈反响，甚至有许多网友将自己在运营淘宝店铺时遇到的问题向许总请教，许总都耐心地回复并告知解决方法。久而久之，许总意识到电商需要一个真正了解卖家情况、知道卖家难处，又能够提供各类帮助的网课中心，这个网课中心不仅能够教授经验方法，最好还能够帮助运营管理。许总利用对市场的了解和对淘宝数据的分析，开始为成立电商培训中心做准备，把自己丰富的经验和运营手法做成网课进行出售，每年定期培训，将大家在运作店铺时遇到的问题汇总集中解决，后期再附带运营管理服务，不仅能让网友高效学习，自己也能获得收益。2016 年 7 月，许总开启了第一期课程，"阿笠实操咖"也正式成立。为了保质保量正常开课，许总花重金请了两位电商大咖来主持，扣除人力、硬件设备、租金等，2016 年 7 月至 2017 年 2 月，"阿笠实操咖"给许总带来的纯收益为 80 万元。2017 年，许总将业务范围扩大，增加了运营推广服务，让学员上完课后就快速跟运营推广团队签订协议，吸引了更多人报名课程，盈利丰厚。

2019 年 1 月 1 日，《电子商务法》正式施行，其中新推出的法令法规让电商市场发生剧烈变化。很多学员开始担心继续在"阿笠实操咖"学习也不能掌握适应市场的推广方法，学员报名人数比往年下降很多。许总也在思考公司该如何转型，如何将公司的电商课变得更加针对市场，让学员能迅速应对市场变动。

许总的电商之路还在继续……

资料来源：改编自《众人面南我独北·许总电商创业转型的逆袭》。

思考题

1. 结合案例和所学，简述决策的特征。

2. 结合决策过程模型，试分析面对问题许总是如何做出决策的？

3. 案例最后许总面临的新问题是什么？如果你是他，你会制定怎样的战略方向来处理这次问题？

案例二 分析参考

1. （1）目标性。任何决策都包含着目标的确定。许总成立"阿笠实操咖"电商网课中心是为了在教授网友运营管理网店的过程中获得收益，这体现了许总的追求。

（2）可行性。任何决策方案的实施都离不开资源的支撑，要充分考虑其实施条件与资源的限制。许总利用自己的丰富经验和运营手法及淘宝店家持续稳定的资金链，把握市场，抓住商机，成立了电商网课中心。

（3）动态性。决策要充分分析变化的管理背景和要解决的主要问题，及时调整研究思路和方法。在淘宝出现重大变革、许总初创业失败之际，他灵活应变，选择去电商公司学习和实践，通过运营总监一职去了解市场。

（4）整体性。决策是一个系统工程，处理每一个问题都要统筹兼顾、综合考虑。许总在创办"阿笠实操咖"电商网课中心的过程中，兼顾了人力、硬件设备、租金等诸多方面，确保了整体的均衡与协调。

（5）创造性。任何决策都需要不同程度的创造性思维。许总具备敏锐的洞察力，怀着帮助别人把电商做好的想法开始创新创业，成立了电商网课中心，可以说这一决策极具创造性。

2. 决策过程通常包括识别问题，诊断原因，确定目标，制订备选方案，评价、选择方案及实施和监督六个阶段的工作。

（1）识别问题。识别问题是决策过程的开始，以后各个阶段的活动都将围绕所识别的问题展开。许总将过往运营淘宝店铺和做电商公司运营总监的经验发布在论坛上引起了剧烈反响，这反映出众多卖家需要指导和帮助。

（2）诊断原因。决策者需要根据各种现象诊断出问题产生的原因，这样才能考虑采取什么措施，选择哪种行动方案。许总有自己的丰富经验和运营手法，淘宝店家有持续稳定的资金链，两者刚好可以互补互助。

（3）确定目标。在找到问题及其原因后，决策者要明确各构成要素的相互关系并确定重点，以找到本次决策所要达到的目的。为了教授网友运营管理网店并获得收益，许总决定成立"阿笠实操咖"电商网课中心。

（4）制订备选方案。明确目标之后，决策者要找出约束条件下的多个可行方案，并对每个行动方案的潜在结构进行预测。具体体现在如何制定合适的课程、收费标准等细节。

（5）评价、选择方案。行动方案要具备可行性、有效性。许总在创办电商网课中心的过程中运用创新因素，最终敲定了满意的具体实施方案。

（6）实施和监督。决策要将方案转化为实际行动，并制定出能够衡量其进展状况的监测指标。在电商网课中心授课的过程中，许总和团队也不断做出改变和修正，及时创新，如增加了运营推广服务。

决策实际上是一个"决策—实施—再决策—再实施"的连续不断的循环过程，如此往复贯穿于管理活动的始终，许总的电商创业之路在继续。

3. 许总面临的新问题是淘宝的推广模式发生改变，之前授课传授的运营方法不再适用，这使报名听课的学员人数下降，学员也开始怀疑"阿笠实操咖"附加的运营推广服务是否真的有效。

处理方法：

（1）继续主攻电商网课，挖掘淘宝的推广方式。

（2）将电商网课作为引流方式，慢慢将公司中心放在增值服务上。可以探索会员制、知识付费等新盈利模式。

4. 用管理学中的理论，结合自己的思考，提出自己的想法观点，言之有理即可。

案例三　疫情危机下钉钉的战略选择

2014年12月1日，钉钉作为一个专注于中国企业办公协同效率提升的产品诞生了。钉钉敏锐地从腾讯QQ、微信垄断的C端社交市场中捕捉到用户差异化的价值需求——即在办公场景下的另一类重要社交需求（B端）。截至2019年6月30日，钉钉用户数突破2亿，企业组织数突破1000万。钉钉登上移动办公行业头把交椅，用户覆盖各行各业，并坐拥中国联通、复星集团、大润发等一大批标杆企业客户，市场占有率达第一。然而外部并非风平浪静，该行业中还存在着多家强有力的竞争者，如企业微信、飞书、华为Welink等优质的替代产品，竞争态势一直十分激烈。2020年初突发新冠肺炎疫情增加了企业远程办公的需求，同时大量学生因疫情无法开学，学业处于停滞状态。此时，钉钉是坚持主业继续纵向深挖，打造极致的移动版办公产品，还是将资源和能力投入生疏的市场领域，实施跨界战略？钉钉站在战略选择的十字路口，危与机并存，能否继续保持领先优势？

实际上，互联网教育行业已经存在许多成熟的模式：一是以"得到""喜马拉雅"等为代表的订阅知识付费内容的各类 App；二是课程讲座内容提供类，比如学而思网校、新东方、网易公开课、高顿教育等各类 App。这些 App 向用户提供丰富的课程内容，以直播和录播的形式进行销售和传播。在这样的机遇中，钉钉平台立足于自身的办公类产品品类，决定将自身打造成一个功能强大的辅助性工具，尽可能地去辅助老师进行线上授课，最大限度地便利各位老师教学的开展，接近线下班级模式。不久后，教育部也将钉钉作为中小学线上授课的指定 App，服务广大师生开展线上教育工作。钉钉通过在线直播发布，新增在线办公室功能。包含提供文档空间、钉钉项目、数字化办公空间等多款高效协作套件，让在线办公协作零距离。钉钉的在线课堂免费开放给了中国所有的学校，并且覆盖了中国绝大多数的农村地区。钉钉想要做的是将在线化、数字化技术普惠中国的教育行业。

然而，在线教育的道路并不是一帆风顺的，甚至其间出现滑稽的一幕。随着钉钉下载量的增长，软件评分却一路下降，甚至走到了差点被应用商店下架的困境。这主要是由于，虽然钉钉设计产品的初衷是好的，围绕老师的教学活动开展产品设计和服务，却忽略了另一个庞大的群体——学生用户。线上直播可能是解决当务之急的一种方式，但仍然存在诸多问题待解决。例如，如何保证学生在线上教学中集中注意力？教学效果是否能达到线下面对面的水平？差异性的家庭环境适合学生学习吗？如何解决长时间观看电子屏幕导致的学生视力下降问题？教师们是否会向学生施加比平时授课更多的压力？这些问题，都是线上直播教育逃避不了。而同样在疫情期间转向线上教育的虎牙 TV，被央视点名批评，竟然借助免费网课渠道向学生推送游戏。学生在进入学习页面之前需要先观看大量精美包装的游戏广告。虎牙 TV 也迅速做出了整改，下线了课程部分的游戏广告。

在疫情期间，钉钉支持了全国 14 万所学校、300 万个班级、1.3 亿名学生的在线上课，有 600 名万老师在钉钉上累计上课超过了 6000 万小时。从数据上看钉钉是成功的。在移动办公市场上，企业微信、飞书等一些优秀的产品正在追赶钉钉的先发优势。在互联网教育市场竞争更为激烈，合适的模式仍然在探索中。钉钉是否能够将自己在远程办公领域的优势转移到新的领域中？等待着钉钉的仍然是一条充满荆棘之路。

思考题

1. 在疫情期间，钉钉面临怎样的外部环境，面对哪些机遇和挑战？
2. 利用波特五力竞争模型分析钉钉在互联网教育行业市场面临的微观环境。
3. 在疫情期间，钉钉的产品应该如何配合战略决策进行迭代发展？

案例三　分析参考

1. 疫情对于钉钉的外部机遇包含两个方面，一方面是原先的主业务移动办公市场的需求剧增，另一方面是线上教育需求的剧增。对于钉钉的威胁，不仅来自激烈的行业竞争，更来自疫情结束后短时间激增的线上需求消退的可能，这对钉钉来说是最大的潜在威胁，其本质是线上教育和传统教育之间的博弈，这取决于此类产品的用户习惯能否在短时间内被培养甚至被改变。

2. 利用波特五力竞争模型分析互联网教育行业市场的微观环境。

（1）新进入者威胁。借助此次疫情进入线上教育领域的企业并不只有钉钉一家企业，一些视频软件和直播平台也纷纷进入了这一领域，这里面不乏一些强有力的竞争者，例如，爱奇艺、虎牙 TV、快手等。

（2）供应商议价能力。因为钉钉属于阿里系，在技术上得到了很大的支持，尤其是线上教育所需的云计算技术。这是钉钉的一大优势。而对于使用钉钉提供教育内容的教师群体，这一群体出于自身的职业及国家、学校的约束和要求，对于钉钉而言的卖方议价能力基本为零，也是一大优势。

（3）买方议价能力。因为消费者可选择的产品众多，通常情况下消费者掌握着主动权，而且由于互联网产品的特点，许多产品在起初都向用户免费开放。但是，在疫情下，许多学校、各地教育部门对在线教育工具类产品做出了具体的说明和要求。这在一定程度上削弱了买方议价能力。

（4）替代品威胁。与钉钉在功能上相似的产品如腾讯会议、飞书（字节跳动）也开始从事工具类教育产品这一细分市场，使这一领域竞争白热化。在这一行业，工具类教育替代产品本就非常丰富，例如，作业帮、猿辅导、VIPKID、松鼠 AI、51TALK、流利说、跟谁学、科大讯飞、掌门 1 对 1、学霸君等，厂商众多。

（5）同业竞争者的竞争。由于在线教育行业是为数不多的互联网领域 2C 端不存在大厂垄断的行业，不像社交、文娱、游戏、电商等市场，基本已经成型，并且这些行业已形成垄断，而在线教育与之相反，因此竞争极为激烈，具体将在竞争环境分析做详细说明。

3.（1）钉钉组织结构扁平化，决策体制独立于集团公司，公司治理相对灵活。在吸取前一个产品"来往"的失败教训后，形成了快速开发、用户至上的企业文化。这些管理特征使钉钉更加灵活。

（2）马云从众多管理人才中选择陈航来负责钉钉项目，并且钉钉能够从微信社交市场中开辟新战场，这足以展现陈航对于市场判断的精准度和领导能力。

（3）公司新业务的发展离不开资本的支持。钉钉背靠阿里巴巴，公司现有资本和存量资本实力雄厚。

（4）公司业务组合中多元产业之间的协同效应：钉钉移动办公业务和其发展的智能硬件与新发展的线上教育业务高度相关，它们之间可以产生协同效应，并能将其原先业务的核心能力共享于线上教育业务。

案例四 逐渐成长的刺猬教育

2014 年，李亚平发现，许多大学生需要花至少 1~2 年时间进行职业调整，这往往是由没有合适的机会提前了解未来的工作内容造成的。同时，大学生往往只注意到名企，对一些优质企业并没有认识。于是，她萌生了一个想法，搭建一个大学生和优质企业之间的桥梁，帮助大学生在学生时代进入企业实习，早点接触和了解企业，能够在以后的职业生涯中少走弯路。

根据调查，中国互联网职业教育市场从 2011 年开始进入高速增长阶段，在这个市场里，用户的学习主动性强，付费意愿强。因此，李亚平认为，企业完全可以获得盈利。李亚平与迅雷第一任用户研究总监、曾任职于腾讯、参与顺丰数次核心开发项目的 Orange 及腾讯前互动娱乐运营部高级开发经理、参加过两次创业项目的 Andrew 形成了共同目标，组建了创始团队。这个资源互补的混搭型团队于 2014 年 11 月创办了实习吧（后更名为刺猬），形成了微信公众号和网站。

自 2014 年起，有关大学生实习、求职的平台如雨后春笋一般接连出现，如实习僧、大学生就业实习网、实习帮等，刺猬面临的行业竞争十分激烈。李亚平开始寻找形成自己独特优势的方法，她最初设想在建立粉丝社群后推出一些低成本的增值服务，从而使之成为刺猬固定的特色产品，区别于其他竞争对手。

2016 年 6 月，刺猬实习完成首个付费活动——刺猬 PM 训练营，2016 年下半年，刺猬重点发展了针对大学生职业教育的线上付费课程"刺猬大学"。刺猬大学为大学生和职场新人提供求职、工作技能等实用有趣的培训，形式包括线上课程和线下封闭式训练营，内容不仅涵盖简历、求职、特定岗位培训等，还包括各种实际的技能学习。分为在线课程、技能训练营、定制服务三个板块。刺猬在线下也推出训练营，涵盖金融、互联网产品、新媒体运营 3 个领域。

由于此前打工换宿活动实现了很好的效果，刺猬找合作伙伴做了东南亚国际志愿者活动、在巴厘岛做有故事的乡村教师、在马尔代夫做无忧无虑的小果农、在斯里兰卡给海龟宝宝接生……这些东南亚志愿者项目有 14 万用户报名参加，帮助刺猬吸粉 10 多万。在这些活动的启发下，刺猬先后尝试了四十多期各类有趣的实践活动，取名叫"刺猬体验"，吸引了许多喜欢尝试的年轻人。

刺猬通过网站和微信公众号与大学生建立联系，形成由刺猬实习、刺猬体验、刺猬大学构成的产品矩阵，目的是服务年轻人从初入大学、社会实践、初涉职场到技能提升的全成长过程。实习中，学生和企业的反馈形成体验和培训方向一个重要的参考，而培训和体验中抓取到的学生特征，帮助企业挖掘和培养真正对口的人才，也帮助学生发现真正适合自己的职业。此外，学生不仅在培训、体验、实习中提供自己的特征，也可以分享自己的感悟、结交志趣相投的伙伴，也有许多学生自发进行推荐和宣传，吸引了更多的用户，形成了一个良性互动的社群。

谈及未来，李亚平认为，刺猬未来在线上课程方面，将与更有资质的课程提供方合作，提供高质量课程，体验项目方面也会注重稳定性，在实习方面则挖掘更多对大学生有帮助、对企业有贡献的实习机会，社群活跃度也将进一步提升，为实现这样的目标，刺猬的团队也在不断努力。

资料来源：改编自《用自己滚出一条路——刺猬教育的创业之路》。

思考题

1. 结合案例分析，应如何理解决策？决策有哪些基本特征？

2. 请阐述在刺猬教育的成长过程中影响李亚平做出众多决策的主要因素。

3. 结合案例和所学知识，描述李亚平为刺猬打造独特性产品的决策过程。

4. 通过这一案例，试分析对其他创业者选择创新或创业机会有何启示。

案例四 分析参考

1. （1）决策的含义：决策是指为实现一定的目标，在多个备选方案中选择一个方案的分析判断流程。广义上，决策包括在做出最后选择之前必须进行的一切活动。

李亚平决定搭建一个大学生和优质企业之间的桥梁，帮助大学生在学生时代参与企业实习，早点接触和了解企业。在经过多方面的调研，组建创始团队，于2014年11月创办了实习吧（后更名为刺猬），形成了微信公众号和网站。

（2）决策的基本特征。

1）目标性。任何决策都包含着目标的确定。李亚平的目标是搭建一个大学生和优质企业之间的桥梁，帮助大学生在学生时代参与企业实习，早点接触和了解企业，能够在以后的职业生涯中少走一些弯路。

2）可行性。任何决策方案的实施都离不开资源的支撑，要充分考虑其实施条件与资源的限制。经李亚平调查发现，互联网用户学习主动性强，付费意愿强。创办刺猬教育企业完全可以获得盈利。

3）动态性。决策要充分分析变化的管理背景和要解决的主要问题，及时调整研究思路和方法。自2014年起，有关大学生实习、求职的平台如雨后春笋一般接连出现，刺猬面临的行业竞争十分激烈。李亚平开始寻找形成自己独特优势的方法，推出一些低成本的增值服务成为刺猬固定的特色产品，以此区别于其他竞争对手。

4）整体性。决策是一个系统工程，处理每一个问题都要统筹兼顾、综合考虑。刺猬通过网站和微信公众号与大学生建立联系，形成由刺猬实习、刺猬体验、刺猬大学构成的产品矩阵，目的是服务年轻人从初入大学、社会实践、初涉职场再到技能提升的全成长过程。

5）创造性。任何决策都需要不同程度的创造性思维。李亚平具备敏锐的洞察力，怀着帮助大学生少走弯路的初衷开始创新创业，成立了刺猬教育，可以说这一决策极具创造性。

2. （1）环境。环境变化往往是导致企业进行变革决策的一个最直接的原因。

随着时代的发展、科学技术的进步、经济全球化趋势的加剧，外部环境变化的速度越来越快，对组织的影响程度也越来越大。

从2011年开始，中国互联网职业教育市场进入高速增长阶段，在这个市场里，用户的学习主动性强，付费意愿强。李亚平认为，创建刺猬教育可以获得盈利。

（2）组织的历史。决策在一定程度上是对组织先前的活动进行调整。组织过去活动的特点、过去决策的依据及过去决策在实施过程中遇到的问题都会在不同程度上影响组织今天的选择。

由刺猬实习、刺猬体验、刺猬大学构成的产品矩阵，目的是服务年轻人从初入大学、社会实践、初涉职场再到技能提升的全成长过程。实习中，学生和企业的反馈形成体验和培训方向一个重要的参考，而培训和体验中抓取到的学生特征，帮助企业挖掘和培养真正对口的人才，也帮助学生发现真正适合自己的职业。此外，学生不仅在培训、体验、实习中提供自己的特征，也可以分享自己的感悟、结交志趣相投的伙伴，也有许多学生自发进行推荐和宣传，吸引了更多的用户，形成了一个良性互动的社群。

（3）决策者的特点。决策者的个人特点对组织未来行动方案的选择有着至关重要的影响。决策者的职能背景会影响对不同活动相对重要性的判断；决策者的风险意识会影响对具有不同风险程度的行动方案的接受；决策者过去职业生涯中的成功或失败则可能影响他们对不同行动方案的赞同或厌恶。

李亚平社会工作经验丰富；对互联网行业有较好的认知，掌握众多知识；有较高的创业警觉性，对行业变化有敏锐的洞察力，善于发现机会；人际关系良好，创业合作伙伴众多，有自己独特的想法和处世之道；具有坚韧的意志力和卓越的领导力。

（4）组织文化。决策通常会带来变革。在决策过程中，任何方案的选择都意味着对过去某种程度的否定，任何方案的实施都意味着组织要发生某种程度的变化。决策者和决策的实施者对这种可能产生的变化的态度必然影响对不同行动方案的评价和选择。人们对待组织变化或变革的态度，在根本上取决于组织文化的特点，取决于组织文化所创造的价值观念和行为准则。

刺猬教育通过网站和微信公众号搭建起了大学生和优质企业之间的"桥梁"，帮助大学生在学生时代参与企业实习，早点接触和了解企业，形成了由刺猬实习、刺猬体验、刺猬大学构成的产品矩阵，服务于年轻人从初入大学、社会实践、初涉职场再到技能提升的全成长过程。

3. 决策过程通常包括识别问题，诊断原因，确定目标，制订备选方案，评价、选择方案以及实施和监督六个阶段的工作。

（1）识别问题。识别问题是决策过程的开始，以后各个阶段的活动都将围绕所识别的问题展开。自 2014 年起，有关大学生实习、求职的平台如雨后春笋一般接连出现，如实习僧、大学生就业实习网、实习帮等，刺猬面临的行业竞争十分激烈。

（2）诊断原因。决策者需要根据各种现象诊断出问题产生的原因，这样才能考虑采取什么措施，选择哪种行动方案。李亚平开始寻找形成自己独特优势的方法，她最初设想在建立粉丝社群后推出一些低成本的增值服务，从而使之成为刺猬固定的特色产品，区别于其他竞争对手。

（3）确定目标。找到问题及其原因后，要明确各构成要素的相互关系并确定重点，以找到本次决策所要达到的目的。刺猬通过网站和微信公众号与大学生建立联系，形成由刺猬实习、刺猬体验、刺猬大学构成的产品矩阵，目的是服务年轻人从初入大学、社会实践、初涉职场再到技能提升的全成长过程。

（4）制订备选方案。明确目标之后，决策者要找出约束条件下的多个可行方案，并对每个行动方案的潜在结构进行预测。李亚平为刺猬打造独特性产品时的主要解决措施是：增加课程"刺猬大学"、推进"刺猬体验"、"实习+体验+课程互动"链条。

（5）评价、选择方案。行动方案要具备可行性、有效性。李亚平在为刺猬打造独特性产品的过程中运用创新因素，最终敲定了满意的具体实施方案。如：刺猬大学为大学生和职场新人提供求职、工作技能等实用有趣的培训，形式包括线上课程和线下封闭式训练营，内容不仅涵盖简历、求职、特定岗位培训等，还包括各种实际的技能学习。

（6）实施和监督。决策要将方案转化为实际行动，并制定出能够衡量其进展状况的监测指标。刺猬未来在线上课程方面，将与更有资质的课程提供方合作，提供高质量课程，体验项目方面也会注重稳定性，在实习方面则挖掘更多对大学生有帮助，对企业有贡献的实习机会，社群活跃度也将进一步提升。

决策实际上是一个"决策—实施—再决策—再实施"的连续不断的循环过程，如此往复贯穿于管理活动的始终，刺猬教育的成长之路仍在继续。

4. 用管理学中的理论，结合自己的思考，提出自己的想法观点，言之有理即可。

案例五 哔哩哔哩破圈的飞速突破

"B站，年轻人的CCTV！"以"动画、漫画、游戏"（ACG）小众文化起家的哔哩哔哩弹幕视频网站，凭借其独特的用户定位和平台特色，在视频网站领域内成功闯出一片天地，坐拥了大批铁粉。然而，随着B站的发展与壮大，其身上"小众文化"标签所带来的桎梏感却越发强烈。用户难增长、平台难"恰饭"、竞争难逃避等问题压得"小破站"喘不过气来。"不在沉默中爆发，就在沉默中灭亡"，它选择开始冲破枷锁。

B站真正懂得目标用户喜欢什么、需要什么，二次元小众文化及"为爱发电"的独特氛围为用户创造了一种奇妙的归属感B站，为这些年轻群体释放压力、缓解孤独创造了极好的空间。定位于小众文化的B站，拥有着浓厚而又独特的高质量社区氛围。B站是较早设置弹幕功能的视频平台之一，它整合了时间与空间、在场与互动。对用户来说是获得了一张"'吐槽大会'的廉价入场券"，能在观看视频的同时发表自己的观点。平等自由的实时弹幕互动，使这些年轻群体收获了平等沟通的机会，也获得了陪伴，塑造了网络时代用户的身份认同感，缓解了虚拟社区的孤独感；同时，弹幕对时对点，针对性强，激励了大批创作者突破思维天花板，推进了B站追求创新与颠覆的进程，优化了其内容生态，有助于提高用户黏性。B站的主要收入构成为游戏，不包含"正式会员"及"贴片广告"这两个大多数视频网站的主要盈利渠道。虽然这种发展模式限制了B站的营收增长，但却为B站赢得了用户，获取了用户好感度和忠诚度，也使B站在后期推出直播、大会员、会员购等变现方式时更加顺利。

面临重重发展困境，B站已不再继续沉迷于"圈地自萌"的状态。在腾讯、阿里巴巴两家互联网巨头资本的加持下，B站更期望通过破圈提高自身商业化变现能力，为资本市场提交一份完美的"作业"。2020年B站跨年晚会是疯狂破圈的一个里程碑事件。2020年5月，国家一级演员何冰代表老一辈人送给年轻人的演讲视频《后浪》，在无数"前浪"和"后浪"的朋友圈掀起了风浪。6月1日，B站宣布将发射"哔哩哔哩视频卫星"，这一重磅行动折射出B站想要鼓励所有人也是勉励自己"不忘初心、保持好奇、永远探索"的态度。

　　二次元起家的 B 站，在"万物皆可 B 站"的口号下，逐渐覆盖"追番、直播、国创、说唱、知识、新闻、游戏、短视频、影视、小康、会员购"等二十几个内容板块，基本已完成了二次元的破圈。首先，B 站目前已经是一个能够全方位学习的网站。其次，通过邀请各大新闻媒体入驻，B 站看新闻早已不是新鲜事，几乎任何新闻现在都能在 B 站及时看到。最后，B 站紧抓短视频行业的红利，大力扶持平台短视频的发展，美妆、美食、Vlog 等内容已成为平台新的吸睛点。B 站也会根据时事热点，及时加开相应的板块，如在新型冠状肺炎疫情期间，B 站开通的"抗击肺炎"专区。

　　在不断吸引新用户的出圈过程中，B 站迎来了第一波红利。然而，面对快速扩张的内容生态，B 站并没有做好自身的监管。不断放低的会员准入门槛导致了 B 站第一步审核的弱化，随着大量关注一起到来的是鱼龙混杂的用户及内容。这些都使坚持原有社区调性的老用户与新用户之间产生隔阂。而这无疑是一种口碑的自我消耗，最重要的是用户体验满意度的下降正在导致用户们忠实度和黏性弱化。面对生存压力，进入第二个十年的 B 站疯狂破圈，寻求更多文化圈层进入的同时，也开始面临着更多的挑战。从长远来看，在破圈的道路上，B 站如何掌控并平衡破圈速度、社区价值、优质内容、文化通融等方面，既保持平台的独特性，又挣脱固有标签的束缚，为用户呈现百花齐放的内容是"破圈"成功与否的关键问题。

思考题

　　1. 运用 SWOT 分析法分析早期 B 站的内外部环境。这种独特的定位又带来了什么影响？

　　2. 破圈后的 B 站品牌形象发生了什么变化？破圈带来的影响如何？

　　3. B 站应该如何解决破圈中面临的诸多问题？

案例五　分析参考

　　1. B 站破圈前 SWOT 分析如表 3-1 所示。

表3-1 B站破圈前SWOT分析

优势（S）	劣势（W）
聚焦二次元文化的B站有着鲜明的平台特色和品牌形象，区别于其他视频网站； 小众文化定位和优质社区氛围，吸引了大批高黏性的ACG爱好者，是国内最大最受欢迎的二次元网站； 弹幕、鬼畜、游戏等网站内容和风格深抓年轻人的喜好，在不少年轻群体中收获了高口碑，拥有年轻生代这一重要群体作为用户基础； 2018年获腾讯入股，2019年获阿里巴巴入股，B站拥有更大资本力量来推动其商业化发展	盈利模式较单一，长年依靠游戏业务难以实现盈利； 根据传播圈层原理，小众文化标签和ACG用户定位使B站的用户增长严重受限，面临着突出的流量问题； B站现有年轻用户随着年龄增长，对二次元的关注会降低，从而影响B站用户数量和可持续发展； 根据信息茧房效应，专注ACG的平台内容局限，创新不足、质量不高，面临着内容生态不佳的重要问题
机会（O）	威胁（T）
在互联网+、大数据、云计算等科技不断发展的5G时代，企业对市场、用户、产品的掌握有了更强大的技术支撑； 互联网和自媒体的发展，提供了全新化的网络营销平台，营销方式和渠道更为多元化； 合作共赢的时代特征带来了更多元化的合作机会； 人们思想更为开放自由，注重社交和自我表达，同时，对新事物的接受和包容能力相较过去更强	长视频、中视频、短视频的界限逐渐模糊，尤其近两年短视频的火热，加剧了视频领域的竞争； 信息快速更新的时代，很多企业的营销只是昙花一现，互联网时代对企业营销人员的能力和营销策略的创新提出了更高要求； 新时代下，用户对平台或产品的要求更高，没有核心特色和不断更新的精品内容，平台难以维持用户的长期黏性

2. B站破圈后。

（1）目标用户：从喜爱"动画、漫画、游戏"的小众文化圈层用户拓展到大众文化群体。

（2）内容生态：从以"动漫、动画、游戏"内容为主拓展到"生活、直播、电视剧、纪录片、美食"等二十几个内容板块。

（3）传播方式：由圈层内的社群口碑传播转变为事件营销、跨界营销等多渠道传播。

（4）平台形象：由"二次元"、小众平台转变为"主流范"、全民平台。

破圈带来的影响：

（1）B站破圈成效显著。首先，撕去了身上固有的二次元标签，不再局限于小众文化，越来越多元的内容为平台发展注入了新的活力；其次，吸引了大量非

B 站用户的关注，各个年龄层都能在 B 站破圈中找到共鸣，知名度大大提高；最后，在前两者的基础上，B 站实现了月均活跃用户的跃迁式增长，营收与市值也一路上涨，一度超越视频领域的巨头爱奇艺，实现了百亿市值的"小目标"。

（2）破圈也给 B 站带来了严峻的挑战。首先，用户数量在数字上的低质量增长及逐渐降低的准入标准使 B 站原来强调自由、尊重、互动的独特社区文化氛围被削弱，甚至渐渐变成了拉踩的新战场；其次，内容多元化导致了 B 站二次元特色丧失，口碑下降；再次，处于不同圈层、拥有不同文化价值观和行为方式的各"代"用户在 B 站还没有实现和谐共存，B 站遭到大量老用户的质疑与不满；最后，破圈致使各类成本进一步大幅增长，无法充分利用广告营收是 B 站的一大硬伤，再加上较低消费能力的用户群体、较低的会员转化率及不完善的盈利模式，B 站盈利问题更加突出。

3.（1）购买更多番剧的独播版权，一方面有利于进一步破圈，另一方面能提升 B 站会员含金量，提高会员充值利润。

（2）通过会员购平台创作更多独一无二的二次元周边。

（3）开展"创造营计划"，培养二次元"圈层内"的核心人员及 KOL（关键意见领袖），巩固 B 站老用户群体。

（4）继续巩固移动游戏这一核心盈利模块；与优秀创作者签约，持续探索创作者分红、广告合作、直播等盈利模式。

（5）严格做到"举报—审查—删除"一条龙处理，上传的视频被举报后，必须在七天内删除非法内容，24 小时之内删除或屏蔽违法言论。

（6）对违法违规视频进行等级评定，等级越高，惩罚越重。

二、推荐书目

推荐书目 1：斯科特·普劳斯：决策与判断，人民邮电出版社，2020

《决策与判断》是一本社会心理学的经典著作，曾获美国心理学协合（APA）的威廉·詹姆斯图书奖。这也是一本充满趣味和科学实证证据的社会心理学普及读本。全书汲取了许多医学、法律、商务和行为经济学等学科的研究成果与实际例子，全面介绍了决策与判断的心理过程，尤其探讨了影响决策与判断的社会因素。书中剖析了一系列关于人类决策与判断的心理学实验结果，有些结果往往与人们的常识经验相反，可以帮助读者了解各种认知偏差和非理性决策出现的原因，并从科学心理学的角度给出避免认知风险和决策偏差的实用建议。

推荐书目 2：詹姆斯·G. 马奇：决策是如何产生的，机械工业出版社，2013

决策是人类的核心活动，它对个体、群体、组织和社会生活至关重要。本书并非对决策的初级介绍，而是对决策的产生过程进行深入剖析，运用社会学和行为学的理论研究各种不同情境下的决策，从而使现实世界中作决策的人既能从参与者的角度又能从旁观者的角度来理解这一过程。本书读来富有新意。马奇为书中深刻的理论佐以大量饶有趣味、生动形象的例子，既便于读者理解和在实践中运用这些理论，又为勤于思考的读者带来仔细品读的兴致。

推荐书目 3：笼屋邦夫：斯坦福高效决策课：培养领导者和员工决策能力的实用方法，机械工业出版社，2021

人们在不确定的情况下，怎样做出认可度高的决策？基于这一问题，作者通过总结自己在斯坦福大学、麦肯锡事务所学到的有关决策的方法论、体系和步骤，来培养领导者和员工的决策能力。本书强调，为了使决策更加高效，我们应该具备领导的自觉，也就是要具有当事人意识，同时运用在重要课题中与同伴产生共鸣、集结成智慧（众智）的方法论。本书认为能突破现状的只有我们自己，如果我们对自己的课题抱有作为当事人的强烈自觉，我们就能解决问题，就能做出高品质的决策。

第四章　环境分析与理性决策

一、专题案例

案例一　互联网"合并潮"：美团收购摩拜

2010 年 3 月 4 日，王兴带领着饭否团队开辟了互联网上的新战场——美团网。由于技术上容易实现，行业准入门槛低，中国互联网创业者蜂拥而至。2018年下半年开始，大量团购网站如雨后春笋般涌出。2011 年 10～12 月，全国团购网站总数在 1000 余家。此时，美团网已经在北京、上海、广州、深圳等近 100个城市开战，拥有超过 2500 名员工，单月销售额突破 2 亿元，在"千团大战"中脱颖而出，与拉手网、窝窝团稳居行业前三。到 2014 年，美团网和大众点评已经远远领先于其他竞争对手，成为聚焦本地生活服务 O2O 领域的前两大巨头。2015 年是互联网各细分领域巨头博弈的杀青之年，大众点评网与美团网联合发布声明，宣布达成战略合作并成立新公司。合并之后的美团点评成为业内龙头老大，在随后的半年多时间里，相继对多项垂直业务进行深度整合，在 O2O 领域的各个细分市场全面开花，交出了一份亮眼的成绩单。美团的到店、到家、旅行三大场景已经占据了非常大的市场规模，但是在出行板块，刚刚起步的网约车业务不足以提供上述场景的连接。这时，提供城市"最后一公里"绿色出行解决方案的共享单车明星企业——摩拜单车进入了美团的视野。

摩拜单车，是采用无桩借还车模式来解决"最后一公里"的难题的互联网短途出行解决方案，实质是通过单车租赁，与地铁、公交、出租车、专车形成有效互补的闭环。2016 年 4 月 22 日，北京摩拜科技有限公司在上海召开发布会，正式宣布摩拜单车服务启动。到 2016 年底，摩拜在上海、北京、广州等九大城市投放了几十万辆单车。由于共享单车门槛较低，各路玩家纷纷在资本的助推下进入市场，各大城市路边排满各种颜色的共享单车，据不完全统计，2016 年至少有 25 家共享单车品牌汹涌入局。但与行业快速发展相伴随的就是同样快速的洗牌和清场，当运营模式已经确定，比拼的就是谁背靠的资本更加雄厚。2017 年 6 月，ofo 和摩拜分别以 51.9% 和 45.2% 占据中国共享单车 App 活跃用户覆盖率的前两名，留给其他共享单车的市场空间已经几乎没有了，彩虹大战已经演变成橙黄之战。共享单车作为重资产的项目，没有资本持续跟进的结果就是产业链的全线崩塌。ofo 选择通过动产抵押的方式，先后两次将其资产共享单车作为质押物，换取了阿里巴巴共计 17.7 亿元的融资，接着在 2018 年 3 月 13 日宣布完成由阿里巴巴领投的 E2-1 轮 8.66 亿美元融资，迎来了新的一个春天。而摩拜已经 9 个月没有拿到新的融资，如何在市场"钱荒"来袭的大环境下，尽快找到接下来的活命钱，或者直接为公司的股东和创始团队找到出路，已经迫在眉睫。

2017 年 9 月，美团开始对摩拜进行收购谈判。2018 年 1 月底，王兴决定美团全资收购摩拜。2018 年 4 月 4 日零时刚过，摩拜股东大会通过了美团以 27 亿美元收购摩拜单车的决议。在媒体和公众对此讨论正酣之时，这场收购交易已经尘埃落定。美团收购摩拜之后，究竟是"赋能"还是"负重"，一切尽在发展之中……

资料来源：改编自《美团收购摩拜："赋能"还是"负重"》。

思考题

1. 结合案例并运用 PEST 分析，分析美团和摩拜都能在短时间内崛起的原因。

2. 结合案例并运用波特五力模型，分析摩拜董事会通过被美团收购动议的原因。

3. 结合美团收购摩拜的案例，谈谈你对互联网"合并潮"的看法。

案例一 分析参考

1. （1）政治与法律环境（P）。中国大力发展第三产业，鼓励科技创新型企业的发展，鼓励"大众创业、万众创新"，在国内有非常好的互联网环境。

（2）经济环境（E）。当前中国经济快速发展，消费不断升级，消费者对服务多元化、品质化的需求水涨船高，用户群体的消费能力也逐步提升，美团网致力于改善和提升消费者的生活品质，在餐饮、外卖、酒店旅游、丽人、亲子、休闲娱乐等领域布局，满足用户的消费需求。摩拜单车则针对出行"最后一公里"的痛点，让人们用可负担的价格解决短途市内出行的问题。

（3）社会与文化环境（S）。经历了网购商品的阶段，已经培养了消费者网络购物的习惯，美团"互联网+本地生活服务"的模式很容易得到了用户的认可。中国是自行车王国，骑单车本身就是很多人熟悉的出行方式，摩拜单车将互联网技术与传统骑行相结合，喊出"让骑行回归城市"的口号，符合人们的认知和习惯。

（4）技术环境（T）。体现在4G网络、定位技术、移动支付等方面，使人们随时随地可以接入互联网，享受便捷的服务并为此付费。在"互联网+"的时代背景下，美团和摩拜服务通过技术创新，深度融合互联网与传统服务产业，创新商业模式，迅速成长起来。

2.（1）新进入者威胁。在共享单车行业经历过"彩虹大战"的行业洗牌清场，用户的品牌认知和习惯已经基本建立起来，摩拜和ofo已经形成垄断地位，对于新进者具有很强的壁垒，新进入者很难在短时间内撬动市场。

（2）供应商议价能力。对于摩拜单车来说，其供应商主要是自行车制造商，但是单车由摩拜自主设计定制，供应商只能根据摩拜的设计需求给摩拜供货，而摩拜可以在符合条件的供应商中自主选择，其商家议价能力不强。

（3）买方议价能力。消费者充当下游买方的角色。为骑行所支付的价格是消费者的关注重点，也是消费者议价能力的体现之处。在共享单车行业，市场几乎已经被摩拜和ofo垄断，双方都有大量的补贴政策、优惠活动，但是消费者本身在价格上的议价能力还是很小，基本上只能被动地接受。

（4）替代品威胁。替代品主要体现在其他出行方式，比如滴滴打车等网约车，或者消费者干脆选择步行。但当距离在1~3公里时，共享单车是最理想的方式。

（5）同业竞争者的竞争。摩拜早期面临着各品牌共享单车的竞争，到了后半程，几乎只剩下ofo这个对手，双方势均力敌，竞争极为激烈。摩拜已经投入了大量的资金，但仍然没有能够击败对手。对ofo获得新一轮融资时，摩拜已经9个月没有获得新的投资，资金难以为继，对于董事会来说，与其深陷亏损的泥潭，不如选择被收购套现离场。

3.（1）美团收购摩拜，是互联网界一个典型的事件，是观察互联网市场发展的又一个绝佳标本。与阿里巴巴收购饿了么一样，都体现了互联网市场结构的新的演进趋势：互联网平台之间的竞争最终走向大都是阿里系与腾讯系之间的竞争。

（2）腾讯既是美团的大股东，也是摩拜的大股东，而腾讯支持美团收购摩拜，一个重要的转折点很可能是阿里巴巴和蚂蚁金服以 95 亿美元收购饿了么，因此腾讯助力美团获得更好的发展，使其能与阿里巴巴的口碑、饿了么进行反抗。

（3）合并潮的出现预示着市场初期这些互联网小巨头靠"烧钱"跑马圈地的竞争已经告一段落，互联网企业正式进入深度整合时代。

4. 用管理学中的理论，结合自己的思考，提出自己的想法观点，言之有理即可。

案例二　逆水行舟：名创优品商业模式的创新

由于受到"零售寒潮"的影响，各大实体零售企业纷纷陷入关店潮，不得不进行新一轮商业模式的探索。就在各大零售企业纷纷转型与电商合作，将目光转移到线上的时候，名创优品异军突起，专注线下，实体店在短时间内迅速扩张，引来业界广泛关注。

名创优品联合创始人叶国富亲自到各国实地考察各种不同形态的零售业态，体验了在全球经济衰退的背景下那些受国人大为追捧的国际市场。叶国富发现发达国家的一些实体店不仅未遭到所谓电商时代的灭顶之灾，反而发展得非常好，皆因这些实体店铺销售的商品都是精品低价。价格虚高是中国实体零售业的痛点，叶国富想是时候将"精品低价"的模式搬到中国来了。

机缘巧合，在 2013 年年初，叶国富有幸认识了日本青年设计师三宅顺也，两人多次促膝长谈后，达成了共识，开启了联合创业的征程。2013 年 9 月，他们拿到了日本公司营业执照，名创优品就此诞生。两人各自分工，三宅顺也负责品牌、产品设计和日本公司的运营，而叶国富负责中国供应链整合和中国公司的运营。

"低价"和"优质"是让电商飞速发展的重要因素。实体零售业的萧条，并不能完全归因于互联网的冲击，归根结底是电商平台尽最大可能消除了交易双方的种种不对称，想消费者所想，用互联网技术对传统供应链"除冗"。因此，名创优品通过直采自营、以量制价、放弃暴利的手段降低成本，实现了"低价"。在"优质"方面，名创优品承袭了日本严谨的管理规范，对品质把控、产品设计，甚至店铺装修的要求都非常严格。通过"淘汰制"精选供货商，以质取胜；精心研发产品，实施爆款战略；门面及店内服务也是简约、轻松的风格，便以提升顾客的购物体验。优质生活百货的"快时尚"是名创优品的消费主张，叶国富通过一次性付清货款、一次性买断库存求得与众多外贸供应商展开合作，并建立了一套供应商评估机制，减少了搜寻优质供应商的时间成本。同时，名创优品依靠在全国建立的七大仓优势，自建物流，大大缩短了物流运送周期，这使得"每7天上一批炫酷新款，21天全店货物就可以流转遍"成为可能。这些都保证了产品的优质和低价。

名创优品的成功，无疑是实体零售业在电商化大潮下的一次逆袭，这表明我们要认真地思考消费者所需，捅破价格虚高的最后一层纸，让商品价格回归其本质，让匠人精神回归其传统，让购物回归购物，让消费者放心满意。

资料来源：改编自《名创优品——逆互联网电商大潮而上，看实体零售业如何逆袭》。

思考题

1. 请利用一般环境分析的相关方法，结合案例分析"名创优品"进行商业模式创新时所面临的外部环境。

2. 根据所学知识，构建"名创优品"商业模式创新的SWOT矩阵。

3. 结合案例简要阐述"名创优品"的商业模式创新对实体零售业有什么启示？

案例二　分析参考

1. 利用PEST法分析"名创优品"进行商业模式创新时所面临的外部环境。

（1）政治与法律环境（P）。政府鼓励"互联网+"，电商强势来袭，冲击实体零售业，实体店面不景气，自2011年起，店铺租金价格以每年12%的速度下滑，名创优品便可"趁虚而入"，以相对低廉的价格租到黄金地段的店铺，节约成本。

贸易保护主义抬头，传统产品出口遇阻，外贸供应商库存压力大，使得名创优品不仅可以找到优质供应商，而且可以掌握上游供应商议价权。

（2）经济环境（E）。世界经济全球化进程加快，为中国市场的发展提供了良好的国际环境，使得名创优品中方与日方的合作成为可能。

国内经济发展放缓，消费者更倾向理性消费，低价质优的生活必需品更畅销，对名创优品这样的休闲百货企业来说是一大利好条件。

（3）社会与文化环境（S）。消费结构升级，消费层次逐渐年轻化，"80后""90后"逐渐成为消费主体。与此同时新的消费需求的产生，使消费观念、购买习惯也随之改变，更能认同名创优品的价值理念。

（4）技术环境（T）。新技术、新理念的产生，使新的产品设计变为现实成为可能。互联网的发展使沟通互动更加方便快捷。

2."名创优品"商业模式创新的SWOT分析如表4-1所示。

表4-1　"名创优品"商业模式创新的SWOT分析

优势（S）	劣势（W）
低价优质的战略； 兼具时尚和设计感的生活必需品； 供应链的整合和配建； 实力雄厚的设计团队； 高覆盖的营销网络	品牌影响力与国际顶级企业有一定差距； 品牌知名度不高； 技术人员的培养消耗较大； 渠道方式单一
机会（O）	威胁（T）
增加标杆店铺，增强口碑； 电商强势来袭，实体店面店租下滑； 消费者更加理性，生活必需品畅销； 高质量的服务、舒适的购物环境抢占市场； 利用政策鼓励创新创业的优势继续扩张市场； 国内二、三线城市的发展	原材料成本上涨； 运输成本增加； 人员雇佣成本提高； 互联网发展使电商强势来袭实体企业受冲击； 同类公司数量多，市场趋于饱和； 供应链需要不断优化

3.（1）零售企业在商业模式创新之始要找准定位点。对以优质低价为定位点的名创优品来说，采购就成为最为关键的模式或流程。

（2）零售企业的商业模式创新路径要符合商业模式形成的内在逻辑。即根据顾客价值打造营销模式，根据营销模式构建关键流程，根据关键流程整合重要资源。

（3）零售企业在商业模式创新的过程中要注重自身系统层次的竞争优势的构建。即包括竞争优势、关键流程和重要资源3个层次组成的系统。

4.用管理学中的理论，结合自己的思考，提出自己的想法观点，言之有理即可。

案例三　顺丰上市：将中国快递做大做强

2017 年 2 月 23 日，顺丰控股登陆深交所。上市首日，顺丰控股的股价即涨停，报价于 55.21 元，市值一度达 2800 亿元，王卫身价接近 2000 亿元，顺丰从而跃身成为深市第一大市值公司。这背后经过了怎样的权衡与取舍，又隐藏着多大的能量和野心呢？

1997~2009 年是中国民营快递业的野蛮生长阶段，顺丰速运一方面开始改革自己的运营模式，另一方面借电商的发展迅速崛起。改革开放带来的经济增长和电商的蓬勃发展，像两股东风使中国民营快递行业逐渐大了起来。1997 年，王卫决定带领顺丰走出华南走向全国。为了快速占领市场，顺丰采用高效、低廉的加盟商制度，这极大地激发了分公司开拓市场的积极性，顺丰迎来了高速成长期。2002 年，王卫大刀阔斧地收权，打造"一个人的企业"，在深圳成立了总部，顺丰成为我国唯一完全直营化的快递企业。2009 年新的《邮政法》出台，中国民营快递企业正式摆脱被国企 EMS 和外资快运集团联合支配的恐惧，顺丰凭借直营、高端服务成为商务快递市场的老大。但国内快递行业竞争日趋激烈，快递企业在保持市场细分的基础上，纷纷进入转型升级期，开始逐渐向资本及资本市场敞开怀抱。

夹缝中成长起来的王卫具有过人的商业嗅觉和高质量的执行力。顺丰建立了地网与天网相结合的战略组合，在交通资源调度能力上不断提高，持续强化速运业务，在国内民营快递中速度无人能及。顺丰坚持中高端电商快递市场定位，向目标客户提供高质量、全方位的综合物流服务，极致客户体验。由于顺丰对电商企业的依赖程度较小，所以顺丰开始积极拓展多元化业务，形成物流、信息流、资金流三流合一及"线上"和"线下"相结合的商业模式。顺丰开始尝试 O2O 模式，建立综合类电商平台——顺丰优选，并将触角伸向了需要个性化服务的高端市场，占领生鲜运输给顺丰带来了大量新业务，加速了顺丰冷链物流的发展进程。

2006~2016 年，快递行业竞争日趋激烈，各家物流企业不断通过各种方式，努力扩大自己的业务和网络范围。电子商务企业、社会资本等外部力量正加速进入快递物流行业，进一步加剧了市场的竞争。而顺丰企业的直营制、加盟制和完善的人力制度等都需要大量资本投入，价格战又导致利润微薄，在电子商务领域的试水也并不顺利。此时快递公司纷纷上市，谋求战略转型。2016 年初，顺丰开始谋求借壳上市，以尽快完成对整个快递行业市场这块大蛋糕的排兵布阵和抢先占领市场的先机。

上市后的顺丰今后会一帆风顺吗？让我们拭目以待。

资料来源：改编自《从野蛮生长到资本为王：顺丰控股的上市之路》。

思考题

1. 根据所学知识，运用 SWOT 框架对顺丰上市进行分析。
2. 结合案例和所学知识，为上市后的顺丰提出相应的发展战略。
3. 通过这一案例，试分析对其他企业做出重大战略决策有何启示。

案例三　分析参考

1. 顺丰的 SWOT 分析如表 4-2 所示。

表 4-2　顺丰的 SWOT 分析

优势（S）	劣势（W）
地位领先，有较高的竞争门槛； "天网+地网+信息网"的组合； 科研能力强大； 直营的经营模式； 良好的市场口碑和品牌形象	网络覆盖面偏小； 盈利能力下滑； 单一的融资渠道； 员工流动性大
机会（O）	威胁（W）
国家政策支持； 未来高端市场和细分市场发展空间仍然巨大； 受到资本的追捧	宏观经济增速放缓，跨界竞争加剧； 人工、租金等成本上涨； 同行企业过度竞争，价格战恶劣； 行业整合加速，行业集中度持续提高

2. SO 战略/增长型战略：

（1）专注于航空队伍、信息平台、冷链项目等建设，扩大竞争优势，加快对标国际物流巨头步伐。

（2）进一步完善服务体系，提高整体供应链等效率，构建基于互联网调度等高效运营能力。

（3）针对生鲜医疗、中高端餐饮、商超细分市场进行重点设计，研发定制相关等产品功能，提供多样化的增值服务。

WO 战略/扭转战略：

（1）响应国家物流园区建设的号召，为地方产业和外部客户提供完整的配套服务，链接政府与顺丰，借力扩大覆盖面。

（2）拓宽融资渠道，利用时机理论，选择借壳上市，募集资金扩大竞争优势。

（3）形成合理的人力资源结构，培养和引进管理人员和国际化接轨人才。

ST 战略/调整战略：

（1）改变电子商务发展模式，锁定新机会点如 O2O、经销商串点配送等，同时关注垂直电商的配送市场。

（2）保证一体化综合物流解决方案的能力，转移重点至扩大提供该方案的行业。

（3）充分利用闲余运力资源，发展中货运输等服务，降低整体运营成本。

（4）凭借目前的优势，并购相关小企业以扩充自己的实力，削弱潜在竞争者压力。

WT 战略/防御战略：

（1）差异化市场定位，始终把速度放在第一位，保证服务质量，避免业务同质化竞争。

（2）坚持自己的机制、系统和文化，控制好内部风险，尤其是人力资源风险。

（3）扩大自有土地、厂房面积，向中西部地区转移资源配置。

（4）联盟合作，构建上下游企业间的合作关系，包括横向合作和纵向合作；寻求和实力较强的快递公司合作，与其共享资源、分担风险。

3. 用管理学中的理论，结合自己的思考，提出自己的想法观点，言之有理即可。

案例四　以环境为引擎：恒信源的战略调整之路

2005 年 1 月，周作飞只身在北京成立了北京恒信源文化有限公司（以下简称恒信源），早期从事纸质媒体出版发行业务。2010 年 11 月 15 日，周作飞与廖振华合作，恒信源正式转型开启了线下院校合作双证书项目（自考学历+职业能力证书）的新篇章。2015 年恒信源以"+互联网"与"互联网+"相结合的思维，以线下院校合作为立足点，布局在线教育，围绕学员"乐学、活学、学以致用、学用相长"的目标进行实践与创新，打造独具特色的立体终身教育模式。2015 年初开启了海南自学考试双证书项目，经营成本倍增，资金风险控制没有规范，给恒信源带来了很大的财务负担，人员管理问题也逐渐凸显。

2016 年 7 月 11 日，海南省自学考试的考试组织方式变更，衔接校考的考点由原来的全国各省均可设立，变更为 2016 年下半年招收的学生必须到海南参加校考。恒信源项目的推广中涉及与之合作的相关主考院校，包括北京交通大学及海口经济学院。2016 年下半年各主考院校上报成绩人数所占份额分别为 23%、7%，合计占海南省三成，增势迅猛。领域内共有 13 个竞争者，长沙理工大学就占到 33%的份额，是最大的竞争对手之一。但是，新政策实施后，由于政策变化，考试地点由过去的外省当地组考转变为必须在海口参加考试，形成了地域限制，这对海南省本省及周边区域例如广州、深圳等城市的竞争对手更为有利。恒信源的业务模式是 B2B 模式，主要采用的渠道包括各大中专职业院校及有办学资质的社会培训机构，本身的合作价格设定不高。新政出台后，由于外地学生赴考将花费不菲的交通支出，同时也会涉及安全问题，导致合作价格有了较为明显的提升。由于教育行业的特殊性，一般主考院校自学考试专业的学费都是明确地依据红头文件执行，合作价格在短期内很难做出调整，因此增加的成本无从转化。虽然海南项目在 2014~2016 年因其显著的市场潜力受到众多教育培训企业及相关院校的关注，但是因为自学考试的份额是有限的，同时考试设置的壁垒比较高，海南的新政策出台后，竞争者几乎全部撤离，反而使恒信源在这方面的威胁减小了。恒信源所做的自学考试教育与成教、网络教育在继续教育行业中呈三足鼎立之势，而其中自考以难度大、社会认可度大、含金量高占有重要地位。原本恒信源主要是经营双证书项目，这种模式对于资源是一种良好整合，通过职业证书做免考的模式降低了自学考试难度。然而新政策出台后，恒信源丧失了很大一部分不愿意到外地参加考试的考生资源，这些生源转而选择成教或网络教育。

2016 年 8 月，周作飞组织恒信源的一众元老级员工及新起之秀进行了战略调整的会议。客服中心经理和财务部经理在会议上分析了近些年来国家关于职业教育的政策，如 2014 年 5 月国务院发布的《国务院关于加快发展现代职业教育的决定》、2016 年的《中国职业教育 2030 研究报告》等一系列政策对于职业教育的快速蓬勃发展都具有显著的激励作用。目前，我国人才需求结构发生了根本性的变化，企业中的技能型人才非常短缺，就业形势与需求一定程度上改变了过去大家对于职业教育的根深蒂固的偏见，职业教育的社会认可程度可谓逐年提升。技术中心总监指出，随着"互联网+"技术的逐渐普及，传统教育培训行业正逐步与互联网实现深度融合。中国无论是在移动终端设备的生产还是 App 应用的研发上，都在不断前进，可以说为移动端的在线微教育提供了发展壮大的条件和基础；同时，借助"互联网+"战略的落地，云计算、大数据、物联网等新一代信息通信技术在 2015 年快速发展，在业务、应用、产品创新的带动下，开始真正地"落地生根"。双证书渠道部主管对职业教育市场做了充分解读。2015 年我国高等职业教育、中等职业教育、专科职业教育、继续教育市场规模分别为 417 亿元、615 亿元、834 亿元和 1450 亿元。相比其他细分行业，由于职业教育用户参与的主要目的是为了谋求更好的职业发展，因此用户的学习主动性强、付费意愿高，互联网化的潜力巨大。

2017 年 1 月 15 日，周作飞宣讲了 2016 年总结及 2017 年战略规划，恒信源在政策困境中进行了战略调整，确定战略重心从学历教育转向职业教育，通过"互联网+教育"争做中国职业教育的"领头羊"，向成为中国职业教育第一个"独角兽"目标迈进！

资料来源：改编自《争做中国职业教育"领头羊"：恒信源的战略调整之路》。

思考题

1. 影响恒信源所在行业的宏观环境产生了怎样的变化？

2. 海南新政策出台后，从行业内看，恒信源面临着什么样的微观环境？

3. 请结合思考题 1、思考题 2 分析结果，对现阶段的恒信源进行 SWOT 分析。

4. 通过这一案例，分析对其他企业做出重大战略决策有何启示。

案例四 分析参考

1. 利用 PEST 法分析恒信源所在行业的宏观环境：

（1）政治与法律环境（P）。近年来，国家关于职业教育的政策在现阶段为利好政策，对于职业教育的发展有显著的激励和促进作用。从 2014 年 5 月国务院发布《国务院关于加快发展现代职业教育的决定》到 2016 年《中国职业教育 2030 研究报告》，我们可以看到国家在大力扶持职业教育行业的良性发展。

（2）经济环境（E）。2015 年我国高等职业教育、中等职业教育、专科职业教育和继续教育市场规模分别为 417 亿元、615 亿元、834 亿元和 1450 亿元。相比其他细分行业，由于职业教育用户参与的主要目的是为了谋求更好的职业发展，因此用户的学习主动性强、付费意愿高，互联网化的潜力巨大。

（3）社会与文化环境（S）。我国人才需求结构发生了根本性的变化，企业技能型人才显著缺失，就业形势的导向改变了以往对职业教育根深蒂固的偏见，职业教育的认可度是在不断提升的。

（4）技术环境（T）。随着"互联网+"技术的逐渐普及，传统教育培训行业正逐步与互联网实现深度融合。中国无论是在移动终端设备的生产还是 App 应用的研发上，都在不断精进，为移动端的在线微教育提供了发展的基础和保障。同时借助"互联网+"战略的落地，云计算、大数据、物联网等新一代信息通信技术在 2015 年快速发展，在业务、应用、产品创新的带动下，开始真正地"落地生根"。

2. 利用波特五力竞争模型分析恒信源面临的微观环境：

（1）新进入者威胁。海南项目在 2014～2016 年市场潜力巨大，众多教育培训企业及院校有关注与青睐。但因其自学考试份额有限，考试设立壁垒较高，海南新政策出台后，外围的竞争者几乎全部撤离，极大减轻了对于恒信源的竞争威胁。

（2）供应商议价能力。恒信源的供应商为各合作的主考院校，即北京交通大学、海口经济学院。由于教育行业的特殊性，这些自学考试专业的学费都有明确的价码，必须依据红头文件执行，约定的价格短期内不可以变更，因此导致这些增加的成本无从转化。

（3）买方议价能力。由于恒信源模式为 B2B，恒信源的购买者为各大中专职业院校及有办学资质的社会培训企业，没有直接进行 B2C 模式招生，为吸引生源大力让利给助学合作单位，因此原渠道合作价格订立得并不高。政策变化后，外地的学生会产生往返不菲的交通费用，实际合作价格变相增加了，如此恒信源在价格方面的优势减弱。

（4）替代品威胁。恒信源所做的自学考试教育与成人高等教育并列为继续教育行业的两大品类，自考以难度大、社会认可度大、含金量高占有重要地位，而恒信源推出的是双证书项目，优化整合了资源，用职业证书做免考、降低了自学考试的难度，原本有招生优势；但新政策出台后，则丧失了大量不愿到外地考试的生源，这些生源转而去选择成教。

（5）同业竞争者的竞争。根据恒信源海南省双证书项目 2016 年下半年各主考院校上报成绩人数分析可得，共计 13 个竞争者，其中恒信源涉及的海口经济学院、北京交通大学所占比例为 23%、7%，合计占全省三成，增势迅猛。然而长沙理工大学一家独占 33%，为最强劲的竞争对手。新政策变化后，由于考试地点由外省当地组考，变为必须到海口参加考试，受地域限制，海南省内及临近的广州、深圳的竞争对手凸显出优势。

3. 恒信源的 SWOT 分析如表 4-3 所示，并加以适当文字阐述。

表 4-3　恒信源的 SWOT 分析

优势（S）	劣势（W）
合作主考院校专业繁多，专业共建资源丰富； 目前有庞大的自考学历在籍生源库，可供二次开发使用； 拥有两个技术开发团队，恒信源作为试用客户，在进入市场前使用	公司成熟项目仅有双证书项目，较单一，且受政策影响大；新增加项目的运营方式不明； 人力资源尚属无为而治，公司管理处于野蛮生长状态，急需规范
机会（O）	威胁（T）
职业教育市场庞大，利好政策导向； 互联网技术日趋成熟，互联网+教育成为可能； 职业教育"独角兽"目前缺席，有机会争做第一	海南自考新政策出台，主营双证书项目后劲不足； 转战职业教育市场，仍会受国家政策影响； 职业教育行业竞争激烈

4. 用管理学中的理论，结合自己的思考，提出自己的想法观点，言之有理即可。

案例五　Keep up：王宁的创业之路

王宁自大学入学以后便开始实习，并且实习单位多达六七家。在猿题库实习的时候，王宁一个人带领 150 个实习生的运营项目，人力、财务、行政、运营、产品、测试等各个方面都有涉及。这段实习为王宁带来了丰富的管理团队的经验。此外，王宁还利用学校提供的创业基金，与同学合作开发了一个类似"超级课程表"的 App，虽然最终没有成果，但是也为王宁后来的创业打下了一定的基础。为了找到好工作，王宁历经半年的网络搜索，整合了一套例行有效的减肥健身资料，并且成功瘦身 50 多斤。在此期间，他掌握了比别人更多的减肥健身相关的知识，对该领域内的机会更警觉。他察觉到，除了有一定基础的健身达人外，我国目前健身市场中占比最大的是零基础的健身"小白"，这些人在运动过程中非常希望接受专业有效的指导，这成了王宁创业的契机。他利用 4 年实习经历中建立的人脉关系，与之前的同事共同创立了 Keep，并通过好友认识了泽厚资本的许民，成功拿到了 300 万元的首轮融资。

2014 年，国家发布《关于加快发展促进体育消费的若干建议》；2016 年，国务院发布《关于加快发展健身休闲产业的指导意见》，引导社会资本参与健身休闲产业；同年，国务院印发《全民健身计划（2016-2020 年）》。随着国家"全民运动"的号召，国民健身运动意识在不断攀升，相较 2007 年，2014 年全民运动健身的人群比例增长了近 8 个百分点。此外，不同年龄层的消费者对于健身有着不一样的诉求："70 后""80 后"注重通过运动强身健体，缓解压力；"85 后"更倾向于通过运动达到塑身修形的效果；"90 后"则将运动作为社交的重要一环。我国的健身市场虽然开发较晚，但是有着惊人的发展前景。我国 2017 年人均 GDP 收入约为 5.92 万元，全国居民人均消费支出在扣除价格因素的影响之后，比 2017 年实际增长 7.3%，在消费支出结构方面，人均教育文化娱乐消费支部比重为 11.4%，增长 8.9%；人均其他费用及服务消费支出增长 10.0%。由此可见，随着人们收入水平的不断提高，人们的消费支出在不断攀升，而消费结构也在不断升级。目前，中国健身人口渗透率不到 1%，基于中国的人口基数，每增加 1 个百分点，都是一个巨大的增量市场。

王宁将健身达人比喻成 70~100 分的人群，而健身"小白"是 0~70 分。王宁通过自己的减肥经历，发现了只要有科学系统的指导、充足的资料参考，即使是健身"小白"，也可以实现从 0 分到 70 分的跨越，只是在整理这些健身资料的时候会耗费大量的时间和精力。而互联网的高速发展及智能设备的不断普及为 Keep 的创建提供了契机。

Keep 为用户提供科学系统的免费课程，并根据用户的不同需求，分别设置了局部塑形、瘦身、核心功能训练等课程。用户既可以利用碎片化的时间，也不拘泥于场景的限制，能够随时随地完成运动。在 Keep 创立之前，市场上的健身类 App 主要有咕咚、悦动圈、糖豆、每日瑜伽、小米运动等，这些 App 以提供不同的功能为特点抢占了部分市场。在选择健身"小白"这一细分市场之后，王宁选择将 Keep 打造成工具+社交的一款 App。2015 年 2 月 4 日，Keep 以"移动健身教练"的定位上线，精准地切入健身无人引导的市场空白，解决的是健身引导与社交需求。

多年发展之后，Keep 已经成为一个集运动、社交、健康饮食、网络购物等为一体的多功能平台。多元布局后的 Keep 能否在互联网运动健身领域中打破困境？让我们拭目以待。

资料来源：改编自《Keep：健身"小白"的创业之路》。

思考题

1. 请利用 PEST 分析方法，结合案例分析王宁创立 Keep 时所面临的宏观环境。

2. 利用所学知识构建评估环境不确定性模型，并判断王宁创立 Keep 时所面临的环境类型。

3. 请用蒂蒙斯的机会评价框架评价王宁的 Keep 创业机会。

4. 通过这一案例，试分析对其他创业者选择创新或创业机会有何启示。

案例五　分析参考

1.（1）政治与法律环境（P）。国家出台了许多相应的政策，以鼓励大众健身，拉动国内消费。2014 年，国家发布《关于加快发展促进体育消费的若干建议》；2016 年，国务院发布《关于加快发展健身休闲产业的指导意见》，引导社会资本参与健身休闲产业；同年，国务院印发《全民健身计划（2016-2020 年）》。

（2）经济环境（E）。我国 2017 年人均 GDP 收入约为 5.92 万元，全国居民人均消费支出在扣除价格因素的影响之后，比 2017 年实际增长 7.3%，在消费支出结构方面，人均教育文化娱乐消费支部比重为 11.4%，增长 8.9%；人均其他费用及服务消费支出增长 10.0%。由此可见，随着人们收入水平的不断提高，人们的消费支出在不断攀升，而消费结构也在不断升级。目前，中国健身人口渗透率不到 1%，基于中国的人口基数，每增加 1 个百分点，都是一个巨大的增量市场。

（3）社会与文化环境（S）。我国人民的健身意识虽然还很薄弱，但是近年来，随着国家的号召，人民的健身热情开始逐渐升温。相比较于 2007 年，2014 年全民运动健身的人群比例增长了近 8 个百分点。此外，不同年龄层的消费者对于健身有着不一样的诉求："70 后""80 后"注重通过运动强身健体，缓解压力；"85 后"更倾向于通过运动达到塑身修形的效果；"90 后"则将运动作为社交的重要一环。

（4）技术环境（T）。随着手机的智能化、iPad 等移动设备的普及，整个互联网 PC 时代开始向移动互联网时代迁移。与此同时，信息传播变得更快，各种功能的 App 开始出现，碎片化的时间变得越来越多。在这样一个"快"时代，抓住用户的需求即抓住了成功。

2. 王宁创立 Keep 时所面临的环境类型为：低—中程度不确定性。

上题利用 PEST 分析法对王宁创立 Keep 时所面临的宏观环境进行了分析，可以发现 Keep 面对的外部环境因素较复杂，且各类因素并不相似，如：政治与法律、经济、社会与文化和技术等。但各个要素维持缓慢变化且可以预测，环境相对稳定。总体而言，Keep 是在对市场细分之后，选择不同的目标市场，为极其相似的顾客提供极其相似的服务，并进行市场定位和企业运营的。因此，王宁创立 Keep 时所面临的环境类型为：低—中程度不确定性。

3. （1）行业和市场。

1）市场容易识别，可以带来持续收入。王宁察觉到，我国目前健身市场中占比最大的是零基础的健身"小白"，这块市场空白可以带来可观收益，也成为了王宁创业的契机。

2）顾客可以接受产品或服务，愿意为此付费。健身"小白"在运动过程中非常希望接受专业有效的指导，他们愿意使用 Keep 并为此付费，如购买服装和简易的运动单品和各类运动健身减肥课程。

（2）经济因素。项目对资金的要求不是很高，能够获得融资。王宁利用 4 年实习经历中建立的人脉关系，与之前的同事共同创立了 Keep，并通过好友认识了泽厚资本的许民，成功拿到了 300 万元的首轮融资。

（3）收获条件。项目带来的附加价值具有较大的战略意义。Keep 为用户提供科学系统的免费课程，用户可以利用碎片化的时间选择局部塑形、瘦身、核心功能训练等课程。不用拘泥于场景的限制，能够随时随地完成运动。

（4）竞争优势。

1）竞争对手尚未觉醒，竞争较弱。在 Keep 创立之前，市场上的健身类 App 主要有咕咚、悦动圈、糖豆、每日瑜伽、小米运动等，这些 App 以提供不同的功能为特点抢占了部分市场。

2）拥有专利或者具有某种独占性。王宁选择健身"小白"这一细分市场，精准地切入健身无人引导的市场空白，解决的需求是健身引导、社交需求，将 Keep 打造成工具+社交的一款 App。

（5）管理团队。

1）创业者团队是一个优秀管理者的组合。王宁实习经验丰富，对互联网有较好的认知，掌握众多全面的知识，有较高的行业警觉性，且意志力坚定，人际关系良好，有卓越的领导力。

2）管理团队知道自己缺乏哪方面的知识。王宁带领管理团队，学习互联网知识，利用社会化媒体营销，在微信公众号、微博、贴吧等社交平台上宣传推广 Keep。

（6）致命缺陷问题：不存在任何致命缺陷问题。

（7）个人标准。

1）个人目标与创业活动相符合。

2）创业家渴望进行创业这种生活方式，而不只为了赚大钱。

（8）理想与现实的战略差异。

1）所创办的事业顺应时代潮流。随着国家"全民运动"的号召，国民健身运动意识在不断提高，人民的健身热情开始逐渐升温，王宁创立 Keep 顺应时代潮流的发展。

2）始终在寻找新的机会。即使现如今 Keep 已经成为一个集运动、社交、健康饮食、网络购物等为一体的多功能平台，王宁依旧在寻找新的发展机会。

答案要点：用蒙蒂斯的机会评价框架，结合自己的思考，在行业和市场、经济因素、收获条件、竞争优势、管理团队、致命缺陷问题、个人标准、理想与现实的战略差异中各选择1~2个指标进行案例分析，言之有理即可。

4. 用管理学中的理论，结合自己的思考，提出自己的想法观点，言之有理即可。

二、推荐书目

推荐书目1：肯·宾默尔：理性决策，格致出版社，2016

《理性决策》一书是"当代经济学译库"中的一本。该书用缜密的逻辑分析、翔实生动的例证，深刻阐述了作者的观点。作者认为，虽然关于什么是理性、什么是科学归纳问题的解等问题没有明确的答案，但是我们仍能够将理性决策理论的前沿向前推进，超越代表当前正统的贝叶斯范式。作者首先用大量篇幅论述了他认为什么应该被看作是贝叶斯决策理论的正统，纠正了他认为对于该理论有误读的观点，在此基础上，他将贝叶斯决策理论扩展到比萨维奇考虑的小世界更大的世界中去，拓展了这一理论。

推荐书目 2：张建同：管理决策方法，清华大学出版社，2021

本书作者长期从事管理决策方法相关的本科及研究生教学，积累了丰富的教学经验，也夯实了教材创新的基础。本教材语言通俗易懂、操作步骤明了清晰，每章配套精心挑选的案例，深入浅出，结合实际，易学易懂，使管理决策的教学更简单和更富有趣味性。在教材编写中，注重吸收国内外学术研究的新理论和新成果，力求做到内容新、例题新、习题新。教材给出配套的教案和习题解答，方便老师学生使用。

推荐书目 3：彼得·德鲁克：动荡时代的管理，机械工业出版社，2018

本书关注行动而非理解，关注决策而非分析，关注的是行动、战略和机会，是管理者能够做什么、应该做什么和必须做什么。在动荡的商业环境中，组织管理层将渡过自己的"青春期危机"，这段时期将决定成熟的管理层的结构、限制和特征。而在动荡时期，管理层的首要任务就是确保组织的生存能力，确保组织结构的坚实和稳固，确保组织有能力承受突然的打击、适应突然的改变、充分利用新的机会。

第五章 决策的实施与调整

一、专题案例

案例一 锦都香城项目的进度计划制订

李经理是锦虹公司的计划部经理，在参加完公司总经理召开的部门经理以上人员参加的公司工作会议后，急匆匆赶回计划部。公司总经理要求他尽快制订锦都香城项目的进度计划，工作重点是公司一级计划的编制。公司总经理会后的专门叮嘱使李经理感到这次任务的压力很大："老李，上个项目发生了在预期的开盘日期却无法开盘的情况，公司蒙受比较大的损失，这里面有你们计划部的责任。这一次一定要吸取教训，特别要把开盘前的计划做好。"

作为公司计划部经理，李经理深知项目进度计划在项目管理中的重要作用。经过一番思考，李经理召集计划部工作人员开会布置工作："锦都香城项目开盘前的进度计划工作十分重要。如果计划过于宽松，会延长回款周期，达不到公司要求尽快开盘销售的要求；如果计划过于紧张，则可能导致无法在预期开盘时间开盘。我们一定要把锦都香城项目开盘前的进度计划制订得符合项目的实际情况。"

老张最早是公司工程部的技术人员，后来调到计划部工作，已经经历了十多个项目的计划工作，经验丰富。在协调会上，各部、中心负责人进行了一些讨论、协商，计划小组很快完成锦都香城项目开盘前阶段的工作分解结构，列出了主要任务、确定了各任务之间先后关系。接着老张让大家根据项目的实际情况逐一核对各主要任务估计工期，结果如表5-1所示。

表 5-1　锦都香城项目开盘阶段各子任务　　　　　单位：工作日

序号	编号	任务名称	紧前任务	估计工期
1	A	方案设计	—	30
2	B	初步设计	A	35
3	C	施工图设计	B	45
4	D	确定总包单位	C	42
5	E	规划许可证	C	14
6	F	施工许可证	D、E	14
7	G	基础施工	F	62
8	H	开盘销售	G、L	1
9	I	售楼中心设计	A	20
10	J	售楼中心建设	I	150
11	K	项目亮相	J、N	1
12	L	客户积累	K	28
13	M	样板房设计	A	20
14	N	样板房施工	M	152

　　小关是工程部的技术人员，在职读完 MBA 后，调到公司计划部工作，也经历了三个项目的计划工作。在看到制订出来的进度计划后，小关提出了自己的意见："老张，我们必须明确各任务的估计工期指的是什么，是指最可能完成时间吗？我认为除了最可能完成时间，我们还需要大家估计每个任务的乐观时间、悲观时间。否则按照现在这个进度计划，到期无法开盘的风险比较大。"在李经理的支持下，各部门负责人重新确定出锦都香城项目开盘前各子任务的进度计划，结果如表 5-2 所示。

表 5-2　锦都香城项目开盘前各子任务的完工时间　　　　单位：工作日

序号	任务名	乐观完成时间	最可能完成时间	悲观完成时间
1	方案设计	25	30	38
2	初步设计	28	35	38
3	施工图设计	38	45	50
4	确定总包单位	35	42	45
5	规划许可证	12	14	16

序号	任务名	乐观完成时间	最可能完成时间	悲观完成时间
6	施工许可证	12	14	21
7	基础施工	50	62	75
8	开盘销售	1	1	1
9	售楼中心设计	15	20	25
10	售楼中心建设	135	150	160
11	项目亮相	1	1	1
12	客户积累	21	28	35
13	样板房设计	18	20	25
14	样板房施工	145	152	170

老张和小关很开心，根据这些结果，计划小组很快就会制订出项目开盘前的网络计划，制订锦都香城项目进度计划的任务总算有了一个好的开头。

资料来源：改编自《锦都香城项目的进度计划制定》。

思考题

1. 结合案例，请阐述计划的本质和作用。

2. 利用所学知识，描述案例中锦都香城项目计划编制的过程。

3. 你所知道的计划编制的方法有哪些？试分析本案例中的计划编制使用了哪种方法？

案例一　分析参考

1.（1）计划的本质：关于组织未来的蓝图，是对组织在未来一段时间内的目标和实现目标途径的策划与安排。在本案例中，锦虹公司制订锦都香城房产项目开盘前的进度计划，体现了该公司在未来一段时间内对该项目的策划和安排。

（2）计划的作用。

1）计划是管理者进行指挥的抓手。管理者依据计划向组织中的部门或人员分配任务，进行授权和定责，组织人们开展计划的行动等。在这一过程中，管理者都是依照计划进行指挥与协调的。

2）计划是管理者实施控制的标准。管理者在计划的实施过程中必须按照计划规定的时间和要求指标，去对照检查的实际活动结果与计划规定目标是否一致，如果存在偏差，管理者就必须采取控制措施消除差距，从而保证按时、按质、按量地完成计划。

3）计划是降低未来不确定性的手段。计划编制者在编制计划时，通常要依据历史和现状信息对未来的变化做出预测与推断，并根据这些预测与推断制订出符合未来发展变化的计划。计划编制中的这些工作能够大大降低未来不确定性所带来的风险。

4）计划是提高效率与效益的工具。计划可以消除未来活动中的重复、等待、冲突等各种无效活动，从而消除这些无效活动所带来的浪费。这种综合平衡工作会带来资源的有效配置、活动的合理安排，从而提高组织的工作效率。

5）计划是激励人员士气的依据。计划通常包含目标、任务、时间安排、行动安排等。由于计划中的目标具有激励人员士气的作用，所以包含目标在内的计划同样具有激励人员士气的作用。

2. 计划工作必须紧紧围绕两个基本问题：拟实现哪些目标？如何实现所制定的目标？围绕着两个问题，完整的计划工作程序可包含以下过程：

（1）制定计划目标。目标是组织期望达到的最终结果，应该包括：明确主题、期望达到的数量或水平、可用于测量计划实施情况的指标、明确的时间期限。李经理召集计划部工作人员开会布置工作，首要任务就是制定计划目标。

（2）估量现状与目标之间的差距。组织的将来状况与现状之间必然存在差距。客观地度量这种差距，并设法缩小这种差距，是计划工作的重要任务。在现状的基础上力求改进，随着时间的推移不断地逼近目标。李经理衡量了现状与目标之间的差距，计划不可过于宽松或紧张，要符合项目的实际情况。

（3）预测未来情况。在计划的实施过程中，组织内外部环境都可能发生变化。预测就是根据过去和现在的资料，运用各种方法和技术，对影响组织工作活动的未来环境做出正确的估计和判断。李经理对未来的预测情况主要是对开盘日期、回款周期、开盘销售等的考虑。

（4）制订计划方案。制订计划方案包括提出方案、比较方案、选择方案等工作，同时，应该制订应急计划，即事先估计计划实施过程中可能出现的问题，预先制订备选方案，这样可以加大计划工作的弹性，使之更好地适应未来环境。老张和小关分别以各自的经验和知识提出了进度计划方案，为项目开头做好了准备工作。

（5）实施和总结计划方案。组织中的计划部门应参与计划的实施过程，了解和检查计划的实施情况，与计划实施部门共同分析问题，采取对策，确保计划目标的顺利实施。后续在计划方案实施过程中肯定会出现些许问题。需要进一步总结工作经验并不断改进，采取相应措施解决问题。

3.（1）计划编制的方法：滚动计划法、项目计划技术、计划审批技术、甘特图。

（2）本案例中的计划编制使用的是：项目计划技术。

项目是在固定的预算及固定的时间内，为了达到某一特定目的而临时组合在一起的一组资源的利用活动。项目具有具体的起始时间和结束时间，具有特殊性而且只发生一次，一般由具体的个人或团体承担责任，须广泛地使用各种资源和技能。其工作过程为：项目界定、行动分解和行动统筹。

锦虹公司制订锦都香城房产项目开盘前的进度计划属于典型的项目计划，在获得该项目制订进度计划的相关数据与信息后，计划小组通过分析该项目的计划开盘时间，明确了在制订进度计划时必须考虑项目任务完成时间不确定性可能带来的风险。将总体目标分解成一系列的阶段性目标，进一步分析每项任务所需要的乐观时间、最可能完成时间和悲观时间，进而合理筹划，将所有任务重新整合起来，制订出项目开盘前的网络计划。

案例二　目标管理："成都统一"的新产品推广

成都统一企业食品有限公司（以下简称"成都统一"）要推出一款健康新理念的产品"番茄汁"，初上任三个月的何总担起了这个重任。他带领团队将营销方案尽可能地做到了完美，并决定要遵循市场对新产品接受度的客观规律，快速但有选择地铺货。为了掌握新产品推广后市场的反响和销售中遇到的问题，何总派助理小刘去西南各地的销售终端暗访，结果发现新产品正面临"昙花一现"的困境，有些地区根本没有供应新产品，而有些地区虽然在供应，但却没有任何促销推广活动，无人问津。

何总得知后立马让负责销售的汪总带队，成立一个专门调查小组，深入各地对一线市场销售情况和业务员进行实地暗访和调查。经过与各地业务员深入交流后，汪总发现问题的矛头几乎都指向了当地的业务员群体，是销售人员的劣根性导致新产品营销方案的实施步履维艰。何总看完汪总上交的调查报告后，批注了业务员的三大劣根性。

第一，死于随性。即业务员按照自己的主观意志，轻率行事。

第二，死于惯性。即思路和做法都停留在原先的轨道上，不求突破。

第三，死于惰性。即业务员更多的只是被动反应者，不主动行动。

在找到新产品推出近一个月销量惨淡的原因后，何总组织企业中高层同事开会，激烈讨论后最终决定要加强业务员的教育与激励，尤其是在新产品推出之前，必须要把他们的积极性调动起来，同时要有效地监控他们对销售目标的完成情况。

如何确保业务员不会从中玩猫腻，避免顾"新"不顾"旧"、顾"旧"不顾"新"的尴尬现象，使新产品和旧产品都能取得很好的成长，是改革目标管理的核心课题。何总凭着韧劲和集体智慧找寻到了新的目标管理方案：新旧产品的达成奖励互相捆绑，彼此间保持一定的弹性。比如，旧产品达到目标，要想拿到奖金，新产品的业绩必须完成80%以上；新产品达成目标，要想拿到奖金，旧产品也必须达到规定的80%以上。这样的话，相信业务员就必须倾尽全力去开拓，并相互兼顾，否则，奖金就会全军覆没。何总还要求为新产品推广设立一个专门的工作组，负责新产品各项指标的跟踪，一旦发生偏差，必须责令业务员期限内改正，并再次稽核。

何总费尽心机后制订出了完整的管理方案，他不仅畅想，一个月后会有多少人喝过公司新推出的"番茄汁"，又有多少人会成为"番茄汁"的忠实顾客呢？

资料来源：改编自《"成都统一"新产品的推广：会昙花一现吗？》。

思考题

1. 结合案例，阐述目标管理的含义和特点。

2. 根据所学知识，试分析"成都统一"新产品推广这一目标管理的过程。

3. 请你客观地评价目标管理方法。

案例二　分析参考

1.（1）含义。目标管理是一种鼓励组织成员积极参加工作目标的制定，并在工作中实行自我控制、自觉完成工作任务的管理方法或管理制度。

"成都统一"在推广新产品番茄汁的过程中遇到了销售"瓶颈"，主要原因是业务员未能积极参与推广且没有进行自我控制。因此何总制订了新的目标管理方案。

（2）特点。

1）实行参与管理。何总带领中高层团队动员其下属积极参加目标制定与分解，让员工充分发表各自的见解，积极讨论推广新产品的销售目标，有利于协调企业目标与业务员之间的关系。

2）重视工作成果而不是工作行为本身。新制订的目标管理方案并不要求或强硬规定业务员如何做，而是以目标为标准，考核其销售新产品的成果，以此来评价工作成绩，获得奖惩。

3）强调组织成员的自我控制。业务员可以根据企业下发的销售目标、奖惩标准和具体情况，自我安排工作进度计划，只要完成推广新产品的任务即可。

4）建立系统的目标体系。"成都统一"在推广新产品的过程中，从何总、汪总、中高层同事、普通职员到业务员之间都层层联系，系统整合，形成了相互联系的目标体系。

2.（1）目标的制定与展开阶段。

1）调查研究。为了掌握新产品推广后市场的反响和销售中遇到的问题，何总派遣助理小刘去西南各地的销售终端暗访。

2）目标展开。在发现新产品营销方案步履维艰的现状后，公司的首要目标是找到新产品推出近一个月销量惨淡的原因。

3）定责授权。在发现新产品面临困境后，何总派汪总带领专门调查小组深入各地，对一线市场销售情况和业务员进行实地暗访和调查。

（2）目标实施阶段。

1）咨询指导。何总总结了业务员的三大劣根性。业务员按照自己的主观意志，轻率行事；思路和做法都停留在原先的轨道上，不求突破；存在惰性，不主动行动。

2）跟踪检查。何总组织企业中高层同事开会，激烈讨论后最终决定要加强业务员的教育与激励，同时要有效地监控他们对销售目标的完成情况。

3）协调平衡。"成都统一"改革以后的目标管理方案，新旧产品的达成奖励互助捆绑，彼此间保持一定的弹性。

（3）成果评价阶段。

1）评价工作。新产品的目标管理对新产品的推广起着至关重要的作用，不仅让新旧产品都能取得良好的发展，也杜绝了业务员的劣根性，很好地激励他们的积极性和主动性。

2）实施奖惩。旧产品达到目标，要想拿到奖金，新产品的业绩必须完成80%以上；新产品达成目标，要想拿到奖金，旧产品也必须达到规定的80%以上。

3）总结经验教训。何总为新产品推广设立一个专门的工作组，负责新产品各项指标的跟踪，一旦发生偏差，必须责令业务员期限改正，并再次稽核。

3.（1）目标管理的优点。

1）使员工知道他们所期望的结果。

2）通过使管理人员制定目标及完成目标的时间帮助计划工作的开展。

3）改善了上下级的沟通。

4）使员工更加清晰地明白组织的目标。

5）通过注意对具体业绩的评价，使评价过程更为公正合理。

6）使员工了解到他们的工作完成状况，直接关系到组织目标的实现。

（2）目标管理的局限性。

1）在实施过程中，具体环节的操作比较困难。

2）容易导致管理者强调短期目标，不利于长期目标的完成。

3）需要注意目标停滞的危险。

案例三　　SHAP 集团公司对全面预算管理的困惑

SHAP 集团公司的财务总监老才正在为明天集团公司的预算管理启动会准备材料。他回顾了公司去年全面预算管理的应用情况，并重点考虑了预算管理组织、预算编制和预算执行环节中存在的各种问题和不同层级管理者的抱怨，越想越头疼。

SHAP 集团公司是由某省医药集团下属两家最大的生产抗生素产品的骨干企业进行战略性资产重组而成的，是一家集研发、销售和生产于一体的多元化大型集团企业。通常来讲，公司的全面预算管理体系由预算管理组织、预算编制和预算执行组成。

SHAP 集团公司的预算单位根据组织结构分为三层：高层、中层和基层。高层预算单位就是集团公司；中层预算单位包括高层预算单位的职能部门和子公司；而基层预算单位包括子公司职能部门及以下的小组甚至到个人。SHAP 集团公司董事会是集团预算管理的最高决策机构；然后分别在总公司、子公司中设立集团预算管理委员会和子公司预算管理委员会，其下设置领导小组和工作小组，具有履行政策制定、预算目标的确定、预算审批和下达、内部仲裁等需要集中管理的预算决策和调控的职能；预算管理常设机构是处理预算管理日常事务的职能部门，负责预算控制。在 SHAP 集团公司的预算管理体系中，预算考核机构设置在集团人力资源部。主要由集团预算管理委员会牵头总负责，集团人力资源部总执行，集团战略发展部、集团财务部门协助。

　　SHAP 集团公司每年 10 月由集团预算管理委员会向子公司布置下一年的预算工作。公司采用自下而上、上下结合的方式编制，公司预算编制的内容主要是围绕预计资产负债表、预计利润表、预计现金流量表、分业务模块的销售预算、重点产品销售收入成本毛利预算及三项费用预算展开的。从中不难发现，财务指标是 SHAP 集团公司预算管理的基本内容，产品的销售收入及三项费用预算是预算管理的重点，对于社会效益指标和非财务指标的重视程度低。由于集团公司战略目标存在着缺乏指导性和具体操作性等方面的不足，其具体运作很难细化到预算管理体系之中，预算管理与整个集团公司的战略目标相脱节。子公司缺乏预算编制的主动性和积极性，存在预算松弛现象。

　　预算在执行过程中也存在很多问题，因受到人力及信息获取等方面的限制，集团公司在对预算执行的监控及预算目标确定等方面的工作比较薄弱。同样在以财务指标为主的绩效考核体系之下，子公司经营层会偏重于对利润的追求，使子公司预算执行情况反馈表的全面性、真实性受到一定的限制。由于缺乏可操作性的预算调整机制，预算制定后几乎不进行修改，使预算外审批事项增多，预算的考核体系也并不健全。

　　回想全面预算管理在 SHAP 集团公司遭遇水土不服的严峻局面，老才不禁陷入了重重困惑之中，他翻开了几本《全面预算管理》的书籍，一边看一边想怎么解决这些问题……

资料来源：改编自《SHAP 集团公司全面预算管理的困惑》。

思考题

1. 结合案例和所学知识，请阐述预算管理的内涵。

2. 预算到底应该发挥什么功能？你认同预算就是用来控制的吗？

3. 谈谈你对"几乎所有的管理者都认为预算就是财务的事"的看法。

案例三 分析参考

1. （1）预算管理是一种计划思想的体现。预算的编制是作为计划过程的一部分开始的，而预算本身又是计划过程的终点。

SHAP 集团公司的预算管理体系具有履行政策制定、预算目标确定、预算审批和下达、内部仲裁等需要集中管理的预算决策和调控的职能，体现了计划的思想。

（2）预算管理是预测方法的运用。预算是对未来一个时期内收支情况的预计。作为预测，确定预算数字可以采用统计方法、经验方法或工程方法。

公司采用自下而上、上下结合的方式编制，公司预算编制的内容主要是围绕预计资产负债表、预计利润表、预计现金流量表、分业务模块销售预算、重点产品销售收入成本毛利预算及三项费用预算展开的。

（3）预算管理是一种控制手段。编制预算实际上就是控制过程的第一步——拟定标准。由于预算是以数量化的方式来表明管理工作的标准，从而本身就具有可考核性，因而有利于根据标准来评定工作绩效，找出偏差，并采取纠偏措施。

在以财务指标为主的绩效考核体系之下，子公司预算执行情况反馈表的全面性、真实性受到一定限制，SHAP 集团公司通过预算管理可以及时发现问题，进行控制。

2. 从预算发展的角度来看，预算起初就是用来控制的，首先控制费用支出，然后再控制收入的实现。但预算不仅是用来控制的。

预算的功能包括：

（1）规划：经过对企业运营的规划、分析和数量化的系统编制，使企业目标得以具体化。

（2）控制：预算目标的制定为控制绩效评估及信息反馈提供标准；从人制转变为管理机制。

（3）沟通：减少各单位操作中的隔阂；明确责任分工。

（4）协调：计划编制时协调企业资源，达到最优配置；并通过预算的分析调整达到利润最大化。

（5）激励：以预算为依据考核、奖励、激励员工。

在实践中，许多企业对预算管理的功能认识上存在偏差，都忽略了预算对公司的规划、沟通、协调、激励等功能的应用。

3. 预算不只是财务部门的事。预算的规范名称是"全面预算管理"，预算管理不仅包括财务预算，还包括业务预算和资本预算，是企业综合全面的管理，是具有全面控制约束力的机制。预算不等同于财务预算，更不只是财务部门的事情。预算管理是涉及全方位、全过程和全员的一种整合性管理系统，涉及经营管理的各个部门，其管理范围远远超出了企业财务管理的范围和财务部门与人员的权限。财务部门在预算中的作用主要是从财务角度为各部门、各业务预算提供关于预算编制的原则与方法，并对各种预算进行汇总和分析。

预算管理覆盖面广、影响度深的特点决定了它是一个典型的"一把手"工程，不应该是仅属于财务部门的事情，而应该是整个企业高层的直接领导和参与之下进行方案设计和实施。因为预算管理既涉及公司战略，又影响日程管理；既涉及资金运用，又涉及采购、生产、销售等各个部门和整个流程。企业内部的高层管理者必须承担起项目负责人的角色，这样才能让预算管理切实实施，并顺利完成部门之间的协同。具体操作上，要改进以财务指标为主的绩效考核体系，提升对社会效益指标和非财务指标的重视程度。

案例四 PDCA 循环：员工报账业务流程优化方案

在陕西省国资委提出各中央企业应细化资金预算，高效配置企业财务资源的背景下，陕西电信财务共享服务中心（FSSC）制订了 PDCA 循环型员工报账业务流程优化方案，针对关键问题提出了高效可行的解决措施。

陕西电信的 FSSC 在 2015 年已初步建成，但在运行过程中存在着许多问题，尤其是如何解决员工报账业务流程混乱问题特别突出。陕西电信在进行财务转型升级后，现在已经初步实现了共享财务，但在业务财务和战略财务方面还有所欠缺。PDCA 流程管理循环为我们针对 FSSC 的员工报账业务流程开展系统性优化提供了一个合适的依据和方法。

P-计划：

在 PDCA 循环的第一个步骤 Plan（计划）中，通过以问卷调查的形式对陕西电信集团及其下属分、子公司和组织机构的 200 名工作人员发送并收回。总共发放问卷 200 份，收回有效问卷 195 份，问卷有效率为 97.5%。说明了陕西电信集团 FSSC 员工报账业务流程中存在的问题主要集中在以下三个方面：补退单流程繁琐，经济事项审批权限不明；年度报账业务量不均，相关知识培训较缺乏；报账模式较为固化，汇总报账略微迟缓。同时，陕西电信需要制订相应的优化方案，明确"5W1H"，即为什么制订方案（Why）、达成什么目标（What）、在哪里执行（Where）、由谁负责完成（Who）、何时完成（When）、如何完成（How）。

D-执行：

在 PDCA 循环中的第二个步骤 Do（执行）中，依据目前陕西电信 FSSC 员工报账业务流程的运转情况，建立具体优化方案，完成对第一个步骤 Plan（计划）中提到的三个问题逐一击破的目标，利用流程管理理论的思想对员工报账业务流程的部分环节进行局部改善。这个过程需要先寻找可能的解决方法，然后进行测试并选择，提出行动计划，最后按照既定计划执行措施，协调和跟进。

（1）建立报销单据沟通反馈平台，优化财辅报账系统。

（2）设立统一业务授权功能，确定经济事项审批权限。

（3）规定报账时间期限，建立报账知识库。

（4）升级报销模式，集中保障方式。

C-检查：

通过对陕西电信集团 FSSC 员工报账业务流程建立优化方案，将优化方案在员工报账业务流程中落实并实施。在检查优化方案是否达到预期目标时，把"4C"效果检查方法应用在整个过程中，"4C"代表的是 Check（检查）、Communicate（沟通）、Clean（清理）、Control（控制）。通过相关审核领导对问题节点的优化情况进行检查，员工报账业务流程的财务人员、业务人员、技术人员之间的沟通探讨、系统平台工作人员对问题环节排除隐患，以及管理人员对员工报账业务流程的全程管控，使优化方案的完成情况能够尽可能切实地与计划目标作出比对，同时发现并总结其他有可能出现的问题，在后续优化中再加以改进。

A-调整：

在执行 PDCA 循环的第四个步骤 Action（调整）时，需要对第三个步骤中的结果进行处理，对于其中能够顺利执行的部分要进行标准化建设，遗留的问题则转入下一个 PDCA 循环中去解决，以便日后对陕西电信集团 FSSC 的员工报账业务流程进行持续优化，不断提升 FSSC 的财务质量。

因此，PDCA 循环型员工报账业务流程优化的方案是一个不断持续的过程，该方案行之有效，使财务共享服务中心提升了内部客户服务的满意度，有助于推动企业不断向前发展，加快陕西电信集团实现建成卓越 FSSC 的目标。

资料来源：改编自《山有木兮木有枝，报账流程你可知——陕西电信员工报账业务流程优化》。

思考题

1. 结合案例，分析 PDCA 循环的内涵体系。
2. 陕西电信员工报账业务流程优化后具备什么特点？
3. 根据所学知识，结合案例分析优化后的报账流程的实施步骤。

案例四 分析参考

1. PDCA 分别代表计划（Plan）、实施（Do）、检查（Check）和改进（Action）四个基本阶段。

（1）P（计划）主要是指根据客户的需要以及组织的发展方针路线，为实现结果设计必要的目标及具体的行动计划。

陕西电信集团 FSSC 员工报账业务流程中存在的问题主要集中在以下三个方面：补退单流程繁琐，经济事项审批权限不明；年度报账业务量不均，相关知识培训较缺乏；报账模式较为固化，汇总报账略微迟缓。同时，陕西电信制订优化方案，明确"5W1H"，即为什么制订方案（Why）、达成什么目标（What）、在何处执行（Where）、由谁负责完成（Who）、什么时间完成（When）、如何完成（How）。

（2）D（实施）是指实施行动计划，具体运行和实现计划中的内容。

依据目前陕西电信 FSSC 员工报账业务流程的运转情况，建立具体优化方案，完成第一步骤 Plan（计划）中提到的对三个问题逐一击破的目标，利用流程管理理论的思想对员工报账业务流程的部分环节进行局部改善：建立报销单据沟通反馈平台，优化财辅报账系统；设立统一业务授权功能，确定经济事项审批权限；规定报账时间期限，建立报账知识库；升级报销模式，集中保障方式。

（3）C（检查）是指根据方针、目标和产品要求，对执行计划的效果进行检查，分辨哪些是正确的、哪些需要纠正。及时找到问题，对过程和产品进行密切的监测监控，同时及时报告相关结果。

通过相关审核领导对问题节点的优化情况进行检查，员工报账业务流程的财务人员、业务人员、技术人员之间的沟通探讨、系统平台工作人员对问题环节排除隐患，以及管理人员对员工报账业务流程的全程管控，使优化方案的完成情况能够尽可能切实地与计划目标作出比对，同时发现并总结其他有可能出现的问题，在后续优化中再加以改进。

（4）A（改进）是指对于新的程序进行标准化，形成制度或范式，以防止过去的问题重演，又或者重新设定新一轮的改进目标。

对第三个步骤中的结果进行分析处理，能够优化的部分要及时标准化，剩余的问题则进入一个新的 PDCA 循环寻求解决，以便日后对陕西电信集团 FSSC 的员工报账业务流程进行持续优化，不断提升 FSSC 的财务质量。

对总结检查的结果进行处理，肯定成功经验，制定作业指导书，以便后续的工作有章可循；同时也要注重对于失败经验的梳理总结，以免问题再次发生。至于剩余未解决的问题，则进入一个新的 PDCA 循环去解决。

2.（1）大环套小环。PDCA 循环构成了一个大环套小环、一环扣一环、相互制约同时也互为补充的有机整体。在 PDCA 循环中，通常上一级循环将作为下一级循环的依据，而下一级循环则是上一级的一种具体的落实或深化。

在 PDCA 循环中的第二个步骤 Do（执行）中，要完成对第一个步骤 Plan（计划）中提到的三个问题逐一击破的目标，对员工报账业务流程的部分环节进行局部改善。在执行 PDCA 循环的第四个步骤 Action（调整）时，对第三个步骤中检查的结果进行处理，其中优化方案成功执行的部分要予以标准化，遗留的问题则转入下一个 PDCA 循环中去解决。

（2）上升式循环。每个 PDCA 循环，都不是原地运转的，而是类似爬楼梯的过程，每个循环都有不同的目标和内容。这就意味着质量管理每经过一次 PDCA 循环后使部分问题被解决，质量水平都将产生一定提升。

PDCA 循环型员工报账业务流程优化的方案是一个不断持续的过程，该方案行之有效，使财务共享服务中心提升了内部客户服务的满意度，有助于推动企业不断向前发展，加快了陕西电信集团实现建成卓越 FSSC 的目标。

（3）综合性循环。上述的四个阶段是相对的，而不是完全割裂的。最后，推动 PDCA 循环的关键是 A（改进）阶段。

优化方案的完成情况要尽可能切实地与计划目标作出比对，其中优化方案成功执行的部分要予以标准化，同时发现并总结其他有可能出现的问题，剩余的问题则由下一个新的 PDCA 循环去解决，在后续过程中持续优化改进，以便日后对陕西电信集团 FSSC 的员工报账业务流程进行持续优化，不断提升 FSSC 的财务质量。

3.（1）分析现状，找出存在的问题。陕西电信的 FSSC 在运行过程中存在着许多问题，尤其是员工报账业务流程混乱问题特别突出。陕西电信在进行财务转型升级后，虽然已经初步实现了共享财务，但在业务财务和战略财务方面还有所欠缺。

（2）分析产生问题的各种原因或影响因素。通过以问卷调查的形式对陕西电信集团及其下属分、子公司和组织机构的 200 名工作人员发送并收回。总共发放问卷 200 份，收回有效问卷 195 份，问卷有效率为 97.5%。说明了陕西电信集团 FSSC 员工报账业务流程中主要存在三大问题。

（3）找出问题所在。陕西电信集团 FSSC 员工报账业务流程中存在的三大主要问题分别是：补退单流程繁琐，经济事项审批权限不明；年度报账业务量不均，相关知识培训较缺乏；报账模式较为固化，汇总报账略微迟缓。

（4）针对问题的主要因素制定措施，提出行动计划。陕西电信制订了具体的优化方案，明确"5W1H"，即为什么制订方案（Why）、达成什么目标（What）、在何处执行（Where）、由谁负责完成（Who）、什么时间完成（When）、如何完成（How）。

（5）实施行动计划。陕西电信对员工报账业务流程的部分环节进行局部改善：建立报销单据沟通反馈平台，优化财辅报账系统；设立统一业务授权功能，确定经济事项审批权限；规定报账时间期限，建立报账知识库；升级报销模式，集中保障方式。

（6）评估结果。通过对陕西电信集团 FSSC 员工报账业务流程建立优化方案，将优化方案在员工报账业务流程中落实并实施。使优化方案的完成情况能够尽可能切实地与计划目标作出比对。

（7）标准化和进一步推广。处理检查所得出的结果，对于优化方案执行比较成功部分，要注意进行标准化建设。

（8）找出此次循环尚未解决的问题，并且将这些问题转入接下来的新的 PD-CA 循环中。遗留的问题则转入下一个 PDCA 循环中去解决，以便日后对陕西电信集团 FSSC 的员工报账业务流程进行持续优化，不断提升 FSSC 的财务质量。

案例五　变革不止创见未来：东软战略转型之路

　　2019 年 11 月 1 日，"天府之国"成都迎来了以"赋能新经济创造新价值"为主题的 2019 年东软解决方案论坛。在淘汰率极高、淘汰速度极快的软件行业，东软每隔 3~5 年都会重启变革之路，不断修正前进方向，因此成为了行业内独树一帜的存在。

　　东北工学院开放软件系统开发公司成立之初的发展目标十分明确，即用技术换资本，以程序自动化为主要研究内容，在与其他公司进行合作的同时开发新软件。在此之前，计算机都是进行文字管理，想要编制一个图形与其相应的程序难度是很高的。国内软件行业还处于初级阶段，技术和客户认知度低等问题较为突出。然而，在美国及其他发达国家，都已经有相应的软件，并成为大公司必备的核心工具，相比之下差距明显。这款软件因满足了大量专业经验不足的用户的需求，而迅速占领市场，成为公司开发的第一个能在 DOS 上应用的工具。却在其如日中天之时遭遇盗版，Leader Report 最终被迫退出市场。刘积仁逐渐明白，从事软件开发行业不仅需要精通技术，更需要尊重环境和市场，在事业起步阶段遭遇的挫折为此后东软的系列变革埋下伏笔。我国股份制改革在 1978 年前后开始萌芽，而东软则在改革浪潮到来前便更早地搭上了股份制改革的"列车"。1988年 5 月，沈阳市成立了"沈阳国家高新技术产业开发区"，并于 1991 年被国务院批准成为国家级高新技术产业开发区，东软就在开发区落了户。1995 年，东软为得到上市配额进行了颇多努力，而想要拿到上市配额，必须从冶金部入手。1996 年 6 月 18 日，东大阿尔派股票在上海证券交易所正式挂牌交易，发行价每股 6.98 元，募集资金 1.02 亿元。

　　1997 年 5 月 14 日，东软集团宣布继 1994 年成功研制我国第一台全身 CT 扫描机后，再次攻克多重技术难关研制出了具有国际一流水平的新一代全身 CT-C2000，并正式通过国家医药管理局审查，获得生产许可证，由东软集团东大阿尔派软件公司批量生产。在 CT I 型基础上，刘积仁带领团队开展机器更新换代，将核心主体人员、技术、资金投入到了 CT 机前期整体设计、核心软件的开发及后期的总装、调试上；硬件部件的制造则选择世界顶级制造厂商。通过把握最核心最擅长的生产步骤，东软获得 CT 机的全部设计和知识产权。这种"嵌入式"

的生产方式后来被称作"虚拟制造",这一思路为东软走上独特的软件销售模式,进军医疗界奠基,指导东软开启生产经营方向上的又一次战略变革。

2005 年,东软与一家信息安全产品供应商合作,主要为对方提供对日呼叫中心服务。与承接到项目的欣喜相比,语言障碍、中日文化差异等问题使项目初期进展缓慢,客户满意度较低。为了做好这单生意,东软除了加强对呼叫专员的专业训练,更是在诸多细节处苦下功夫。例如,对于呼叫中最常见的问题进行系统归纳总结,同时构建常见问题的回答范本;经常开展角色演练,尤其针对各种突发状况和有难度的现场问题开展预演,不断锻炼提升呼叫专员对于整个业务流程及沟通专业用语熟练掌握的程度;请日本人作为培训老师,增强对中日文化差异的了解,更好地站在客户角度回答问题。2008 年,东软在国内 A 股整体上市之后,并没有放松前进的步伐,又提出建立新网络,包含全球研发、销售支持等,并将 2009 年定为东软的"国际化年"。2009 年 8 月 27 日,东软欧洲有限公司收购了 SESCA 旗下三家子公司 100% 的股份并重新命名为 Neusoft Mobile Solution Group(简称 NMSG)。2010 年年初,又在美国与手机软件公司 taproot System 达成收购协议,基于此完成了在北美市场智能手机业务的布局。综合东软这一时期海外系列并购在打开知名度、提高影响力、扩大规模、获取资源等方面的表现,此次战略变革仍然可以说是一次成功的尝试。

2016 年 9 月 22 日,东软集团在沈阳举办了"东软 25 周年庆典暨东软解决方案论坛 2016",此次论坛的主题为"心的旅程——变革不止,创见未来"。刘积仁在庆典仪式上重申了东软未来的发展战略,指出要把互联、智能、融合作为未来技术发展主线,以合作、激励、国际化为业务模式的支撑,把东软建设作为以信息技术为核心和垂直业务融合发展的创业平台公司,开创下一个稳健、可持续发展的十年。

在 2019 年东软解决方案论坛上,王海峰以百度 CTO 身份站上大会中央,代表百度与东软联合发布"云智未来城市"新型智慧城市整体解决方案。他介绍了百度东软新型智慧城市的总体框架,并描绘了智能时代未来城市的蓝图。东软历来擅长将自己的竞争对手转化为自己的合作伙伴。在未来的新型智慧城市解决方案领域,东软将和百度共同联手开展业务。之后,刘积仁在论坛上发表了"软件的赋能时代"主题演讲,演讲将软件产业和东软企业的发展历程精练总结,他说:"软件产业发展至今,从最初的技术、产品、解决方案、服务,到超越技术本身,正成为数字时代社会系统的基础。软件已经进入赋能的时代,通过软件与众多行业、产业的融合，催生新的应用场景，创造跨越软件的价值，打造软件企业的新生存模式，赋能新生活，推动社会发展，是未来软件行业发展新的方向。"台下掌声雷动，台上的刘积仁依旧那么儒雅，从他的眼神中似乎已经看到了东软的未来。

思考题

1. 东软的发展过程体现了决策追踪与调整的内涵是什么？有何特征？
2. 东软的战略变革为何会成功？试分析决策追踪与调整的原则。
3. 在东软战略变革过程中，企业是如何进行决策追踪与调整的？
4. 通过东软的发展历程，你认为决策追踪与调整有什么现实意义？

案例五　分析参考

1. 决策追踪与调整，是决策者在初始决策的基础上对已从事活动的方向、目标、方针及方案的追踪和重新调整的过程。

过程追踪，意味着决策是在初始决策的基础上，对已从事活动的方向、目标、方针及方案，进行跟踪以及持续的优化调整，该过程对于预期目标最终能否顺利实现具有重要影响。

决策追踪与调整的特征有以下四几个方面：

第一，回溯分析。决策追踪与调整就是要对最初的决策所产生的相关机制、决策的内容和主客观环境等进行系统的分析，从源头开始逐一考察决策失败的具体原因、性质及失误的程度等。

第二，非零起点。决策追踪与调整面临的问题已不再是其初始状态，原始决策实施已带来很大的沉没成本，对周围环境造成实际性影响。

第三，双重优化。决策追踪与调整首先需要在原始决策基础上进行优化，然后要在替代方案的选择中进行优化。

第四，心理障碍。由于决策追踪与调整有可能改变原始决策，这就容易引发利益相关者的一些负面心理效应。例如，决策者和执行者可能掩盖错误，而既得利益者容易抵触调整，从而对决策的有效和持续追踪与调整带来障碍。

渐进式变革贯穿着东软战略转型全过程。竞争激烈的软件行业始终存在发展速度缓慢、顺势应变能力差等固有弊端，一些企业在由危机引发的极端、剧烈变革中，因运营惯性和框架平衡被打破而最终无法正常运转，为革命性变革付出了惨痛代价。而东软在行业发展困境初现端倪时便能先人一步，最大限度规避风险，避免突发性质变。

2. 决策追踪与调整的原则。

（1）科学性与全面性相结合的原则。科学性原则是一切科学研究工作的共同原则。在决策追踪和决策调整的过程中，这个原则主要体现在把握决策方向的正确性、标准指标的完备性、处理方法的逻辑严密性及分析的准确性四个方面。同时，因为企业经营主要是要合理地配置资源并产出符合市场需求的产品或服务的过程，其受到多种多样的因素影响，需要全面考虑、通盘设计，建立指标体系，使决策追踪和调整能够真正全面地体现出相关的各个要素及环节的关系和相互之间的互动过程。

（2）相对性与系统性相结合的原则。绝对指标不能完全有效地反映决策实施的真实水平，有可能掩盖决策的真实情况，不能从真正意义上反映决策的效率和效益。而相对指标即比率指标，则能很好地解决这些缺陷问题。因此，在决策评判标准的设计和个体指标的选择过程中，要注意考虑各个指标对于实现总体目标的相对重要程度如何，同时也要注意考虑在评价指标体系建设过程中各类指标的合理结构，尽可能达到重点突出、均衡统一，从而能够实现系统最优的目标。

（3）指挥与授权相结合的原则。决策者扮演了指挥方向的角色，有利于决策追踪与调整的方向统一。但是，由于决策追踪与调整贯穿整个管理环节，并且涉及不同管理层级，因此，如果不善于授权或者授权不当，可能导致决策追踪与调整的失败。而且，每一个管理者都应研究授权的方法和技巧。为此，决策者要注意以下四点：首先，明确授权的目的和权限范围。其次，职、权、责、利相当。授权必须是有职有权，有权有责且有责有利。再次，正确选择受权者。决策者对职责分配具有终极责任，因此对决策者而言慎重地选择相应受权者十分重要。最后，加强监督控制，建立反馈机制。决策追踪与调整，需要决策者建立动态的反馈机制，及时检查受权者的工作进展情况及权力使用情况，出现问题及时予以解决，必要时可以更换受权者；对滥用权力的要及时予以制止，从而确保目标的实现。

（4）可比性与可操作性相结合的原则。可比性，主要强调决策追踪和调整使用的相关指标应该具有更为普适的意义，从而使该结果能够被应用于纵向和横向的比较中。可操作性是指在满足决策评价目的的前提下，要注意与具体绩效评价情况相结合，从而使设计出来的评价指标体系能够做到概念清晰、表达易懂、数据易收。只有将这两者有机结合，才能设计出客观可行的评价标准，从而引导决策追踪与调整的方向。

（5）任务与关系相结合的原则。由于追踪决策必然会引起原有决策执行过程的中断，这就会给一些人造成心理上的影响，这种心理影响又会反过来影响追踪决策的进行。这种效应的存在，要求我们在追踪决策过程中正确处理事与人的关系，即决策改变与有关人员的关系，防止因有关人员的消极心理现象而影响追踪决策的进行。为此，在坚持决策客观标准的前提下，要注意克服内部人员的不安心理状态对追踪决策的消极影响，让不同层次的内部人员了解不同程度的情况，参与追踪决策，以使他们消除心理上的不安。同时，注意决策追踪与调整制度的规范性，运用科学的沟通方式，消除心理效应的消极影响。

具体而言，东软渐进式变革主要体现在以下两个方面：一方面，保留核心技术不忘本。初创时期的东软依靠软件技术起家，以技术换资本，随后的历次变革，东软也未曾离开软件技术这一核心，并坚持在此基础上寻求解决途径。另一方面，主动温和变革不犹豫。东软总能在重大的行业或业务变革危机到来之前应对，因此很少出现翻天覆地的剧烈变化。同时，每次变革均基于企业长期业务往来内容和经营措施，加以更新和拓展。这种渐进式变革比较温和，可以避免引发企业内部的极端变化，保证即便在变革中企业也能保持平稳运转。

3. 决策追踪与调整的程序。

第一步，明确决策追踪与调整的内容。

第二步，选择决策追踪与调整的方向。

第三步，收集资料和数据。

第四步，分析差距。

第五步，设定努力目标。

第六步，沟通交流。

第七步，改进。

第八步，制订具体的调整方案。

第九步，明确决策调整的职责。

第十步，循环进行。

SWOT 分析：本案例按照 SO、WO、ST、WT 四类战略的拆分形式，选取对应的具有代表性的四次战略转型进行具体分析，如表 5-3 所示。

表 5-3　东软的 SWOT 分析

优势（S）	劣势（W）
S1：先天条件良好，占据技术、政策等优势； S2：拥有稀缺技术人才； S3：企业文化独特难； S4：布局在先，在行业最重要资源——人才方面，无后顾之忧	W1：企业市场向个人市场转换需要时间和方法； W2：发展资金匮乏； W3：创始人刘积仁年事已高
机会（O）	威胁（T）
O1：国内经济发展缓中趋稳； O2：政策支持带来发展空间； O3：政府对软件产业的规划与指导日益明确； O4：软件产品应用领域拓展，行业发展前景广阔	T1：宏观经济威胁； T2：市场威胁； T3：汇率波动威胁； T4：人力资源成本上升威胁； T5：诞生之初就面临来自成熟市场的竞争对手

WT 策略：以软件开发为主要业务，在规模尚小、资金匮乏且外来威胁众多的局面下，为企业未来发展进行了冒险尝试，是一个机遇与挑战并存的选择。

SO 战略：企业以软件为核心，并结合硬件产品开发新市场，进入医疗信息化行业，将自身优势与外部机会有机融合。

WO 战略：在面临全球产业格局变革之际，东软抓住机遇，弥补劣势，加快外包业务发展和国际化进程。

ST 战略：通过软件赋能，将软件和多行业进行融合，不断催生新的使用场景从而拓展软件的应用市场。

PEST 分析：外部宏观环境的日新月异是东软不断进行战略调整、实施战略转型的重要影响因素，本案例从政策（P）、经济（E）、社会（S）、技术（T）四个方面环境的变化对东软关联性大、代表性强的第一次和第五次战略转型的原因进行针对性分析，如表 5-4 所示。

表 5-4　东软的 PEST 分析

政治与法律环境（P）	国家先后发布了《软件产品计价收费办法》《关于建立和发展我国软件产业的报告》、"创建和发展中国软件产业发展的 4 项措施"，并颁布了《中华人民共和国著作权法》《计算机软件保护条例》《计算机软件著作权登记办法》等法律法规，使软件成为中国独立的一个产品门类，拥有正式的发展规范，并为软件产业、企业的诞生和发展缔造了"温床"
经济环境（E）	20 世纪 90 年代初对于中国改革开放而言是一个重要的节点和加速点，该节点上中国明确提出建立社会主义市场经济体制，进一步深化国有企业改革，建立现代企业制度，为创建企业提供了良好经济秩序和宽松的经济环境
社会与文化环境（S）	以计算机、软件和通信业为代表的信息产业逐渐成为 20 世纪 90 年代的主导产业，虽面临来自发达国家和新兴国家成熟企业的挑战和竞争，但这一行业仍拥有巨大的发展空间和潜力
技术环境（T）	计算机技术的发展越来越成熟，软件业逐渐出现了针对普通大众的产品品类

4. 追踪与调整是科学决策过程中不容忽视的环节。

决策追踪与调整，和决策实施中的补充调整并不相同。决策追踪与调整，实质上是对于原来所面对的问题进行新的决策。因为内外部主客观情况发生了改变，所以它不是常规决策的一次简单重复，也并不是全盘否定原来的决策，而是结合新的环境特点对于原始决策进行一次重新分析，就决策中的错误或不合理进行纠正，是对原始决策的一种扬弃。

在初期创业的艰难时期，刘积仁并没有被内外部环境打倒，而是一直想办法解决困难，坚持运营发展。能够在不同的主体，包括学校、企业、客户、创业者间建立良好的沟通，是他非常独特的魅力价值。刘积仁能够果断进行决策同时执行得非常坚决，对于风险和压力的承担能力也极强。

由于东软诞生之初就聚焦于"软件"，并在后续发展中成为核心能力，且公司衍生于学校，所以一出生便具备声誉资源，这为初期创业的东软累积第一桶金起到了重要作用。在后续不断发展中，公司也逐渐意识到人才在软件行业是最重要的资源这一现状，并开始着力培养。

二、推荐书目

推荐书目 1：列夫·维瑞恩：项目决策：决策的艺术与科学（第 2 版），电

子工业出版社，2021

本书提供了结构化的项目决策分析框架、实用的方法及工具，能够帮助项目经理在面对多个目标、风险和不确定性时识别风险，执行基本的定量风险分析、定性风险分析和决策分析，从而做出更好的决策。这不仅与"指南"的内容相辅相成，而且也具有现实意义，能够指导项目经理的实践工作。

推荐书目 2：富田和成：高效 PDCA 工作术，湖南文艺出版社，2018

PDCA 简单基本的四个步骤：PLAN 计划→DO 实施→CHECK 验证→ADJUST 调整。全书 40 张图表教你做好时间管理，获得向目标迈进的蓝图。快速掌握全局的"因式分解"、防止工作量爆表的"时间盘点表"、以高效解决课题的"半周会议"、让工作不缺漏及时间不浪费的"高效运行管理表"、目标未达成时的"要因分析树状图"、让自我成长变成习惯的"持续改进记录表"。每个步骤的详细解说，深入细节的实务操作指引，带你步步为营，掌握不出错、让工作效率出现十倍速进化的高效工作术。

推荐书目 3：W. 爱德华·戴明：转危为安，机械工业出版社，2021

本书围绕如何靠众人的齐心合力达成转型，如何在高管理阶层的带头冲锋下追求质量展开。戴明博士提出了一个新的管理理论架构，指出十四项管理要点（14 Points for Management）及七种恶疾的疗法，并在书中以丰富的实例展现他力克质量大敌的毅力与决心。其中，美国制造业及服务业的诸多个案及分析，都将成为政产学研各界的研究指南。

第三篇　组织

第六章　组织设计

一、专题案例

案例一　小米公司的扁平化管理

成立于 2010 年 4 月的北京小米科技有限责任公司（以下简称小米公司），是一家创新型互联网企业。小米公司十分注重高端智能产品的自主研发和智能家居生态链的建设，并凭借其智能手机产品在国内互联网领域中的快速发展，在众多互联网企业中脱颖而出成为了"佼佼者"，其独特的扁平化组织结构的管理模式，也成为众人探索的焦点。

"扁平化"是相对于高耸的"等级式"来说的一种管理模式。扁平化管理模式的运行，相对解决了原有管理架构中"层级较多、人员冗杂、组织工作效率低下"等问题，加快了信息的传递速度，提高了工作效率。小米正是因为采用"扁平化"的组织结构，在面对许多传统管理模式中的问题时，才能顺利且高效地解决。小米公司 2010 年创立，短短六年的时间，众多产品（小米手机、小米电视、小米路由器、小米平板、小米 Note 等）陆续进入市场与消费者见面。这种产品自主研发、创新的速度和效率，是当时其他公司难以企及和想象的，这与公司内部高效的团队和扁平化组织结构密不可分。

小米的组织结构和管理层级十分简单，就是"创始人—团队 Leader—员工"三层。创始人一共 8 人，负责总体事宜；团队 Leader 也就是具体项目的负责人，带领一个小团队，一般不超过 10 人，团队 Leader 一方面需要关注团队日常研发任务和内部管理，另一方面还需要与其他部门进行协调沟通。

扁平化的组织结构在很多企业中都会有所表现，但是能够达到这样一个卓越的效果，一定离不开组织内部所有人员的高主观能动性，每个员工都看重小米公司的未来前景、不断提高公司竞争力，用实力说话。小米公司在薪酬结构上采用宽带薪酬制度，以更好地适配扁平化组织结构的发展，这可以促进员工最大限度地将时间和精力放在工作上，推动员工提高自身技能和工作效率。

正是因为神奇的扁平化管理模式和高主观能动性、高责任感的小米员工，我们才能见识到真正的"小米速度"，并为此叹服。

资料来源：改编自《小米：组织扁平化、管理极简化》。

思考题

1. 什么是扁平化的组织结构？结合案例谈一谈它的优点。
2. 结合案例描述和现实情况，从管理的角度思考扁平化组织面临的挑战。

案例一　分析参考

1. 扁平化的组织结构是指通过减少行政管理层次，裁减冗余人员，从而建立的一种紧凑、干练的组织结构。它是现代企业组织结构形式之一，这种形式改变了原来组织结构层级中，企业上下级和领导者之间的纵向联系方式、平级各单位之间的横向联系方式及组织体与外部各方面的联系方式等。

扁平化组织的主要优点在于：①信息纵向流通快，管理费用低。信息传递速度快，失真少，便于高层领导了解基层情况。②上下级距离短，便于密切上下级关系，有利于解决较复杂的问题。③主管人员工作负担重，更乐于让下级享有更充分的职位权力，被管理者有较大的工作自主性、积极性和满足感。结合案例小米公司，正是因为扁平化组织结构的优点，公司才能高效聚焦新产品的研发，公司内部员工均具有较高的主观能动性，高效工作用实力说话。

2. 在"互联网+"的时代，虽然扁平化组织在一定程度上可以带来高效、精简，然而这个模式对于组织管理来说，也面临着较大的挑战。这个挑战一方面来自管理者，另一方面也来自被管理者。

管理者在扁平化的组织结构下，上级的指导相对缺乏，下属的数量也会增加，这对管理者能力提出了较高的要求。如果管理者不具备超强的业务及管理能力，面对上级较弱的指导和众多下属的求助，其在管理工作中难以做到及时纠正下属错误，并对下属进行有效激励；如果基层员工不能更好地发展自我和激励自我，成为一个杰出的多面手，不能承担多项业务，甚至承担原本由管理者进行的工作，工作的众多协调和自我管理就很难实现；那么扁平化组织结构就是失效的甚至是消极的。

因此我们应该清楚地认识到，公司是否具备进行扁平化组织建设的条件和环境，并且确保在转化为扁平化组织结构后，业务循环的各个环节不会出现问题，才能够实施。

案例二　中粮集团的集团管控组织结构设计

中粮（COFCO）集团有限公司是于 1949 年成立的中央直属大型国有企业，中国农粮行业领军者，全球布局、全产业链的国际化大粮商。中粮集团以农粮为核心主业，聚焦粮、油、糖、棉、肉、乳等品类，同时涉及食品、金融、地产领域。截至 2020 年底，集团整体营业总收入 5303 亿元，利润总额 206 亿元。

中粮集团在业务上不断完善农粮主业资产布局，持续提升大宗农产品经营能力，促进农产品采购、储存、加工、运输和贸易环节上下游协同一体，以市场化的方式高效保障粮油供应。未来，中粮集团将继续聚焦主业，推动企业高质量发展，助力农业现代化和乡村振兴，加速打造具有全球竞争力的世界一流粮食企业。

中粮集团职能部门及专业公司的组织结构如图 6-1 和图 6-2 所示。

办公室（党组办公室） Corporate Office	战略部 Strategy Dept.
财务部 Financial Dept.	人力资源部 HR Dept.
审计部 Audit Dept.	质量安全管理部 Quality & Safety Management Dept.
纪检监察组 Discipline Inspection & Supervision Dept.	党群工作部 Party-mass Work Dept.
法律部 Legal Dept.	对外合作部 Cooperation & Development Dept.
信息化管理部 IT Dept.	党组巡视工作办公室 Office of Inspection
集团扶贫工作办公室 Office of Poverty Alleviation	中粮香港办事机构 COFCO HONG KONG

图 6-1　中粮集团职能部门

资料来源：中粮集团官网（2021 年）。

中粮国际 COFCO International	中粮贸易 COFCO Trading
中粮油脂 COFCO Oils & Oilseeds	中粮粮谷 COFCO Grains & Cereals
中粮生物科技 COFCO Biotechnology	中粮糖业 COFCO Sugar
中国纺织 Chinatex	中粮工科 COFCO Engineering & Technology
中粮酒业 COFCO Wines & Spirits	中粮可口可乐 COFCO Coca-Cola
中粮家佳康 COFCO Joycome	中国茶叶 China Tea
蒙牛乳业 Mengniu Dairy	我买网 Womai.com
中粮包装 CPMC Holdings	中粮资本 COFCO Capital
大悦城控股 GRANDJOY	中粮营养健康研究院 COFCO NHRI

图 6-2　中粮集团专业化公司（平台）

资料来源：中粮集团官网（2021 年）。

思考题

1. 根据组织结构图示及相关描述，指出中粮集团的组织结构类型和特点。

2. 随着集团的进一步发展，中粮原有的组织结构可能会出现弊端，结合案例和实际情况，谈一谈组织结构的优化思路和变革方向。

案例二　分析参考

1. 中粮集团的组织结构类型是直线职能制组织机构，总部对下属专业公司进行直接指导，总部职能部门作为专业参谋进行管理。在该结构下，下级业务机构既受上级部门的直接管理，又受同级职能管理部门的业务指导和监督。各级管理部门逐级负责，权力高度集中。

2. 随着中粮集团的发展，可以发现现有组织架构的弊端存在于以下地方：一是业务公司（平台）类型较多，业务复杂，上级管理跨度较大；二是集团职能部门较多，与下属公司职能部门设置会有一定重复。

随着中粮集团的发展，围绕"集团有限相关多元化，业务单元专业化"的战略和原则，一是要围绕主营业务逐步建立若干战略定位清晰、核心竞争力突出、自我发展能力强、具有行业领导地位的专业化经营单位，把这些经营单位按照业务类别进一步划分成事业群，形成事业群体竞争力。集团仅负责总体战略、资源配置、人员任命等方面的关键决策，具体的业务经营管理等则由业务主体自行决定。二是按照现代企业市场经营的机制和体制，强化专业公司的战略、财务等功能，促进企业经营机制改革。三是做好集团职能部门和业务公司之间的沟通和衔接，最好采用矩阵式管理模式，以便在有效监管的同时，获取协同效应。

案例三 比曼公司的事业部制组织结构调整

比曼（Beyond Man）机器人公司，是一家智能机器人系统解决方案提供商。目前，该公司主要面向三类客户提供三种机器人产品。

比曼1号产品主要用于执行一些风险性任务，可替代人工在较为恶劣的环境中工作，例如，挖矿、管道探测等。比曼2号产品主要负责搬运、存储和拣货等物流工作，能够帮助人类完成基础、简单的劳动，多应用于工业领域。比曼3号产品主要应用于家用领域，能够完成打扫房间、端茶送水等简单的家务。

比曼公司的机器人大多采用"可移动的底盘+可伸缩的机械臂"构成，研发重点就在可伸缩的机械臂上。一个好的机器人，需要具备客户所需要的速度、精度和负载。以送水为例，从下达指令到送水到位的时间为速度，以倒水的容量、是否洒落为精度，以能搬运多重的水为负载。

比曼公司在2020年以前，基本把工作重心放在了机器人的研发上，公司约60%的人员都是研发工程师，公司采用的组织结构如图6-3所示。

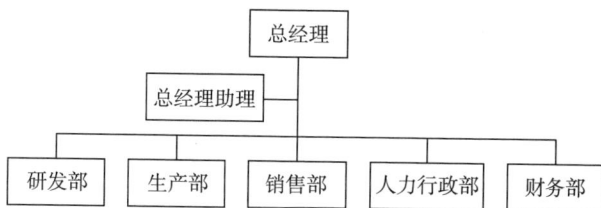

图6-3 2020年比曼公司组织结构

进入 2021 年，随着公司规模的扩大和资金压力的增大，公司创始人觉得公司所掌握的机器人研发和生产技术已逐渐成熟，应该把公司的重心放到销售上，为了配合销售做好相关的技术服务工作，于是公司决定启用新的组织结构，具体如图 6-4 所示。

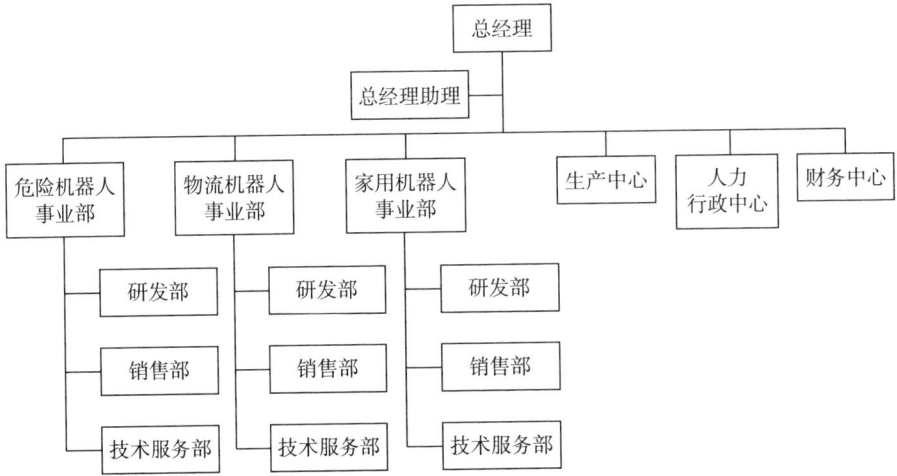

图 6-4 2021 年比曼公司组织结构

大家都在期待，新的组织结构变革，能够为公司市场开拓杀出一条血路来。

资料来源：笔者编写。

思考题

1. 比曼公司 2020 年前实行的是什么类型的组织结构？有什么优缺点？

2. 比曼公司 2021 年后实行的是什么类型的组织结构？有什么优缺点？

3. 比曼公司为什么要进行组织结构的调整？该调整是否增强了公司的市场竞争力？

案例三 分析参考

1. 该公司 2020 年前实行的是直线职能制组织结构。直线职能制组织结构是现代企业中最常见的一种结构形式，而且在中小型组织中尤为普遍。这种组织结构的特点是：以直线为基础，在各级行政主管之下设置相应的职能部门（如计划、销售、供应、财务等部门）从事专业管理，作为该级行政主管的参谋。下级机构既受上级部门的管理，又受同级职能管理部门的业务指导和监督。各级行政领导人逐级负责，高度集权。

直线职能制组织结构的优点在于快速、灵活、维持成本低且责任清晰，既保持了直线型结构集中统一指挥的优点，又吸收了职能型结构分工细密、注重专业化管理的长处，从而有助于提高管理工作的效率。缺点在于：①属于典型的"集权式"结构，权力集中于最高管理层，下级缺乏必要的自主权。②各职能部门之间的横向联系较差，容易产生脱节和矛盾。③直线职能制组织结构建立在高度的"职权分裂"基础上，各职能部门与直线部门之间如果目标不统一，则容易产生矛盾。特别是对于需要多部门合作的事项，往往难以确定责任的归属。④信息传递路线较长，反馈较慢，难以适应环境的迅速变化。

2. 该公司 2021 年后实行的是事业部制组织结构。事业部制是为满足企业规模扩大和多样化经营而采用的一种组织结构形式。具体的设计思路为：在总公司领导下设立多个事业部，把分权管理与独立核算结合在一起，按产品、地区或市场（顾客）划分经营单位，即事业部。每个事业部都有自己的产品和特定的市场，能够完成某种产品从生产到销售的全部职能。事业部不是独立的法人企业，但具有较大的经营权限，实行独立核算、自负盈亏，是一个利润中心。

事业部制的优点在于：①职责范围明确，分工细，各事业部内部办事效率高。②每个事业部都有明确且独立的产品和市场，能够对自身未来发展进行策略规划，也能根据市场出现的新情况迅速做出调整和反应，兼具良好的稳定性和适应性。③在独立的业务领域内，便于采用专用设备，便于人员进行专业技能储备，形成专业化生产并形成规模经济，从而提高劳动生产效率和经济效益。④各事业部门之间因为业务的相似性，可以进行有序比较和竞争，促进相互间的良性发展。事业部制结构的缺点：①容易形成小团体利益冲突，各事业部之间协作能力下降。②部分结构设置重复，存在一定的人员浪费。③对公司总部的管理工作要求较高，否则容易发生失控。

3. 组织内外的各种变化因素，都会对其组织内部的结构设计产生重大影响。归纳起来，影响一家公司采用事业部制组织结构设计的因素主要有以下两点：

（1）经营环境：企业经营发展面临的环境变化迅速，特别是顾客需求日益多样化和个性化，且变化迅速。传统直线职能制组织结构，信息传递链条长，沟通效率低，决策速度慢，在一定程度上会阻碍企业的发展。因此，要根据不同客户的需求进行快速响应，有必要建立事业部制组织结构。

（2）经营战略：比曼公司近几年的经营管理中心从产品研发转向了市场销售。在总部统一管理的基础上，由各产品事业部进行自主管理，其权力和责任更大，更有利于激发团队活力，赢得市场竞争力。

在公司产品和技术能力基本成熟的基础上，比曼公司成立事业部制组织结构，是符合当时公司发展需要的，有利于增强公司在市场的竞争优势。

案例四　华为公司的组织结构变迁

华为技术有限公司（以下简称华为），创设于 1987 年，总部位于广东深圳。华为作为全球领先的 ICT（信息与通信技术）解决方案供应商，专注于 ICT 领域，为世界各地的运营商客户、企业客户和消费者提供有竞争力的产品和服务。华为从成立到现在，经历了 30 多年的发展，期间随着外部环境和企业战略的变化，其组织结构也进行了多次优化与变革，从而确保华为一直处在高速发展的历程中，并成为中国企业发展史上的一面旗帜。

1987～1994 年：企业初创期，关注产品生产制造

1987 年到成立初期的几年，华为业务主要代理国外公司的通信产品，随后开始自主开发产品，主要是研发生产销售程控交换机产品，采取的是跟随战略。市场方面采取"农村包围城市"策略，以低成本和低价格迅速抢占市场，扩大市场占有率。到了 1991 年，经历 4 年的发展，公司也才 20 多个人。此时的华为组织结构是简单的直线制组织结构，所有员工都向任正非汇报。1992 年，华为销售额突破亿元大关，员工规模达到 200 人。1994 年，华为销售规模突破 8 亿元，员工达到 600 多人。

与众多初创企业相似，华为在发展的最初阶段，采用了直线制组织结构。随着业务的发展，组织结构也逐渐演变成了直线职能制，除了研、产、销等业务流程部门，也有了职能管理和支撑部门，例如财务审计、投融资和行政管理等。其组织结构如图 6-5 所示。

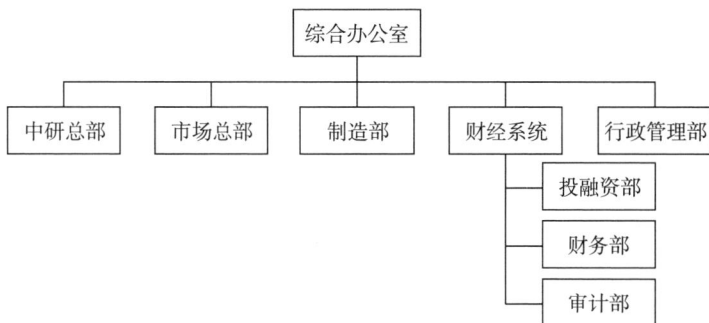

图 6-5 华为第一阶段组织结构

华为在初期阶段的组织结构设计，简单直接，权力高度集中，以便调配资源参与市场竞争，并对外部环境的变化做出快速反应。公司的产品研发和市场营销策略都可以最快的速度，第一时间从公司最高层直接传到基层一线，团队形成快速行动的合力，促进公司发展。直线职能制的组织结构与华为成立初期的发展战略是相匹配的，也帮助华为熬过了生存期，并获得了极大的发展。

1995～2003 年：企业高速发展，提供个性化解决方案

1995 年开始，华为逐渐从跟随的集中化战略转向相关多元化战略，逐渐从交换机产品进入到移动通信、传输等多个产品领域，从而成为全面通信解决方案提供商。1995 年，华为北京研究所成立，并在 1996 年开始进军国际市场。随着产品种类的增多和市场范围的扩大，到了 1998 年，华为有近 8000 名员工，销售规模达 90 亿元。2003 年华为销售规模首次突破 300 亿元。

随着业务向客户提供个性化解决方案的转型，部门之间需要沟通协调的事宜大幅增加，华为内部管理的负担加重，急需突破直线职能制组织结构对组织发展的制约。为了提高相似部门之间的协调效率，激发中基层员工工作的积极性，华为将权力下放，建立了地区部与产品事业部相结合的二维矩阵式的组织结构。其组织结构如图 6-6 所示。

此时，华为的组织结构是典型的矩阵型组织。华为在 1998 年定稿的《华为基本法》中提到，公司的基本组织结构是一种二维矩阵式结构，分别是按产品类别划分的产品事业部和按区域市场划分的地区公司。产品事业部以产品为中心，负责产品的开发、生产、销售和客户服务；地区公司以销售为中心，在既定的区域市场内进行客户拓展、产品销售和客户维系工作。事业部和地区公司都是公司

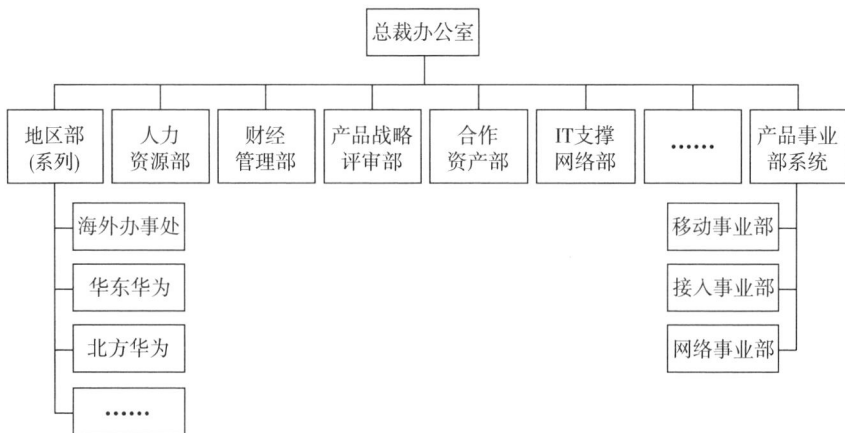

图 6-6　华为公司第二阶段组织结构

的利润中心，承担利润指标。当然，公司继续维持了前一阶段的职能专业化管理部门。二维矩阵式组织结构和事业部制组织结构，意味着地区部和事业部在各自业务领域内进行分权决策，自负盈亏，总部主要负责公司层面的重大决策和专业支持，以集中优势资源逐个突破市场难点。这一阶段的组织结构安排，为华为向国际化企业迈出了一大步。

2004~2012 年：公司全球化发展，关注客户业务竞争力提升

在初尝国际市场成果之后，2004 年后，华为采取了多元化和国际化并举的战略，公司也由全面通信解决方案电信设备提供商，向提供端到端通信解决方案的电信设备服务商转型，公司发展由以前的产品驱动转为客户或市场驱动。

华为此时对组织结构进行了渐进式变革，从原来的事业部与地区部相结合的二维矩阵型组织结构，转变成以产品线为主导的组织结构。这样的变化，符合华为以技术立足的特点。产品线主导的组织结构，能够立足技术进步，划小利润中心，加快决策速度。与此同时，华为还推进了集成产品开发 IPD、集成供应链 ISC、客户关系管理 CRM 等企业经营运作和管理流程，使华为管理更加标准化、国际化和成熟化；同时华为还建设了完整 IT 框架，通过高效的信息管理来支持业务运作。其组织结构如图 6-7 所示。

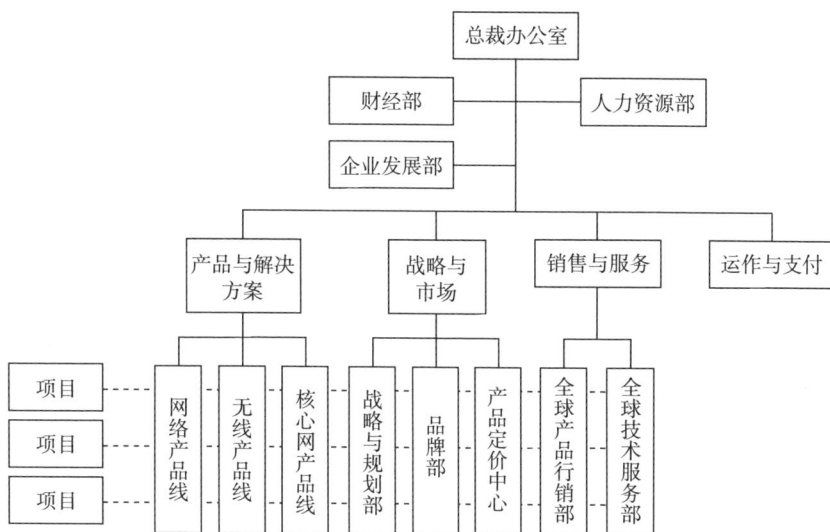

图 6-7 华为第三阶段组织结构

这一阶段华为组织结构的变革与调整，为其权力的重新分配及提高组织运营效率做出了巨大贡献，使华为建立了一个与国际接轨的组织运作体系。同时，产品线形式的组织结构能够更有效地和顾客就产品和技术展开广泛的交流，及时发现和满足客户需求，从而有力地增强了华为的国际市场竞争力。2012 年，华为销售额达 2200 亿元，一举超越其他竞争对手成为通信行业第一。

2013 年至今：公司稳步发展，关注客户业务竞争力提升服务。

随着大数据、云计算等新兴技术的发展，华为面向企业和消费者的业务进一步多元化。华为公司在产品线主导的事业部基础上，还设立了基于客户和区域的组织架构，也即产品、客户、区域三个维度的组织，共同对公司的客户满意度、市场竞争力和财务绩效负责。华为的最新组织结构如图 6-8 所示。

图 6-8 中，华为的集团职能平台是服务于业务的支撑、服务和监管平台，是后台部门，向业务前方提供及时准确有效的服务，在向前方充分授权的同时加强监管。前端的 ICT 基础设施业务管理委员会，对 ICT 基础设施业务进行端到端经营管理。为加强对消费者业务的战略及风险管理，提高决策效率，公司设立了消费者业务管理委员会，作为消费者业务战略、经营管理和客户满意度的最高责任机构。

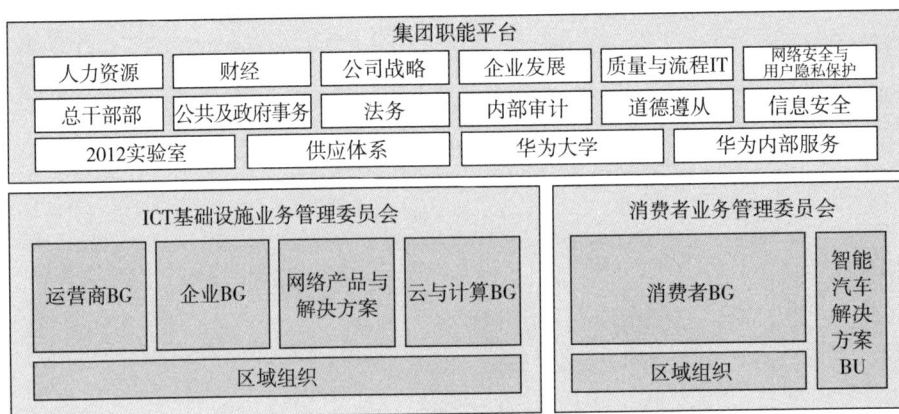

图 6-8 华为 2021 年组织结构

资料来源：华为官网。

当前，华为公司的愿景是成为全球领先的 ICT 基础设施和智能终端提供商，其使命是致力于把数字世界带入每个人、每个家庭、每个组织，构建万物互联的智能世界。面向未来，华为用内部近乎完美的分工协作和管理，不断迎接挑战达成目标。

资料来源：改编自《华为组织结构 30 年演变历程》。

思考题

1. 案例中表现出几种组织结构？各自的适用条件分别是什么？
2. 随着华为企业的不断发展，组织结构为什么也要不断调整？
3. 根据案例材料和所学的理论知识，思考企业组织结构设计的原则。

案例四 分析参考

1. 华为公司从成立至今，分别采用了三种类型的组织结构，分别是初期的直线职能制组织结构、中期的事业部制组织结构和后期的矩阵型组织结构。

直线职能制组织结构主要适用于中小型、产品品种比较单一、生产技术发展变化较慢、外部环境比较稳定的企业。具备以上特征的企业，其经营管理相对简单，部门较少，横向协调的难度小，对适应性的要求较低，因而职能制结构的缺点不突出，而优点却能得到较为充分的发挥。

事业部制组织结构主要适用于产业多元化、产品多样化、市场区域化或客户多样化，而且市场环境变化较快的中型、大型企业。

矩阵型组织结构主要适用于专业门类多（区域、客户或者产品类别较多）、需要较强的专业协作，又必须实施统一的管理与协调的企业，这类企业规模一般也比较大。

2. 案例提到"企业的组织结构会随企业战略的变化而不断进行调整"，企业的组织绩效依赖于环境、战略和结构三个变量的匹配，而其中首先变化的是企业战略，其次才是组织结构。

一方面，企业在创立初期可能只拥有相对简单的战略，此时只需要一种较为简洁明晰的组织结构来执行这一战略；而当企业发展至中后期，有了一定的规模之后，企业的战略会趋向复杂，并具有独一无二的优势，此时企业需要变革组织结构来匹配当前的战略。

另一方面，若要落实组织发展战略、实现组织目标，则需要通过组织结构将开展的各项工作落到实处；同时明确各部门和各岗位之间的配合关系，把分散的个体凝聚成为强大的群体，以提高组织运作效率，并充分发挥群体的力量。

3. 组织设计的原则包括以下五个方面：

（1）目标一致原则。组织活动是围绕一定目标进行的，因此组织设计需要以组织的整体目标为引领，部门设置、沟通协调、冲突解决都要为这一目标服务，这就是目标一致原则。该原则包括：一是目标一致，即整个组织要有明确的、统一的目标，部门、团队和员工个体的目标需要与组织保持一致；二是统一指挥，即组织需要有明确的指挥链，明确各级管理人员的责任，确保信息的准确传递。

（2）分工与协作原则。分工与协作原则是指组织结构能够反映出实现目标所需的工作分解和相互协调，在专业分工的基础上实现部门间、人员间的协作与配合，保证组织活动的顺利开展，从而实现组织的整体目标。专业分工，一方面可以使工作简单化，组织成员只需要承担单一任务，不必通晓所有工作；另一方面可以有效缩短培训时间，提高熟练程度。与此同时，组织也要重视专业分工之后的协调。主要措施包括：实行系统管理，把职能性质相近或工作关系密切的部门归类，成立相应的管理子系统；通过委员会等机构实现协调；创造有利于协调的环境，提高管理人员的全局观念，增加相互间沟通等。

（3）有效管理幅度原则。管理幅度又称管理跨度或控制幅度，是指一个管理人员直接有效地指挥下属人员的数量。组织中的管理者直接管辖下属的人数应该控制在适当的范围内，这样才能保证组织的有效进行。而在进行组织设计时，管理幅度应控制在一定的水平。既要避免管理幅度过大，保证管理人员能够对下属工作实行有效的指挥和监督，提高工作效率；也要防止管理幅度过小，造成组织层级过多，从而降低管理工作的效率，增加管理成本。

（4）权责对等原则。权责对等原则是指组织中各个层级的管理者需要拥有开展工作所需要的相应权力，同时承担相应责任。为了实现组织的整体目标，高层管理者需要对影响组织生存与发展的重要决策事项进行集中管理，防止失去对组织的整体把控。与此同时，为了保证管理者和组织成员高质量地开展工作，组织需要赋予他们一定的权限。组织中的职位与权力存在明确的对应关系，各岗位职务说明书要对每一个职位所需要承担的工作内容进行清晰界定。同时，意味着该职位的管理者拥有相应权力，因为权力是管理工作的基础。如果管理者没有相应权力，决策、组织、领导、控制等管理职能就无从谈起，组织也不可能实现其目标。

权责对等原则要求管理者在被授予的权限范围内行事，并承担相应的责任，避免有权无责、有责无权现象的出现。

（5）柔性经济原则。柔性经济原则是指组织设计需要保持一定的灵活性，根据内外环境的变化及时对机构和人员做出调整，通过对层级与幅度、人员结构和部门工作流程的合理安排，提高组织管理的效率。该原则对组织设计提出了两个要求：一是稳定性与适应性相结合，在维护组织稳定的同时保持一定的弹性；二是组织结构设计要合理，避免产生内耗，造成管理成本上升。同时组织的柔性与经济性是相辅相成的。一个具有适应性的组织必然是精干的，也是符合经济原则的；一个具有经济性的组织必须保持适度的柔性，因为柔性的丧失意味着应对变革的管理成本上升。

案例五　采购部门的专业分工问题

天石集团始创于 1993 年，是一家从事自主设计、制造与应用自动化控制系统的高科技企业集团。为落实天时集团"中国创造，世界品质"的战略定位，集团决定成立工作分析小组，通过梳理职位，夯实基础，为建造优秀的人才队伍、高标准高品质的产品提供平台。

　　在访谈开始前，工作分析小组划定了几个重点部门，其中一个就是集团采购部门。天石集团的高管对集团的采购部门也有所不满，不仅每年采购部的组织氛围评价得分最低，而且采购部门每年年初预定的成本和效率考核指标都很难达成。领导们期望，工作分析小组能够在这些重点部门找到突破口，提升这些部门的绩效。

　　为了获取进行工作分析的一线资料，工作分析小组开始在集团内部挨个部门进行调研，主要形式是访谈。最近小组开始在采购部门进行访谈。采购部门的岗位设计，包括了采购部经理和采购工程师还有一名行政助理协助进行部门公共事务的管理。在访谈过程中发现，工作小组能明显感觉到采购工程师们的抱怨。

　　他们的抱怨主要体现在：①工作量大。公司近30亿元的销售额，硬件采购成本则达到10亿元左右，且多达500个种类，一万多个细分零部件。而公司当前只有十多个采购工程师，每人每年采购业务量接近1亿元。②日常事务繁杂。拿办公用品的采购来说，从收集确认采购需求，到寻找评估供应商，签订采购合同，到执行采购合同，到货验收入库，开票付款，采购环节多，流程长，且事无巨细。③采购考核指标掌控度不足。对于采购工程师来说，物美价廉快速服务是永恒的要求。随着公司在自动化控制领域的品牌声誉越来越高，对采购商品的质量要求越来越高，就算采购工程师花了很大心思进行供应商搜寻和采购谈判，也架不住质量要求提高所带来的采购价格的提升，因此年度关于采购成本降低的指标，对于一部分采购核心部件的工程师来说，则很难达成。

　　听完这些抱怨，工作分析小组逐渐明白高管为什么不满了。于是工作分析小组开始思考，如何改进采购部门的职位设计，才能提高公司采购部门的效率，提升采购工程师的工作满意度。最终，工作分析小组给出了分拆采购环节，分设采购工程师和采购员两个职位的建议。

　　一是采购工程师，负责采购合同签订及之前的工作，包括采购需求审核、供应商搜寻、采购谈判、采购合同签订等工作。其设立的主要目的，是从外部寻找供应来源满足内部需求。采购工程师的工作具有很大的不确定性，其考核指标主要体现在采购需求的及时满足率和不同类别产品的成本降低率。其工作职位职责如表6-1所示。

表 6-1　采购工程师主要工作职责

序号	主要工作职责
1	根据公司物资需求情况，选择和评估工供应商 搭建采购平台，实现渠道管理，建立与供应商的战略合作伙伴关系； 筛选潜在的供应商，整理资料给部门领导审核； 负责收集和整理供应商履约状况和往来信息； 负责供应商开发，组织供应商评定和复评； 培养和辅导长期合作供应商
2	定期组织供应商复评，保证供应商质量 分解落实降价计划； 报告降价执行情况； 对供货质量问题与供应商沟通解决； 复核供应商合作条款，签订框架协议
3	对采购员工作提供支持及指导 接收并评估采购计划； 分解采购计划并落实到采购员； 监督采购计划的执行； 解决采购员反馈的异常问题； 配合采购员进行异常采购的处理
4	参与物料的选择和评估并引导采购需求 从采购的角度进行分析，必要时引导采购需求； 认定开发部门提交的物料，包括规格型号、制造商、最小包装量、最小订货量、价格确定； 及时提供物料的市场波动及停产等信息给研发等相关部门
5	处理日常事务 及时处理上级领导交办的事项； 及时处理各类异常问题； 参加各类相关事宜的协调会议

二是采购员，负责采购合同的执行，主要是合同签订之后的其他工作。跟单员的工作相对确定，包括跟踪货品物流、到货验收入库、开票付款及后续采购服务等。采购员的工作具有相对较高的确定性和明确的标准。其工作职位内容如表6-2所示。

表6-2　采购员主要工作职责

序号	主要工作职责
1	执行订单，按时按质按量完成物资采购过程 接收采购计划，核对物料的规格、型号、数量等信息； 确认采购价格，起草合同草案，填写并提交合同评审； 签订采购合同，跟踪订单执行进度； 及时更新采购到货计划； 审核物料编码申请，核对型号规格、价格、可采购状况
2	维护 ERP 系统数据，保证数据的正确性 核对合同物料与 ERP 计划的规格型号； 维护合同信息； 录入到货数据； 审核结算单，与发票勾兑，做付款申请单
3	处理采购订单中的特殊情况 及时沟通、反馈采购订单异常状况； 不合格品及时办理退货手续或与供应商协商解决
4	提交采购付款计划并执行 拟制订三个月的付款滚动资金计划； 负责货款的申请和报销工作
5	参与供应商日常管理工作并提供反馈 收集、整理供应商履约状况和往来信息； 参与供应商初评与复评

　　岗位重新设计后，采购部针对采购种类、工作能力重新进行采购工程师和采购员的分工。由此部门职位包括采购经理负责部门管理，下设三个职位，分别为采购工程师、采购员和行政助理。通过大约三个月的试运行后，采购部门的工作氛围和员工满意度明显提高，采购部门整体绩效的提升也得到了天石公司高管的认可。

资料来源：笔者编写。

思考题

1. 案例中采购部门工作的重新设计集中体现了组织结构设计的什么原则？

2. 结合案例，谈谈组织分工的优点和缺点。

3. 什么是职位特征模型？结合案例谈谈采购工程师的职位激励指数在哪些方面发生了变化。

案例五　分析参考

1. 采购部门工作的重新设计，是把原来采购的闭环工作拆分为两段，分别是采购合同签订前和签订后的工作，分别归入采购工程师和采购员两个职位。这个重新设计的过程，体现了组织结构设计的两个原则，一是分工协作原则。现代企业的管理，工作量大，专业性强，分别设置不同的专业岗位，有利于提高工作的质量与效率，在合理分工的基础上，加强协作与配合，才能保证各项工作的顺利展开。二是权责对等原则。组织员工所拥有的权力应当与其所承担的责任相适应，考核也应与员工的权责相匹配。有权无责，权力容易滥用；有责无权，实际工作开展也会面临很多制约。

2. 组织内部进行分工，需要掌握一定的度。分工带来的优点包括：熟练程度提高；减少时间损失；发明新机器；节约劳动成本；提高质量；人尽其才。分工带来的缺点包括：工作单调；能力畸形；形成官僚机构，导致人浮于事。案例中，相对采购员，采购工程师工作的不确定性更大，所需要的综合素质和能力更强。重新分工后的采供工程师，能把精力从大量繁琐的固定工作中解放出来，去寻找更好的供应商来源，在一定程度上能提高采购效率和质量。而采购员从事采购后端工作，工作容易枯燥，对采购员的综合能力素质的培养和提高作用有限。

3. 职位特征模型提供了工作设计的一种理论框架。它确定了五种主要的职位特征，分析了它们之间的关系及对员工生产率、工作动力和满足感的影响。五大主要职位特征是：一是技能的多样性，是完成一项工作涉及的范围包括各种技能和能力。二是工作的完整性，即在多大程度上工作需要作为一个整体来完成——从工作的开始到完成并取得明显的成果。三是任务的重要性，即自己的工作在多大程度上影响其他人的工作或生活——无论是在组织内还是在工作环境外。四是工作的主动性，即工作在多大程度上允许自由、独立，以及在具体工作中个人制订计划和执行计划时的自主范围。五是工作的反馈性，即员工能及时明确地知道他所从事工作的绩效及其效率。

根据职位特征模型，一个工作岗位可以让员工产生三种心理状态：感受到工作的意义、感受到工作的责任和了解到工作的结果。这些心理状态，会产生不同的工作动力，给予员工不同的内在激励，从而影响员工的工作结果。

案例中的采购工程师职位的重新设计，增加了工作的重要性和自主性，但工作的多样性、反馈性、完整性并不受影响，因此能够改善员工的心理状态，强化员工对工作意义的体验，增强对工作结果负责的精神，进而增加工作激励和工作满意度，有效提高个人成就和工作绩效。

二、推荐书目

推荐书目 1：亨利·明茨伯格著，魏青江译：卓有成效的组织，浙江教育出版社，2020

该书展现并整合了所有关于"如何设计一个有效组织"的理论和实践。该书的主要内容包括：①何谓组织结构。组织结构就是分工协作实现组织目标，结构设计就是先将工作拆分成若干不同的任务，再整合起来。②如何设计卓有成效的组织。针对组织的经营环境、规模、技术体系和战略目标等，选择组织设计参数，实现组织内部的协调一致，并与外部环境相符。组织结构应该包括五个组成部分——技术结构、战略高层、中间线、支持人员、运营核心，应该设立五种协调机制，包括相互调节机制、直接监督机制、工作流程标准化、工作输出标准化、员工技能标准化，有五种运转方式——正式权力流、受控活动流、非正式沟通流、工作群集、临时决策流程流。最终组织结构体现为五种基本结构——简单结构、机械式官僚结构、专业式官僚结构、事业部制结构、变形虫结构。

推荐书目 2：比尔·费舍尔，翁贝托·拉戈，刘方著，曹仰锋译：海尔再造：互联网时代的自我颠覆，中信出版社，2014

该书全面介绍了 1984 年张瑞敏任职海尔以来，海尔 30 年中 3 次持续性变革的历史流变，从企业文化建设、组织结构、战略定位等方面发生的变革。该书结合白色家电行业的全球竞争格局，基于西方管理学相关理论及作者进驻海尔产生的第一手资料，具体研究和分析了海尔模式中"自主经营体""人才解放""激励机制""委托代理关系"等创新性模式，以及海尔能够完成持续性变革的机制。在互联网时代来临且传统管理理论、管理实践已经过时之际，作者旨在探究海尔的企业变革实践能否被复制这一问题的答案。

推荐书目 3：罗恩·阿什肯纳斯，戴维·尤里奇，托德·吉克，史蒂夫·克尔著，康至军译：无边界组织——移动互联网时代企业如何运行，机械工业出版社，2016

无边界的管理模式由通用电器的 CEO 杰克·韦尔奇首次提出。韦尔奇入主通用时，他认为公司机构臃肿、管理复杂、体制僵化。这种情况下，公司员工会满足于现状，循规蹈矩，看不到危机，又缺乏创新。这离他所希望的"迅速而灵活"的通用相去甚远。于是，韦尔奇提出"无边界"的理念，打破边界、消除藩篱。推倒部门墙、公司墙、业务的国别墙，甚至公司内部的种族和性别藩篱……经过多年建设，通用建成了无边界的组织结构，韦尔奇也因为通用任职期间的卓越绩效而被称为世界第一CEO。该书的四位作者是曾经帮助通用电气创造无边界文化的管理专家，将为我们深度呈现通用等知名企业实施无边界的历程，阐释怎样才能建立无边界组织，以及领导无边界组织需要采用的领导方法等。

第七章　人员配备

一、专题案例

案例一　酷虎玩具公司的质量培训项目

酷虎公司是一家逐步发展起来的皮具玩偶制造公司，目前拥有员工 300 余人，公司整体发展平缓。然而就在最近，公司长期合作的两个大客户因为质量问题要求终止合作，给出的原因是产品质量不满足标准。此事引起了公司领导的高度重视，经过讨论和问题追溯，发现公司现有的生产技术在行业是领先的，问题存在于生产一线的操作工人和质检部门，是这些人员玩忽职守、不具备相应的质量管理意识，才导致产品出现质量问题。于是，公司拟订了质量管理相关的培训方案，以期解决当前质量问题。

培训方案中培训为期 10 周，都安排在下班时间，为每周五的 19：00~21：00。培训面向所有员工，按个人意愿自行参加培训。员工在公司参加培训没有薪酬，不过领导表示，若员工培训考核合格，在以后涉及加薪升职等问题时，可作为加分指标。

主讲这门培训课程的人员是质检部门的工程师，课程讲授形式以业务讲座为主，同时穿插播放一些相关纪录片或示范录像，另外，课程中也设置了一些专题讨论的环节。课程内容涉及质量管理的必要性以及重要性、影响质量的各种因素、检验质量的标准、检验的程序与方法、质量统计方法、抽样法及程序控制等。

在培训课程的出勤上，课程伊始上课人数平均在 60 人，但到课程终了时，课堂人数已经下降到不足 10 人。因为培训时间在周五晚上，从来到现场听课的人员反应可以看出，有些离家远的员工显得心不在焉，课程中途就提前离场回家了。关于出勤率的降低，培训经理认为，培训师的课讲解得很不错，内容丰富、知识系统、形式多样，听课人数的减少并不是她的原因。

最终培训项目按照计划上完 10 周课程，培训部提交了一份关于培训时长、参与人数等方面的总结报告，项目正式结束。

资料来源：笔者编写。

思考题

1. 你认为酷虎公司这次培训在组织与管理上有哪些不合适的地方？

2. 如果你是酷虎公司的培训经理，您会怎样安排这个培训项目？

案例一 分析参考

1. 酷虎公司的这次培训，不合理的地方：

（1）对员工的培训需求调查与分析不够详细，造成培训目的不明确，设计的方案的针对性较低，影响了培训成效。

（2）培训计划制订得不够详细，如对受训员工的培训要求，既没有"制度性"要求，也没有实质性的奖励，也就难以提高受训人员的学习热情。

（3）培训时间安排缺乏合理性，既不在工作时间内，也不在大家都能静下心来接受培训的时间点，而是在周五晚上，造成员工"心不在焉"，最终影响培训效果，甚至还会降低工作士气。

（4）没有对培训进行全程监督和反馈，发现问题不及时，没有及时地调整方案解决培训中的问题。

（5）欠缺培训工作的总结，对培训的效果评估不充分，降低了培训的可持续性。

2. 作为酷虎公司的培训经理，在此次培训中应该做到：

（1）前期的培训需求分析，培训部门需要联合质检部门对员工的质量管理意识和知识进行充分调研，了解员工当前的水平和质量诉求，进行培训方案和培训内容的针对性设计。

（2）对培训进行总体规划，合理设置培训的时间、地点、预算经费，甄选讲师，设定内容模块及针对学员的培训考核方案。

（3）严格培训考勤，对培训全过程进行监督和反馈，及时发现问题，及时调整培训方案。

（4）培训结束时，对参加培训的人员进行成果考核，掌握培训工作的效果；另外，进行适度而有区分度的奖励，来调动参训人员学习的积极性。

（5）对培训及时进行总结，包括培训过程和培训成效及培训方案中对现实问题的解决回应效果等，指出培训中的优秀经验和不足之处，为下一次培训积累经验。

案例二　绩效强制分布法的功与过

善都，一家知名国际企业，业务领域涉及电子、机械、汽车、航空、通信、化学等领域。该公司在中国各地也布局建设了十几家生产和销售公司。不过，由于进入国内运营时间不长，公司决定采用设计和实施都相对较简单的绩效考核方式——强制分布法，对全体员工每月进行一次绩效考评。

公司绩效考核的基本情况是，员工的绩效考核结果有五个等级，分别为 A-最高水平，占比 4%~5%，E-最低水平，占比 4%~5%，介于之间的 B-占比 20%，E 占比 4%~5%，余下的员工得到 C 级。考核员工绩效的维度及权重情况为：工作态度占 30%，绩效占 40%~50%，遵纪守法和创新等其他方面占 20%~30%。考核结果将作为员工的奖金分配和日后晋升的重要参考依据。

绩效考核实施一段时间后，公司发现对绩效评价结果中轮流坐庄的情况，员工都心知肚明，导致最终的绩效考核结果并不能真实地反映个人的工作表现，相反有员工会认为绩效考核结果都是上级说了算。同时，不同部门间考核也一味强调强制分布，这对总体表现好的部门不公平，而对于绩效平平的部门，水平不突出的员工也可以得到比较好的结果。

绩效考核结果对员工来说是对员工工作表现的肯定和认可，结果的好坏还会影响到奖金和晋升。在员工看来，当前公司采取的强制分布的绩效考核方式存在不清晰的情况，不能很好地展示员工本人的工作表现。典型的情况是，在销售人员中，业绩受多种因素影响，可能是市场不景气，也可能是产品缺乏竞争力等，而这些都是客观的因素，并不能受销售人员的个人意志影响有所改变，这需要公司更多部门的协作才能得到解决。即使存在种种问题，管理者还按照当前考核办法进行评判，缺乏合理性，这让不少员工怨声载道。

资料来源：笔者编写。

思考题

1. 请针对该案例并结合自己实际工作的经验与体会，说明该公司绩效考评存在的问题。

2. 如果你是绩效考评负责人，你会如何对方案进行修改？

案例二　分析参考

1. 该公司在绩效管理中存在的问题：

（1）绩效评价并不能真实反映员工的工作表现和能力，由于在最终结果上轮流坐庄，这就缺乏评价的准确性，难以在员工中间得到认可。

（2）绩效结果会受主管因素的影响，员工与上级的人际关系亲疏程度成为绩效考核的潜在影响因素，很难保证公平性，因此对员工而言，这种方式的激励作用并不强。

（3）考评方式不够全面，并没有结合整个部门的实际情况，使评价结果缺乏可比性和公平性。

（4）绩效考核指标的设定也不够明确，评价过程缺乏监控。

（5）在不同部门和不同岗位的考核标准上，没有设定个性化的指标，可操作性较差。

2. 对强制分布法全面考量，进行改进。具体改进方法：

（1）按照层层分解、部门和岗位职责补充的方式，详细设计各级员工的绩效考核指标，分配指标权重，实现员工评价有依据，寻找问题有源头。

（2）强制分布比例可以依据部门绩效差异进行微调，确保绩效评价整体的公平性。

（3）绩效管理遵循 PDCA 的管理循环进行，绩效指标的沟通和绩效结果的反馈，要有书面记录，且加强管理者对员工的辅导，需要有辅导记录。

（4）及时搜集员工对绩效管理体系的反馈，以便更好地完善和推进公司绩效管理体系。

案例三 海尔的用人理念

海尔集团在国内早已家喻户晓，这家商业帝国之所以屹立不倒，是因为有其独到的用人理念。"用人不疑，疑人不用""千里马常有，而伯乐不常有"的说法很早就有了，海尔作为中国家电行业的佼佼者，在自由的市场经济形势下却对此提出质疑，"用人不疑，疑人不用"不符合市场经济的运作，而推崇"人人是人才，赛马不相马"的用人方式，认为只有这样才能尽量避免"伯乐"在相马过程中因主观判断造成的局限性和片面性。正是海尔这样的格格不入，为海尔人提供了公平竞争的机会和环境。

作为海尔集团总裁，张瑞敏对用人有其独到的见解，他认为管理者的任务是建立能够产生人才的机制，而不是去寻找人才。张瑞敏告诉员工，人人都有公平竞争的机会，只要有能力，不断挖掘自己的潜力，就可以将静态的人才机制转化为充满活力的人才库。他强调管理者应该充分挖掘员工的潜力，只是在这个过程中，不能疏忽对人才的监督，需要营造一种既有压力又有动力的工作环境。

海尔受益于这种用人观念，逐渐建立了一套赛马规则，包括三工并存制度、动态转换制度、在位监控制度、届满轮流制度、竞聘上岗制度等，这些方式方法被越来越多的企业认可和研究。

1. 在位监控

海尔集团的在位监控，顾名思义就是个人要自我控制、自我约束、保持自律意识；公司需要建立监管体系，对工作的方向进行把控，避免重大的方向性错误，同时对财务进行监管控制，避免违反法律和公司制度。

在这种思想的影响下，海尔拥有了严格的监督管理机制，所有在职员工都会受自检——个人自我管理和监督、互检——团队成员内部开展的监管和约束、专检——来自实施绩效考核的人员三种方式监管。对于管理者，海尔制定了五项指标，包括自清管理，创新意识及发现、解决问题的能力，市场的美誉度，个人的财务控制能力，所负责企业的经营状况，不同管理职位则对不同指标设定了不同的权重，考核的最终得分划分为三个级别。另外，在管理上，海尔认为工作没有失误并不值得提倡，反而应该受到批评，因为这样说明工作并没有好的探索，因此不值得提倡。这样的要求和规定，迫使在职的管理者随时都有压力。正如《海尔报》上引用过的一句话："没有危机感，其实就有了危机；有了危机感，才能没有危机；在危机感中，反而避免了危机。"

2. 届满轮流

海尔集团为了让管理者时刻保持警惕，提出"届满轮流"的人员管理新思路，要求管理者定期轮换岗位，如果在一个岗位工作满一定期限，就需要根据集团发展规划和个人意愿调离当前岗位。这样，管理者可以在不同的岗位上设定目标，不断地突破自己，看到自己和优秀管理者之间的差距，迫使自己的思想紧跟市场的变化和发展；海尔集团内部也可以通过这种方式以局部的发展带动整体的良性运作，就能培养出眼光长远、具有全局观念和技能全面的管理者队伍。"届满轮流"培养了一批多面手，但从年轻人的角度来说，可能会被解读为晋升发展的客观障碍。

3. 三工转换

海尔集团实施"三工并存、动态转换"制度。这种制度规定，在符合劳动法的合同要求基础上，员工的身份认证会被实时归为三类：优秀雇员、合格雇员和试用雇员（临时工），这种身份是根据工作态度和效果，进行动态转换的。

由于这种身份是与物质待遇挂钩的，因此员工会不断努力，以获得合格和优秀员工身份。相反，如果一个员工不努力，自然会从优秀行列滑落到不合格行列。想要回到优秀员工的行列，必须展现出更加积极向上的一面，才取得公司的认可，不然就会面临被辞退的风险。此外，海尔的生产车间都绘制了一个特别的S形脚印，在班组负责人做完当日总结工作后，当天表现不佳的员工需要留在S形脚印上，直到其他员工全部下班。

不仅如此，海尔内部还采用竞争上岗的用人方式——公司一旦有空缺职位，就会在公告板上张贴竞聘通知，有意愿的员工都可以申请。另外，海尔还建立了一套行之有效的激励机制，包括责任激励、目标激励、荣誉激励和物质激励等。这些激励手段对压力无处不在的海尔员工来说，在一定程度上产生良好的心理调节作用。也正是因为海尔的这一套用人机制，让年轻人在海尔脱颖而出，从而实现了海尔管理层的年轻化。

资料来源：改编自《海尔的用人理念——赛马不相马》。

思考题

1. 有人认为海尔的管理太严格、管理方法太硬核，很难留住高学历和名牌大学的人才，你如何看待这一问题？

2. 一位美国企业家曾说："你想要搞垮一个企业很容易，只要往那里派一个具有 40 年管理经验的主管就行了。"你怎样看待海尔管理层的年轻化？

3. 试分析"届满轮流"制度主要是为了培养人还是防止小圈子，抑或是防止惰性？

案例三　分析参考

1. 海尔经过十几年的发展，到今天成长为多元化经营的跨国集团，在管理上有独到之处。海尔这种严格刚性的管理方式，对人才的使用和培养具有很强的促进作用。海尔的管理体系是在特定的外部环境和企业特定的内部条件下的产物，它虽然与西方国家所强调的人性化和柔性化不同，但也不见得不能留住高学历和名牌大学的人才。年轻人在海尔能够获得不断的发展和成长，能够获得未来发展的机会，对于追求实现自我的年轻人，海尔所提供的事业平台是具有很强吸引力。这些人才能否留在海尔，取决于他们是否认可并接受海尔的企业文化、激励机制、职业发展等因素。

当然，海尔的用人理念也存在一些不合理之处。如在案例中没有犯错的平庸之辈也要受到批评等。高学历人才一般会具有较高的素质，自控能力较好，过于严格的管理制度可能会限制员工的发展并使其产生抵触情绪。

2. 一个企业管理层的人才结构，包括年龄结构、专业结构、层次结构、职能结构等。不管企业是追求年轻化还是新老搭配，只要能够满足组织对管理层人才的质和量的要求，能够有效支撑组织战略目标的实现，就是一个相对合适的人才结构。当然能够胜任的年轻化队伍，其发展潜力相对更大，也更容易受到企业的欢迎。

片面追求年轻化是矫枉过正的做法，并不值得提倡。人才的成长是呈阶梯发展的趋势，其经历和阅历是需要一定时间积累的，否则年轻的管理者面对一系列挑战会显得手足无措。另外，年轻人相对容易情绪化，情绪化处理事情和管理员工必然增加公司的运营管理风险。

上述美国企业家的观点在一定程度上代表了企业管理层老化的问题及危害，有一定道理。随着现代科技的发展与经营环境的改变，企业面临的不确定性大大增加，而管理科学、管理技术和手段也在不断进步与发展，过去的经验及过老的知识，对于当前的管理来说，可能并不占优势，公司必须注入新鲜血液。

3. "届满轮流"制度在人才培养、防止小圈子和预防惰性等方面都有一定的作用。中国古代吏治都采用了届满轮换，而现今国家公务员制度里也有着对热点岗位的定期轮岗规定。

"届满轮流"对于员工来说，价值在于能够提供多种工作体验，使员工能够比较深入和全面地了解和掌握企业生产或经营管理活动的全过程，有利于培养员工的全局思考能力和换位思考能力，有利于为企业培养复合型人才。很多企业都规定，如果员工想要获得晋升，必须在晋升前满足一定数量的岗位轮换要求，成为一个多面手，才能确保其晋升后能够胜任。

"届满轮流"的缺点在于，较短的时间不能让员工在一个岗位上进行深度钻研，不利于专业能力的突破。因此"届满轮流"一般不适用于专业岗位，更多用于管理岗位或者敏感岗位，或者适用于优秀人才的培养。

案例四　"职业恶人"的空降与退场

田宇是雾下集团人力资源部经理。两年前，他牵头制定了集团绩效评估制度。该制度规定，如果在部门考核中连续两年得分最低，其部门经理必须主动辞去职务。然而让人出乎意料的是，田宇自己设计的系统，却让自己成为了第一个被淘汰的人。

1. "恶人"空降

雾下集团是一家大型民营集团，经营范围涉及旅游、餐饮、交通和商业地产等多个领域。然而最近几年，行业竞争不断加剧，而且劳动力成本上升严重，造成集团发展速度大幅下降，利润率也不断下跌。为了提高业绩、再创往日辉煌，也为了深层次提高经营水平，董事长不断访贤纳士，决定招聘高端人才。

一开始，猎头物色了很多人，这让董事长难以抉择，直到见到了田宇，才让他得以从"鱼与熊掌，不可兼得"的困境中走了出来。田宇曾任职于一家外企制造业的行政经理，尽管头衔不高，工作经历也不多，但是瑕不掩瑜，他对企业管理有很多新颖的认识和理解。田宇认为，作为民营企业，当面临关键的转型期时，需要建立一套行之有效的绩效考核办法，设定明确的考核指标，避免主观的考核评价，赏罚分明，以此提高员工的执行力和竞争力。董事长在所有候选人中选择田宇，正是被他的观点打动，两人一拍即合。公司决定聘用田宇作为董事长助理兼人力资源总监。

2. 天生"恶人"

田宇上任前，雾下集团内部一团和气，员工几乎都是本地人，平日里大家经常见面，所以遇到事情一贯的处理方式就是得饶人处且饶人。田宇上任后，开始基于平衡计分卡制订绩效考核方案，并采用360度评估和末位淘汰制。方案中，绩效考核结果分为A、B、C、D四个等级，其中，A级员工占部门总人数的10%~20%，D级员工比例为10%~15%。为了更好地激励员工，田宇在绩效奖金的分配中采用了二八法则，也即80%的奖金分配给占比20%的A级员工，20%的奖金分配给占比80%的B、C级员工，D级员工则没有奖金。

与此同时，田宇也开展了360度评估，并引入末位淘汰制。360度评估以民主、匿名的方式进行，评估结果中得分最低的员工将会被公示，如果连续两年得分最低，员工将被免职；对于得分最低的部门经理将被降职，如果连续两年得分最低，将被要求辞去管理职务并降级为普通员工。这一制度实施后，雾下集团上下一片反对声，认为它过于不近人情，破坏了同事之间的信任，还让管理者承担着"恶人"的角色。

考核开展后，总有人向董事长抱怨考核的种种不好。田宇在公司是公认的铁面无私。一开始董事长也有些担心，但是当田宇替自己教训了自己以前碍于情面难以管理的人员之后，他认为这种方式也没有什么坏处，反而觉得田宇扮演白脸，自己充当红脸，不仅能有效地管理员工，还拉近了自己与员工之间的距离，两全其美。

3. "恶人"出局

实施绩效考核方案两年来，集团发生了重大变化。尽管时不时还能听到抱怨，但总体上上下齐心，员工不仅留意考核结果，也在不断学习，提升能力。无论绩效考核是否有效，大家已经逐渐接受了绩效考核方案，认可了不同考核结果奖金的差异。

然而好景不长，随着改革的逐渐深入和落实，员工对田宇的抵触情绪一浪高过一浪。最终，人力资源部连续两年在360度考评中，被评为最差部门，也导致田宇被迫辞职。

4. "恶人"职业化

辞职后田宇反省得失，觉得自己太严太急，叮嘱自己以后再遇到这样的事情要把握好度，循序渐进，与各部门处理好关系，不能再被扣上"恶人"的帽子。

但辞职几天后，当初的猎头找到田宇，想约他出去谈谈："恭喜呀，田先生！您现在在圈子里已经赫赫有名了，很多企业老总都希望能和您见面呢！"

田宇苦笑着说："您啊，别拿我开玩笑了，上一次的经历历历在目，是人人眼里的'恶人'，而且绩效考核都没能落实到位，哪里还敢说是改革家。"

猎头闻言大笑："正相反，'天生恶人'才是你的核心竞争力呢。民营企业改造，非'恶人'不可。原来弟兄们凭借义气闯关夺路，取得比较好的业绩，但在有了一定规模之后，公司就必须收敛这种江湖气了，需要用规范化的制度来约束员工。而老板作为内部人员，对员工有承诺，互相之间不能伤和气，所以要从外部请您这样的黑脸，扮演'恶人'角色，帮助公司建立规范化的制度体系，优化公司管理方式，您就是搭建起平台的关键人物。而这种关键人物不能长久待下去，他们在建立好规范化的体系之后就应该退出。这就是我说的职业'恶人'，眼下很抢手的。"

"职业'恶人'？"

"对啊"猎头笑了，"职业'恶人'是专门帮助家族化和半家族化的民营企业进行现代化改造的职业经理人。而您这样做事讲原则、处理问题不留情面、就事论事的天生'恶人'，是不可多得的改革家，比职业'恶人'的能量还要大呢。"

资料来源：改编自《绩效考核——现代版请君入瓮》。

思考题

1. 田宇的绩效管理改革有哪些可取之处？

2. 田宇的绩效管理改革有哪些改进之处？

3. 为什么田宇这种类型的人被称为职业"恶人"？对你有什么样的启示？

案例四　分析参考

1. 田宇的可取之处。首先，他思路清晰，理念到位。在他看来，企业必须依靠制度为规范化管理做后盾，用绩效提高员工执行力和竞争力。其次，田宇能有效地借助专业的绩效管理工具实施考核方案，改变公司现有管理方式。他抓住绩效考核的关键点，并没有对组织结构变化，而是针对个人业绩和企业指标，是一种非常有效的管理手段。最后，他做事讲原则、处理问题不留情面、就事论事的行事作风，保证了绩效考核的公正和公平。

2. 在绩效管理问题上，田宇应该注意以下三个方面：

（1）指导思想上——绩效管理不是"整治员工"的方式。绩效考核的目的是为了激励员工、激发员工的潜力，帮助他们有效地完成本职工作，从而持续实现公司的目标。而田宇却把奖惩作为绩效考核的目标，并强制推行末位淘汰，在员工之间造成负面情绪。

（2）设计方式上——缺乏调研和沟通。绩效考核系统没有结合公司的实际情况，也没有在管理者之间达成共识，失去了绩效管理顺利实施的群众基础和舆论氛围。田宇采用的绩效考核工具是被认可的工具，却被大家认为"破坏了人与人之间的信任，把所有的经理逼成了'恶人'"，结果可想而知。

（3）具体技巧上，田宇也需要改进。田宇没有将公司的经营目标分解下达到管理层和员工，没有形成个人绩效指标，缺少考核过程中的关键环节——评估和反馈。

总之，田宇的优点是，坚持原则、不留情面，不过，田宇作为人力资源总监，一定时段内扮演好企业管理规范化的职业"恶人"角色，还需要继续修炼。

3. 职业"恶人"是一种对阶段性变革引导人戏谑的称呼。企业发展到一定阶段，必须依靠引进外部力量来实施组织变革，外部力量扮演了"破坏"原则规则，重塑新的运行规则的重任，其角色类似于"恶人"，在阶段性变革目标达成后，外部力量价值发挥完毕，旋即开始一段新的"恶人"历程，因此这类人才被称为职业"恶人"。

职业"恶人"的产生，需要具备两个条件。一是有人才需求，也即发展到一定阶段的组织，具有规范化发展的需求。二是有人才供给，也即具备一定专业能力和素养的人才，能够匹配组织规范化发展的需求。虽然职业"恶人"有些黑化专业人才的价值，但专业人才以专业化的形象示人，更有利于个人品牌的形成。随着职业"恶人"更进一步融入企业的经营管理，能通过人力资源管理为企业带来持续的人力资源管理价值和战略支撑，"恶人"之冠即能得到正名。

案例五 力源集团的领军人才培养之道

力源集团成立于1953年，地处广西桂林市，前身为国营桂林市大米厂，最初从事米、油等业务，后来发展了饲料、养殖和食品生鲜业务。60多年来，该公司毫无亏损，持续盈利。近 10 年来，企业年度复合增长率维持在 20% 左右，成为全国同行中值得学习的优秀企业。而这不得不归功于力源集团的人力资源管理，尤其是对优秀大学生的招聘、培养的大胆使用。

与一般企业"因岗设人"有所不同的是，力源集团以"对公司是有利的就是对的"为最高标准，采用"因人设岗、任人唯贤"这八个字作为招聘与配置的圣经，岗因人在，人在岗在。当然，这个"因人设岗"的人必须认同力源集团所提倡的核心价值观。最能体现力源集团用人特色的，是校园招聘中的"行业领军人才"项目。力源集团每年会在校园招聘季中，招聘一流院校的博士、硕士和优秀本科应届毕业生，寻找有理想、有抱负、有远见、有胸怀并真正热爱农业产业的人，成为其事业的合伙人。

名校招来的应届毕业生，公司按照其专业方向，安排其到兽医项目、设备项目、药残项目等项目中承担重要岗位并参与决策，配备高管作为导师。学生参与这些相对独立且全新的项目，既能提高全面认识、理解企业工作的速度，又能跳出日常工作本身，聚焦在企业需要改善的专题上，进而能够利用应届毕业生已有的经验在单点上突破。由此，企业不仅可以获得单点突破带来的良好效益，更重要的是学生也能从实战中得到真正的成长，增强自信。

具备了对公司一定程度的了解，也在最初的实践项目上经受了一定的磨炼，各位新入职的"领军人才"项目大学生，就将担任力源集团分公司总经理助理及集团总部各部门总监助理，或者直接在分公司担任部门经理，开始带兵，正式踏入行业领军人才的快速成长之道。

截止到 2019 年底，力源集团拥有农牧行业最年轻的干部队伍，近几年其任命的高管年龄比行业平均年龄小 7 岁多。现有高管群体中"80 后"超过了 60%，中层干部"85 后"超过了 80%，很多"90 后"群体也担任了中层干部。年轻的核心干部团队，助力了力源集团快速、平稳和健康地发展。

资料来源：笔者编写。

思考题

1. 因人设岗和因岗设人，各有什么使用条件？力源集团为什么采用因人设岗？

2. 力源集团的"领军人才"项目与一般的应届大学生的培养有何不同？

3. 新生代员工的工作价值观有什么特点？力源集团的"领军人才"项目是

否契合了当代优秀大学生的价值追求？

案例五　分析参考

1. 因岗设人是根据业务需要设立某一岗位，再根据岗位需求配置人才填补岗位。而因人设岗则是根据员工能力设立某一岗位，或者是调整现有岗位的责、权、利以适应员工的能力。

从传统的管理理论的角度来看，因岗设人是组织架构设计的基本原理，企业应该要因岗设人而不应该因人设岗。一般根据企业战略需要，设立或调整组织机构，明确部门职责，再层层分解到各个岗位，从而确定各岗位的岗位职责。

力源集团是行业领先企业，当前仍然处于快速发展阶段，公司还在不断产生新的业务机会和管理岗位。名校毕业的应届大学生，其能力和素质的潜力较大，力源集团定位其为未来的行业领军人才。对于这类人，力源集团采用因人设岗的方式，一是为了发挥大学生的专长，二是为了更好地培养大学生。

因此因岗设人原则，适用于较为传统或者标准化的工作岗位，这些工作岗位一般处于企业基层，且是相对成熟的业务板块中。而因人设岗，则是针对人才供应链顶端优秀的人才，根据其特长及发展需要，为其专门设立的岗位或开辟的业务。

2. 一般企业都会采用校园招聘进行人才的补充和管理干部的储备。应届毕业生接受了良好的教育，整体素质较高，能力和价值观上的可塑性都比较强，但应届毕业生没有工作经验，需要更长的时间培养和锻炼才能胜任工作。因此一般企业会花大量的时间（半年甚至更长时间），要求应届毕业生进行轮岗，以了解企业，然后再定岗到某一基层岗位进行锻炼。如果表现优秀，再会进入储备干部系列，进行管理培训。

力源集团的"领军人才"项目则是把应届毕业生放入现实的项目中进行锻炼，进而放到真正的管理岗位上进行锻炼。实践而不是训练，是力源集团在"领军人才"项目中的最大特色，也造就了力源集团一大批快速成长的年轻干部，从而对力源集团的发展提供了有丰富底蕴的人力资源支持。

3. "新生代员工"主要指"80后""90后"，又被称为"新新人类""新世代""新千年一代""网络一代"，他们是在物质丰富、信息通达、价值观多元化的社会背景下成长起来的一代，现已开始进入职场，部分"80后"甚至"90后"员工已经在管理岗位上发挥中坚作用。已有研究表明，新生代员工注重对等和无视威望，生性自由，偏向弹性工作，成就导向强，享受工作的乐趣和意义，追求生活和工作的平衡、重视结果和反馈，接受不同文化和多样化等工作价值观。

针对新生代员工的工作价值观特点，力源集团正是通过享受工作的乐趣和意义，重视结果和反馈等，来吸引大学生加盟并帮助他们成长。一方面，力源集团对"领军人才"的定位，是在 3~5 年内成为力源集团乃至农牧行业的具有综合性的领导人才，明显高于一般企业的管理培训生和应届毕业生的定位，它为应聘者注入了强烈的使命感，让其在工作中找到挑战性、充实感和自我成就感，极大地满足了新生代员工的精神需求。另一方面，在"领军人才"的培养上，力源集团舍弃了一般企业对管理培训生等"从基层干起，吃得苦中苦，方为人上人"的做法，而是选择了"用位置锻炼人"的模式。第一个位置就是根据特长对企业经营管理各个环节中存在的优化可能进行研究。第二个用位置锻炼人，则是把应届毕业生直接放到管理岗位上，让他们面对现实情境进行决策和执行，让其在实践岗位上获得快速提升。而这也满足了新生代员工在工作中享受乐趣和意义。

二、推荐书目

推荐书目 1：加里·德斯勒著，刘昕译：人力资源管理（第 14 版），中国人民大学出版社，2017

该书是国际知名的人力资源管理学者德斯勒教授的经典著作。作者以严谨的写作态度和流畅的表达风格，系统阐述了人力资源管理的基本概念、理论与实践，深受世界各国读者的欢迎。全书贯穿"人高于一切"的基本理念，将人力资源管理放置于全球化、信息化和智能化这个大背景下，阐述人力资源管理的环境、战略及具体选、育、用、留举措，能帮助读者建立人力资源管理的基本框架和战略思维。该书认为，人力资源管理不仅是人力资源管理部门的事，而且是每一位管理者的职责。凡是管理者，都需要在人力资源管理理念和技巧方面具有扎实的功底。同时，该书还认为，人力资源管理的每个环节，都在帮企业赢得雇员的献身精神，而这是组织成功人力资源管理的基石。

推荐书目 2：马海刚，彭剑锋，西楠著：HR+三支柱：人力资源管理转型升级与实践创新，中国人民大学出版社，2017

2021 年 11 月，字节跳动将专业能力培养板块分离出去，12 月，撤销了人力发展中心。字节跳动作为互联网大厂，其组织变革的举动得到了众多关注。大家关心的问题是，人力资源管理是否处在四面楚歌的状态中？对上不能支撑战略，对下与业务体系脱节，横向无法正确面对组织内部员工，也无法服务外部客户。HR 的价值何在？三支柱模型是根据美国人力资源管理专家戴维·尤里奇提出的人力资源四角色模型，经 IBM 的实践探索而提出来的，包括 COE（人力资源策略和专业方案）、BP（战略性人力资源管理）、SSC（人力资源事务）三个支柱，以应对人力资源管理在组织发展过程中提出的价值创造挑战。

《HR+三支柱：人力资源管理转型升级与实践创新》一书，详细刻画了中国 HR 三支柱的实践探索过程。该书简要介绍了三支柱的由来及其核心观点，并引入华为、阿里巴巴、腾讯、海尔等国内三支柱理论先行者的实践案例，详细阐述了以上公司人力资源变革的背景、过程，并最终为公司的高速发展提供人力资源战略支持。该书能够为 HR 从业者提供全新的视角，以及为设计和推动三支柱提供理论、方法和案例支持，从而重塑人力资源价值。

推荐书目 3：黄卫伟：以奋斗者为本——华为公司人力资源管理纲要，中信出版社，2014

华为是世界知名的中国民营企业，1987 年至今，华为公司成长为全球通信设备产业的领先企业。华为的核心价值观，即以客户为中心，以奋斗者为本，长期坚持艰苦奋斗。该书由华为公司管理顾问主编、华为高管及顾问参与编著，历时 5 年整理的华为 25 年人力资源管理实践与思想精髓。全书分为上、下两篇。上篇为《价值卷》，下篇为《干部卷》。《价值卷》围绕价值链，介绍如何全力创造价值、正确评价价值与合理分配价值。《干部卷》则体现了华为公司干部管理的体系和优先次序，包括干部的使命与责任、干部的选拔与配备、干部的使用与管理和干部队伍建设等。干部队伍建设是华为公司人力资源管理最具特色的领域之一，也是倾注最多精力的领域。

第八章　组织文化

一、专题案例

案例一　奈飞公司的薪酬策略

奈飞公司（Netflix）创立于 20 世纪 90 年代，总公司设在美国加利福尼亚州，最开始在美国经营单一费率邮寄 DVD 出租服务，后来推出订阅制服务，2002 年在纳斯达克上市。如今，奈飞拥有员工 8000 多人，是世界上最大的流式媒体（在线视频）服务商，为全球近 200 个国家、超过 1.3 亿客户提供在线视频服务。

奈飞一直秉持着非常强势的薪酬策略，通过巨大的物质利益吸引其他工作室或者电视台的人才。消息人士称，奈飞目前的薪水比传统媒体公司高出 25%～50%。"市场上优秀的人才比较少，当你聘请了某人后，他们一直非常贪婪地跟你抢人"。奈飞一家竞争对手公司的高管感叹说，奈飞对人才近乎贪婪的渴望可见一斑。

与传统媒体公司非常花哨的职务身份不同，这家流媒体巨头的高管通常分为三层：经理、主管和副总裁。按照该公司员工的说法，经理级别的收入为 15 万～40 万美元，主管级别的收入为 40 万～80 万美元，而副总裁则可以轻松赚到 100 万美元甚至更多，像辛迪·霍兰德、西村丽萨等部门负责人，则能得到数百万美元的薪水。据说，奈飞高度重视有关薪酬的谈话，从而确保员工获得"个人市场顶峰"的年度薪酬。

在奈飞创设之初，企业面临资金不足而且工作任务繁重的困难，这就需要管理者仔细考虑如何有效利用有限的资金。对于一家媒体企业来说，大部分岗位都强调员工的思维创新与能力创造，一流人才可以轻易拿到超过平均水平十倍的收入。例如，奈飞会给能让顾客更关注公司的最优秀的宣传专家开天价工资，而不是用在十多名甚至二十多名的普通员工身上。奈飞相信一位优秀的人才可以代替许多普通的人才，用较短时间完成需要许多人才能完成的工作，但同时公司也需要为他支付极高的薪水。

资料来源：改编自《奈飞企业文化手册》。

思考题

1. 奈飞的薪酬策略属于哪一层次组织文化的体现？请简要谈谈。
2. 通过这样的薪酬策略，你能感受到奈飞什么样的企业文化？
3. 不少中国企业想效仿这样的薪酬策略，你赞同吗？请谈谈你的理由。

案例一 分析参考

1. 这种薪酬策略属于物质文化层次的体现。物质文化层次是在企业中以物质为载体，处于最外层的一种企业文化，和其他层次的组织文化相比，物质文化层次是最容易被观察到和改变的，是企业文化的外在体现，同时也是最先形成的，是精神层和制度层文化形成的基础。良好的企业文化是通过产品的创新、制造、品质、薪酬和外在环境等物质方面体现的。

2. 通过这样的薪酬策略，可以感受到奈飞追求高效和创新的企业文化。奈飞通过开放而强有力的薪酬策略，追求打造企业高效而具有创造力的创新团队，保障企业时刻具有最佳的团队和员工来推动企业创新发展，企业非常重视"明星员工"的价值，鼓励员工时刻带来高产出，推动企业创新发展，并保障高效率，以在市场竞争中占得先机。

3. 此题为开放题目。赞同或者不赞同都可，只要列出具有一定说服力的理由即可。赞同的理由如下：具有强大的吸引力，帮助团队高效运转，打造高质量团队，同企业文化保持一致。只要企业具有足够的支付能力，且与内部强调创新和顶级优秀人才的文化相匹配即可。

不赞同的理由如下：员工靠薪酬留下，过度关注薪酬，而缺少了精神层面的追求。同时这种高绩效高回报的方式注定员工无法带来高绩效时势必离职，很难留住员工，保证团队忠诚度和稳定性，对于中国企业很难结合中国国情和文化学习和效仿，巧妙契合。

案例二　海底捞的顾客满意和员工满意文化

在中国，一提到火锅必然会想起海底捞。20 世纪 90 年代，原本是四川一家拖拉机厂的电焊工的张勇，利用业余时间在本地简阳卖起了麻辣烫，当时只有四张桌子，经过努力，多年后海底捞最终成功在新加坡上市。2021 年 7 月海底捞发布的官方统计显示，海底捞直营店铺已接近 1600 家，遍布全世界。

海底捞的客户服务，有口皆碑，以"变态"来形容都不夸张。店内提供免费各类饮品和小吃，顾客可以随意看视频和玩游戏，甚至还可以享受美甲和擦皮鞋服务。同时会根据顾客的不同情况提供个性化服务。例如，如果带了手机，就会提供包手机的塑料袋防脏；如果有人戴眼镜就会提供擦雾气的布，而且还是绒的；如果看到顾客头发太长还会提供可爱的粉色皮筋；甚至会主动为生病的顾客购买药物。只要顾客去过店消费一次，服务人员就能记住名字和喜欢的菜品。

海底捞把员工视为一家人。海底捞认为，随着顾客多样化，对服务行业也提出更高要求。不再像从前一样只用制度和流程培训服务人员动手能力，而是要培养他们的服务意识、态度，激发员工的创新能力，这样才能培养成优秀的符合现代要求的服务人才。培养的关键是激发员工的创新、创造能力。海底捞认为，想要员工愿意创新，必须要让员工融入公司，把公司当家，把自己当家里的一员。为了达到这个效果，海底捞一方面重视员工的发展，给员工下放工作权利、提供公平的薪酬和晋升制度、鼓励员工发表自己的看法和意见；另一方面又给员工提供良好的物质保障，例如，解决楼房小区的住宿，而不是住地下室，解放员工下班后的双手，例如，安排专人打扫卫生、传授如何在大城市生存和生活的经验等。对员工家庭的关照，公司也做出许多努力，例如，2021 年上半年业绩报告显示，海底捞实施的亲子陪伴项目，已经让上千个异地工作的员工和家里子女实现家庭团聚。海底捞还线上线下融合，引进在线空间，开发"Hi 亲子"小程序、在线微课堂，让海底捞跟随孩子一起成长。

资料来源：改编自《海底捞的幸福：先让员工满意，顾客才会满意》。

思考题

1. 组织文化的定义是什么？请结合案例简要谈谈海底捞的组织文化如何体

现对内对外关系的整合。

2. 海底捞的企业文化，在管理理念、公司制度和员工行为上有什么具体体现？

案例二　分析参考

1. 沙因认为，一个团队的文化可以定义为：一群人在解决其外部适应性问题及内部整合问题时习得的一种共享的基本假设模式，它在解决此类问题时被证明很有效。在海底捞的发展过程中，创始人张勇把名誉放在了首位，以顾客的幸福和员工的幸福为赚钱的前提，并通过独特的人才价值拴住了员工的心，以独特的客户价值主张抓住了顾客的心。海底捞在过去20多年的发展过程中，一直奉行"服务至上、顾客至上"的理念、整合了内外部资源和关系、处理了外部适应和内部整合问题，才获得了高速且长足的发展，充分证明其企业文化的独特和效应性。

2. 海底捞的企业文化，在管理理念、公司制度和员工行为具体表现，如表8-1所示。

表8-1　海底捞的企业文化表现层次分析

核心价值观	顾客至上，让顾客满意	员工至上，双手改变命运
核心理念	热情周到地服务顾客； 顾客的小事都是大事； 感动顾客	公平公正的环境； 让员工参与决策过程； 重视员工意见； 内部提拔
公司制度	等候区服务； 就餐过程中服务； 顾客满意度评价	人人从基层做起； 充分授权； 透明晋升
员工行为	热情待客； 竭诚服务； 细致揣摩客户需求	工作积极主动； 提出合理化建议； 主人翁精神； 感恩、成就

案例三　亚马逊的"按灯"制度

亚马逊规定，新入职的管理者必须尽快去客服中心参加长达一天的"客户连接"培训。该培训包括接听客户电话、了解客户反馈、提升用户体验等工作。前亚马逊中国副总裁张思宏在"客户连接"培训中心，真实体验了亚马逊的"按灯"制度。

事情是这样的。当时一本畅销书在亚马逊平台热销超过百万册。但当天张思宏旁边的客服小姑娘接到一个客户投诉，说该书有两页书纸连在了一起，纸张没有裁剪。只见这位客服服务态度非常好，一边安抚客户，一边记录订单信息，承诺客户全额退款并附赠一张价值10元的礼品卡以示歉意。客户投诉完满解决后，客服姑娘点击了屏幕上的一个按钮，然后这本畅销的书籍就在亚马逊立刻下架了。

张思宏对此感到非常震惊，没想到下架营销额这么高的一本书，不用找组长批准、经理确认、财务审核，就这么被一个每月工资仅几千块的小客服一个按钮就决定了？

客服妹子觉得这没有问题，并做出解释说，她是按公司规定行事。因为经查询，发现后台已经有两名顾客重复投诉，所以可以直接按灯了。

带着惊讶和疑惑，张思宏找到客服中心的总经理进行确认，发现确实有此规定，而且开发者就是亚马逊的创始人。当年他也像张思宏一样，被安排在一个客服人员身边听电话，发现当产品存在问题被投诉时，因为一线人员没有处理的权利，只能一个一个解决投诉，而这并不能根本阻止投诉，因此创始人不顾多方面的压力，力主制定了这项制度，即一旦发现产品有问题，授权一线员工立刻下架、停止销售，不管该产品产生了多大的销售。如果想要重新销售，必须从根本上解决问题，再申请上线。

资料来源：改编自《张思宏：一句话揭秘——到底是什么成就了万亿市值的亚马逊》。

思考题

1. 本案例主要介绍了组织文化中的哪个层次？该层次对组织文化建设有何作用？

2. 亚马逊采取该制度体现其什么样的组织文化？请结合案例内容简要分析。

案例三 分析参考

1. 本案例主要介绍了亚马逊组织文化体系中的制度文化层次。一方面，制度文化是企业组织文化的重要组成部分，它必须和精神文化的要求相适应。企业文化指导管理者完善和改革企业各项制度，并将其同企业未来发展目标相匹配，保障企业发展目标和战略的有力推行。另一方面，它也是企业组织文化的重要载体。企业制度的建立影响人们选择新的价值观念，成为新的精神文化的基础。企业制度可以给员工树立一个工作方向、标准和规范，为了避免不符要求带来的后果，员工一般会严格执行，长久逐渐形成一种习惯，从内心认可和信仰企业文化，使个人价值观与企业文化融合，形成新的价值观，帮助企业和员工共同发展。

2. 该制度主要体现亚马逊组织文化的以下几个部分：

第一，客户为本，客户的利益高于一切，保障客户的权益和体验应当作为工作的重要部分；

第二，制度为先，员工工作必须以明确可行的制度或指令作指导，而不是先遵循虽正确但过于广泛的价值观；

第三，思考长远利益，尽管该制度的实行可能为企业带来大量的损失，但是为了公司的长远发展应当顶住压力，保障企业长远利益；

第四，充分授权，权力下放给客服，鼓励他们把自己当做企业主人，有权处理发现的问题。

案例四 某农机制造企业的"六个一"文化

C公司是河北某县城一家机械制造企业。其发展最早可以追溯到一家乡镇街巷的农具生产作坊，后来随着农业机械化逐渐普及，市场需求受限，利润压缩，企业创始人决定退出农具生产行业，直到最终涉足无害化和废弃物处理设备行业，并站稳脚跟。2020年，C公司年度销售额较2019年翻了近一番，直接攀升至4.4亿元。

C公司的快速发展，引起了一位管理老师的注意。该老师前往C公司进行调研和访谈。调研完毕，该老师认为，C 公司从上到下都用实际行动诠释着企业优秀的经营理念和文化，正是企业对文化的坚守，助力了企业最近几年的快速发展。

1. 客户至上

"现在有一款新设备需求量很大，但是我们自己必须控制订单量"，在访谈中 C 公司领导如是说，"原因很简单，我们要为客户负责。公司发展中排在第一位的一定是客户，生产和销售只是经营中的一部分，售后服务直接影响客户体验，我们必须做好。太多的订单，暂且不考虑生产这一块，就是售后都会让我们分身乏术。在这种情况下，源源不断的订单就像一个烫手的山芋，我们绝不能盲目自信，所以宁可减少销售额，也不能因为售后服务不周影响公司形象"。"以客户为中心"，这已经深入 C 公司每个人的心中。正是多年来企业自上而下对客户的精诚服务，C 公司才能逐渐战胜对手，大放光芒，稳居行业前端地位。

在公司取得如此骄人的成绩时，几位高管却喜忧参半。一方面，纷至沓来的订单，为公司带来更多的利润，说明了公司在这个行业逐渐赢得了认可，代表着公司不断提升的品牌知名度；另一方面，面对当下大好形势，这更像一份沉甸甸的责任，管理者秉持"以客户为中心"的服务理念，绝对不能因为追求利益而置客户的利益于不顾。因此，这是机遇，更是挑战。

2. 兄弟情谊

在这 30 多年的发展历程中，公司三位创始人齐心协力，取长补短，形成了稳定的铁三角，这在其他员工之间形成了强大的感召力。由于大家一起打拼，互相间就少了上下级之间严格的拘束。在访谈中，听到最多的话就是，"我们老板总是和员工称兄道弟，从来没有领导的架子，对我们都很好，员工敢说话，而且只要我们有困难，领导都会想办法帮我们解决，最让我们感动的是，逢年过节的时候，老板还来家里送祝福，这让我们觉得在 C 公司有家的温暖。"上级对员工无微不至的关怀，换来了员工对公司的无私奉献。"公司有些员工会在下班时间兢兢业业完成自己的工作，尤其是在公司做了很多年的老员工，他们不图加班费，是真的把公司的事当自己家里的事在做。"访谈中一位生产车间的班组长骄傲地说道。正如"一群人，一件事，一辈子，一条心，一起拼，一定赢"的"六个一"文化呈现的一样，公司所有人都各司其职，拼搏向前，这为公司注入了稳定发展的强心剂。

3. 创业者制度

在 C 公司，每个人都有公平的机会得到升迁。"公司不看资历看能力，谁工作做得好，就能上去，这对每个人来说都是公平的"。在访谈中，大家都认同公司岗位晋升制度。公司现在实行的"创业者"制度就是最好的例证。创业者，是一种对员工奋斗态度的认可制度，被评创业者，就能够获得公司虚拟股份，也即能够在工资和奖金之外，额外获得一部分公司发展的分红。这部分分红，多则可以超过工资收入。然而，创业者就是一个能上能下的身份荣誉，如果在一年一度的评比中，没有展现出拿手的业绩，或者在工作过程中有一定懈怠，那么该年度的创业者身份就会被取消。不少"创业者"认为这种方式能够激发大家斗志，让大家既能够积极完成自己的工作，同时又在工作中提升自己的能力。

4. 公司展厅

C 公司在公司一层大厅的四面墙上，有序悬挂了多种奖章。这个大厅，见证了公司各个阶段的发展历程，也是公司和员工的荣耀之地。大厅墙上，不仅有优秀员工的成果展，有公司各类产品的专利，也有熠熠生辉的奖章和来自全国各地客户送来的锦旗。置身其中，不仅是荣誉带来的自豪感，更多的是一份份诚挚的褒奖带给每一位集团员工对品质的执着，对创新的追求。因为在这些看得见的奖章背后蕴含的是公司沉淀的文化，而这将作为一种力量激励每个人奋力前行。

资料来源：笔者根据 C 公司实际情况编写。

思考题

1. 通过对 C 公司案例，谈一谈企业文化为什么如此重要？

2. 组织文化建设中，管理者充当什么样的角色？

3. C 公司如何推动企业文化落地与传承？

案例四　分析参考

1. 企业文化，作为企业软实力，对于企业，人才、资金、技术对其发展起决定性作用。一方面企业文化能增强员工归属感和责任感，赋予员工荣誉感和成就感，聚集人才；另一方面由于文化的异质性、模仿难度，在形成企业壁垒的同时提高大企业的核心竞争力。此外，企业文化也能对制度进行补充。可以说企业文化带来的不只有精神收益，也有物质收益。但前提是企业必须积极宣传，使文化真正被全体人员理解、接受、认可。

（1）企业文化具有导向作用。组织的愿景和使命，是企业文化的一部分。企业文化既要包含让企业成功的因素，顺应企业战略发展的方向，又要同时符合短期利益和长期规划要求，即优秀的企业文化是有方向的，能够指导企业的发展。

（2）企业文化具有凝聚作用。当企业员工认同企业文化时，就会把企业文化融入自身价值观，大家行为一致，共同凝聚，朝着同一方向努力，达到"1+1>2"的效果，从而促进企业发展。

（3）企业文化具有约束作用。企业文化能树立正确的工作准则指导企业员工工作。先进的企业文化能够提供文化知识、价值观念、思想指导、行为准则等，告知员工应该有怎样的工作态度和工作行为。据此，员工能自行检视自己的行为，并及时修正。

（4）企业文化具有促进作用。企业文化能帮助提升和净化企业职工的价值观。拥有先进文化的公司会遵纪守法，积极进取，在这样的氛围下，员工逐渐改正错误思想、抛弃旧观念、净化心灵，形成符合社会、企业的价值观。

（5）企业文化具有激励作用。当员工认同企业文化时，愿意为企业目标而努力，并从中获得成就感和满足感。

2. 企业刚创立时，是没有企业文化可言的。当企业规模的不断扩大时，初创者需要对文化有整体观和前瞻性。它能够帮你培养有一致价值观的同路人，使团队目标一致、更有凝聚力。创业者通过培养评价和提拔优秀人才，强调团队，淡化个人英雄主义色彩，建立管理团队和管理体系维持企业运作。

开创者或者管理团队决定企业文化价值观，并不是说开创者或管理层本身的价值观、信仰和行为规范变成企业的企业文化，而是企业的愿景、使命、战略所需要的价值观、信念和行为规范是由他们讨论出来的通过自身行为，言传身教向下传递，最终使整个团队都认可并执行统一的行为规范、价值观和信念。企业文化建设是系统工程，高层领导团队说明企业文化的发展方向和一些核心问题，各级管理者再将其渗透到员工中。首先，管理者应该是企业核心价值观的拥护者，以身作则展现企业文化，以此在传递企业文化的过程中塑造优秀员工；其次，管理者是企业文化宣传和贯彻的第一责任人，不能纵容违反企业文化的人，聚力营造公正的氛围。

3. C公司驱动企业文化价值观落地与传承是围绕顾客、员工、股东三个主体来阐述。

（1）从客户角度——以客户为中心。C公司产品开发一直围绕着客户的需求，在敏锐地感知到客户无害化处理方式由大规模集中处理转向分散式小批量之后，迅速推出可移动式小型设备，一经推出便赢得客户赞誉。此外，C公司实行的私人定制也从前期场地规划到售后及成本和潜在收益各方面为客户分析，尽可能为客户创造更大价值。

（2）从员工角度——提升幸福指数。C公司重视人才培养，尤其在面临企业快速发展的阶段，C公司敞开大门，吸引优秀人才加入；对在职员工，企业提供了多项关怀，让员工感受家的温暖，同时开展创业者大会，激发员工斗志，助力员工发展。

（3）从股东角度——伙伴。C公司以创业者身份评比，创业者虚拟股权激励的形式将员工和公司联系在一起，共同奋斗。

案例五　华为公司的费用报销与信用积分

华为公司员工规模大，业务遍及全球，每年产生的费用多、金额大，财务部门想要对费用进行管理，实属不易。华为财务管理体系采用了SSE（自助费用申报系统），该系统实现了标准化费用报销流程并实现了IT网络化，节约了大量人力物力。对于华为来说，SSE系统不仅是流程的电子化，使公司资源得到合理的规划，效率也大大提高，更是华为文化"以客户为中心，以奋斗者为本、长期坚持艰苦奋斗"的一面镜子。

1. 华为费用报销流程

在华为公司，员工可以自行登录SSE系统报销费用，等审批完成直接打印提交秘书即可。具体流程为员工网报费用信息、主管核实、上级权签人审批、提交发票和报销单给部门秘书、等待打款。目前，华为报销单据一部分由机器处理，报销机器不仅可以快速运转，处理多达百万订单，还可以自动生成会计凭证。

华为报销制度具有先进性，和中小企业相比更为显著。一般企业报销不能自动化，全程需要人来负责，且程序复杂。费用报销员需按规定填写提交费用报销单和发票，之后等领导签批，然后提交给财务部检查，在确保金额准确且合理、项目得当、发票正规、流程完整之后，会计才会将费用报销单交接出纳进行打款，再由会计做账。

如此复杂的报账流程对于员工来说，时间过长且程序繁琐，容易降低员工报销和由此产生费用的工作的积极性；对于管理层来说，容易被此类事件打扰，消耗过多精力，影响正常工作；对于企业来说极耗人力物力，公司效率低下。华为报账的优点在于，一是电子审批，不需约见领导签字。二是部门秘书快递账单，节约员工时间，也可方便财务部集中处理。三是批量付款。华为通过网银对接，直接批量转账付款。四是自动生成会计凭证，快捷且出错率低。

2. 费用报销职责

对于员工出差费用的报销，华为有着明确而严厉的规定，当员工出差时，员工和上级都要各自认责，绝不允许以假乱真行为的出现。员工承担责任如下：

（1）出差前，填写出差申请表，报直属主管审批。

（2）合理控制差旅费用的成本。

（3）提前了解企业对差旅费用的管理规定。

（4）凡和系统存在差异或超出系统规定标准额度的费用，应提前取得财务审批人的授权许可，并在费用报销表中附上财务审批人的批准，没有批示将不能对超过标准或范围的费用报销，必须由个人承担。

（5）出差返回后，及时整理正确的报销单据，并附上相应的原件。

（6）确保费用的真实性，如实申报本人所发生的出差费用及相关补助，严禁自费公报。

（7）及时回答和处理财务咨询和反馈。

主管应承担以下责任：

（1）对部门的差旅需求进行合理有效的成本控制。

（2）员工出差前，由直接主管审批员工的出差申请，避免不必要的出差，以控制成本。

（3）全面审核员工报销费用的必要性、真实性和合理性，确保发生的费用符合本制度。

（4）关注财务反馈的员工报销问题。

3. 费用报销监督要求

除了以上职责要求，华为对不实费用报销处罚、报销流程、监督、审批时间都有要求。

第一，如果下属报销虚假，那主管需要负把关不严的责任，受到严厉惩处。一方面，要求领导者承担连带赔偿责任。不当报销费用的员工已离开公司的，审批人应支付不当报销金额。另一方面，停止领导的报销权限三年。如果本人希望恢复权益，他将不得不自费请两名注册会计师审计他过去三年的支出申报。如发现开销申报失当，也与以前一样承担连带责任。华为采用了前端由主管领导把关，后端由审计抽查的双重监控模式。

第二，华为费用报销审批流程规定。由领导负责核实下属报销费用的真实性和合理性。华为会计人员一般不会逐个审核费用报销发票。原因在于，报销人员的主管领导对费用的真实性更知情，费用审计工作量很大，成本效益不高。譬如，公司有 20 万员工，假设平均每人每年报销 10 笔费用的话，那么 20 万员工就是 200 万笔费用报销，每单查核时间需要 3 分钟，总耗时就需要 600 万分钟，折算过来则大约需要 48 名财务人员，这是巨大的人力损耗。

第三，电子审批有时限性。超过时限，系统会默许是审批人已经同意并自动跳到下一环节。同时不审核记录会被公司通报批评，如果审批环节出现问题，审批人虽然没审批但也要为此负责。

第四，员工费用报销有限期。华为员工的报销费用，一般要求在费用发生之后 3 个月内完成。如果超过这个时间，但未超过 6 个月，需要说明未能及时报销的原因，并申请专项审批。如果有超过 6 个月的，将不能报销。

第五，丢失发票不能完全报销，只能报销一半费用。报销一半费用还需有两个前提，一是发票要真实，二是需要详细说明发票及丢失情况。认证通过才可报销，否则不予报销。扣除一半报销费用一方面补救公司因发票丢失而要承担 25% 的所得税损失，另一方面作为对于员工工作缺漏的告诫。

第六，华为费用报销诚信档案中的诚信分值决定被审计抽查的概率。每正规报销一次就会在 80 分基础上加 1 分，直到加满 120 分为止。对于新秀来说都有基础分 80 分，被审查的概率为 1/5；如果连续 10 次以上合理报账，那被查看的概率将不足 20%；累计到 100 分时，抽查比例是 5%。但如果低于 80 分，报销项目全部需要审查，如果分数减到 70 分以下，直接需要增加审批环节。虽然被公司审查的概率不大，但如果分数太低，那审查是必然的，那将对申报人极其不利。

由此可看出，华为公司内部的报销管理对差旅费用的管理，能做到有效放权、清晰管理、成本节约的有效均衡，往往能达到事半功倍、降本增效的管理效果。

资料来源：改编自《最近疯传的华为费用报销管理办法，每刻帮你轻松实现》。

思考题

1. 通过华为公司费用报销管理的案例，你能观察或者体会到华为公司什么样的企业文化？

2. 文化分为几个层面？上述案例中的华为文化，在这几个层面上是如何体现的？

案例五　分析参考

1. 此题为开放题目。华为文化一般被归纳为三句话：以客户为中心、以奋斗者为本、长期坚持艰苦奋斗。上述案例展示的是华为内部费用报销管理事宜，所以可以认为与"以奋斗者为本"的这一条高度相关。"与奋斗者为本"，在华为财务管理中，可以体现在以下四点：

（1）信任奋斗者。在华为报销制度中，为刚入职的员工信任分初始赋分为80分，抽查比例为20%，之后通过报销累积财务信用，逐渐减少抽查比例。因此，在华为文化中，对员工的基本人性假设，是人性向善，所以愿意相信员工在工作过程中是实事求是地在发生费用并报销费用。

（2）为奋斗者提供便利。华为在报销过程中，加快报销单独流转速度，所有流程人员随时随地申请、查看和审批，很好地消除了时间和空间限制，让报销人员能够尽可能处理报销事宜。

（3）为奋斗者提供保障。费用报销有时效和时间限制，保障员工基本利益，为奋斗者的继续奋斗提供物质保障。时效限制体现在各级业务部门和主管领导的审批时限，到了时限视为自动通过。票据到了财务部门，也会集中处理并设定付款时限。这样员工垫付的费用资金，就能尽快回笼。

（4）通过有效监督防止奋斗者变质。通过抽查和审计等，防止员工出现不当报销。如果一旦发现不当报销，则会追究报销员工及主管领导的责任，让违规责任可视化和可追溯，形成一定的约束力。

2. 企业文化可以分为三个层面。一是精神层文化，二是制度层文化，三是行为层文化。企业精神层文化是在生产经营中形成的一种以文化观念、意识形态存在的深层企业文化。企业层制度是一种行为规范，是企业为了达到某种目的，维护某种纪律而人为制定的程序化、标准化的行为模式和运行方式。企业行为层文化是企业人只在生产经营、人际关系中产生的活动文化，它是以人的行为方式展现出来的。

在本案例中，华为公司的精神层文化"以奋斗者为本"，通过财务报销管理制度进行制度化，约定了费用报销相应的职责、流程和时间节点，公司全体员工，包括员工、主管领导、财务部门相关人员都应遵守，从而在行为上体现了华为公司的文化。

二、推荐书目

推荐书目 1：［美］帕蒂·麦考德（Patty McCord）著，范珂译：奈飞文化手册，浙江教育出版社，2018

该书是一本对奈飞文化进行深入解读的力作。2009 年，奈飞公开发布了一份介绍企业文化的 PPT 文件，在网上累计下载量超过千万次，被国际和国内众多互联网公司所追捧，如 Facebook 和字节跳动。本书是奈飞前 CHO、PPT 的主要创作者之一帕蒂·麦考德对这份 PPT 文件的深度解读。书中系统介绍奈飞文化的八大准则，全面颠覆了 20 世纪的管人理念，包括我们只招聘成年人，给予员工最高的薪水，全员招聘理念等。

奈飞文化三个管理原则：透明，透明的管理意味着信任、意味着流程简化，让员工拥有高层的视角，自主性得以发挥；参与，既然每个人都是"成年人"，其实质就是权力的下放，让员工更深入地参与到决策中去，提高决策的效率；卓越，奈飞并不是依靠优厚的薪资福利待遇来留住人才，而是组织卓越的队伍一起做一些了不起的事。领先企业竭尽全力打造伟大的团队，在这样的团队里，个人成长得快，团队迸发出强大的战斗力，这样的团队，人人向往。这是奈飞成功的秘密，也是本书值得品读和践行的地方。

推荐书目 2：田涛著：理念·制度·人，华为组织与文化的底层逻辑，中信出版社，2020

华为成立 30 多年，从一家卑微的民营企业起步，发展到世界领先的企业，支撑其快速崛起的，其实是一套"理念—制度—人"的闭环体系。借助这个闭环体系，华为将自己的使命、愿景和价值观，传播、渗透到了组织体的每个细胞，同时通过相对完善的制度设计，打造了一支个体具有强烈奋斗精神、群体具有强大战斗力和凝聚力的商业军团。华为公司顾问田涛先生，结合 20 多年来对华为和任正非的近距离观察，以及对华为上至高管下至一线员工的访谈，对华为的企业文化与组织制度进行了深入解析。

推荐书目 3：埃德加·沙因（Edgar H. Schein），彼得·沙因（Peter A. Schein）著，陈劲，贾筱译，陈德金校：组织文化与领导力（第五版），中国人民大学出版社，2020

《组织文化与领导力（第五版）》在界定组织文化概念的基础上，提出了文化三层次模型这一主体性架构，从文化假设层面讨论了组织文化的基本维度，明晰了领导力在文化建设、植入和发展中的作用，论述了领导者如何管理文化变革及其新角色。

本书作者沙因教授被誉为"组织文化之父"。沙因将文化概念抽象化，无论哪个层次上的文化，都是指"由一些基本假设所构成的模式，这些假设是由某个团体在探索解决对外部环境的适应和内部的结合问题这一过程中发现、创造和形成的。这个模式运行良好，可以认为是行之有效的。它是新成员在认识、思考和感受问题时必须掌握的正确方式"。沙因的组织文化理论，采用扎根和临床诊断的方式，深入探索组织运作的底层规律和人性，对我们创设和理解组织文化提供了最为基础的框架和逻辑。

第四篇　领导

第九章　领导的一般理论

一、专题案例

案例一　开放的创业团队

1998 年金山重组后，不到 30 岁的雷军出任 CEO，开启了自己作为公司领导者的奋斗生涯。他每天的休息时间不到 5 个小时，甚至每天至少花 3 个小时亲自测试游戏产品的质量，被圈内公认为工作狂人。金山的上市之路较为崎岖，历经波折直到 2007 年 10 月，才得以在香港交易所挂牌，并且市值远远低于阿里巴巴、百度等比金山后成立的企业。

2007 年 12 月，雷军离开金山，隐身幕后，成为天使投资人，但他还没有找到自己真正要去往的方向。这一次，他内心的目标不是一个十亿美元的公司，而是一个百亿美元的事业。在三年的观察和修整中，雷军瞄准了智能手机市场。

在小米创立的初期，雷军花费了 80% 的时间和精力来进行招聘和面试，他决心要组建一支具有创业精神的团队，对事业有愿景、热情，并愿意为此承担风险。有次为了邀请一位硬件技术专家加盟，雷军一个多月找他聊了 5 次，平均一次聊 10 个小时。但当双方开始谈薪资待遇时，雷军发现，这位候选人不仅不愿意放弃外企的薪水，还特别在意自己每年休假的天数，对股票和期权却抱着无所谓的态度。这让雷军最终选择了放弃。雷军坚信，一个不具备创业心态的人，技术上再优秀，也不是他想要的人。

来自谷歌的高级产品经理洪峰来面试时，准备了上百个问题来问雷军，被认为是来"面试雷军是否能成为自己未来的老板"。洪峰回忆这次面试时说，认为小米的商业模式从逻辑上讲足够靠谱；但从规模和疯狂程度上来说，是绝对的不靠谱。但是这很有挑战性，他决定来挑战一下。就这样，小米汇聚了一批个性鲜明的创业者。这时候小米几乎不存在层级关系，办公室的氛围平等开放，负责底层系统的工程师孙鹏心直口快，经常和产品经理甚至公司合伙人据理力争，甚至说过："MIUI 更新发版，（代码品质问题）雷军说了不算，我说了才算。"

雷军在 MIUI 的开发上希望打造一个开放的氛围，人人都是产品经理，公司产品经理直接在论坛上和发烧友讨论手机功能，雷军也自己注册了一个账号，经常发文和大家探讨产品设计。很快，小米定期让用户投票选出自己喜欢的功能、失望的功能和最期待的新功能。受欢迎的功能开发者会获得一桶爆米花作为奖励，而出现 bug 者引起失望的人则拿到"猪头奖"作为调侃和提醒。由于一切反馈来自用户，员工的自驱力非常强，开发热情高涨。

在看似散漫，没有正式管理的氛围中，MIUI 却做到了几乎每周迭代版本，开发了非常多人性化的功能，用户数量呈现指数级增长。雷军的第二次创业开了一个好头。

资料来源：雷军. 雷军：找到吹得起猪的风口 [N]. 经济视点报，2011-07-21（001）.

思考题

1. 本案例中，对于人力资源管理方面，领导者和管理者有什么不同？

2. 雷军作为领导者，他的权力来源有哪些？举例说明。

3. 组织的绩效不仅来源于 CEO 本人，更来源于高管团队的特征。从小米的创业团队来看，你认为这些早期员工具有成为领导者的潜力吗？为什么？

案例一　分析参考

1. 管理按照计划的需要构建组织，安排人员，但是领导侧重于通过愿景和目标来影响组织成员。①在人员招聘中，雷军作为领导者，采取的是挑选合伙人的方式，除了能力技能外，关注对方是否对事业有愿景，而大部分管理者关注的是人员和岗位在能力技能等方面的匹配。②在人员激励上，管理者强调绩效管理等正式流程，雷军作为领导者，则致力于塑造平等、开发、积极进取的氛围，让员工自愿为创造优秀的产品努力。

2. 雷军作为领导者的权力来源有职位权力——奖赏权力、强制权力、法定权力，但是他较少采用这些，他更多依靠和职位无关的专家权力和参照权力。专家权力产生于个人专业知识和技能，他自己编程能力极强，而且是手机发烧友。

参照权力来源于个人特征，包括行为方式、个人魅力等。他在财务自由后再次创业，对工作充满激情，对员工平等包容，这些都令员工愿意仰视和效仿。

3. 有成为领导者的潜力。早期的领导特质理论致力于识别领导者的个人特征，雷军在创业初期的面试也关注到了某些特征，例如，驱动力、责任心等，对事业有愿景、热情，并愿意为此承担风险。领导者做出什么行为比具有什么特征更重要。从小米的早期工作来看，员工的行为体现了他们可以成为好的领导者，例如：洪峰准备了很多问题面试自己的老板，并且愿意挑战自我；又如孙鹏对自己的代码有强烈的责任心；各位早期员工都具有自驱力，自发形成了快节奏的开发流程。另外，公司的氛围也鼓励了领导者的涌现，几乎没有层级关系，塑造了员工自主管理、自发沟通、自我驱动的行为，这些都有利于领导力的发展。

案例二　3M公司领导力培养体系

明尼苏达矿业及机器制造公司（以下简称3M公司）被认为是最具创造力的公司之一，也入选了《财富》杂志"25个最能培养领导力的公司"榜单。在3M的领导力发展中，前CEO吉姆·麦克纳尼（Jim McNerney）做出了有效贡献，他聘请外部专家和高管团队，共同开发了一套新的领导力模型，最终他们提出了六个领导特征：①有清晰的目标和发展方向。②不断提高工作标准。③有效激励他人。④富于创新。⑤接受并执行3M的价值观。⑥实现期望的工作。他们还设计了领导力开发促进计划，通过团队工作、行动学习、课堂讲授等，让优秀员工为胜任领导角色做好准备。

麦克纳尼自身也是一位优秀的领导者，他带来了通用汽车的"六西格玛"的规范化流程管理理念。他的理念和3M公司之前奉行自由创新的观念发生了碰撞，帮助公司意识到了产品开发中的问题。3M公司深信自己招募的都是一流科学家，因此给予他们15%的自由时间进行试验创新。麦克纳尼则认为过于自由散漫的氛围导致项目进展缓慢，新产品推出平均需要4年时间，产品研发和营销脱节，内部不同部门缺乏沟通。因此，麦克纳尼希望用精益管理理念来重塑研发部门，让研发部门更多面向市场，提出根据市场指标评估研发机会，聚焦在影响力较大的计划上以便取得商业成果。

CEO乔治·巴克利认为，麦克纳尼的领导力项目在原则上是正确的，但是在具体执行中过于注重规划和结果，不利于公司长期的创新。他在自由开发和"六西格玛"中采取了一个中庸的路线，把研发部门从"六西格玛"中解放出来，给研发部门松绑，继续增加研发投入。

巴克利认为领导者不同于管理者，培养领导者的战略思维至关重要。甚至他认为领导者不应该晋升过快，他们需要时间来体会失败和重新振作起来。当被问及自己的领导风格时，巴克利认为，让自己成为成功领导者的最好方式就是让比自己优秀的人为自己工作。当有优秀的员工为你工作时，你要尊重他们，才能建立信任。

3M 公司通过这种"螺旋上升"的领导力管理项目获得了公司的进一步发展。麦克纳尼带来的重视市场信号促进了多元领导力的发展，让中层领导者学会倾听外部声音；巴克利则带来了更多自由增长的空间，让中层领导者学会授权、信任和尊重。

资料来源：徐聪. 激发创新的 46N 法则［N］. 中国经营报，2012-06-11（C07）.

思考题

1. 在本案例中，巴克利关于领导者不同于管理者的说法主要反映了领导者和管理者哪方面的区别。

2. 思考 3M 公司提出的领导特征，3M 公司认为这些是"稳定的个人特征"还是"领导行为"？你是否赞同这种看法，请说出你的理由。

3. 麦克纳尼和巴克利都是空降 CEO，他们处理公司问题的方式有何区别？这种差异除了个人风格以外，是否受到情境影响？

案例二　分析参考

1. 巴克利的说法起码反映了领导者和管理者两方面的差异。

（1）目标制定的差异：管理强调微观层面，通过计划和预算来决定短期目标和执行计划；领导强调宏观层面，强调具有一定风险性的战略规划。巴克利提出的领导者不宜过快晋升、希望他们体会如何应对失败等，都主要考虑领导者进行战略决策的风险性，希望领导者有更强的战略思维。

（2）人事管理的差异：管理者更多按部就班地以职位需求安排和控制人员，领导者更多以愿景和个人魅力激励员工，需要更多授权和信任来吸引比自己更优秀的人。

当然，据此也可以延伸到执行计划的方式、管理者和领导者的特征等内容，可以根据自己的理解进行合理展开。

2. 体会领导特质理论和行为理论的差异，虽然 3M 公司将这六个方面描述为领导者的特征，但是他们认为可以将优秀员工培养为领导者，因此他们更多认为领导因素是"领导行为"。没有一种特质组合能广泛应用于所有的有效领导，因此关注领导者的实际行为更为重要。

3. 可以采取费德勒的权变领导理论和豪斯的目标—路径理论进行分析。

（1）按费德勒的权变领导理论，麦克纳尼的领导风格更加偏向于任务导向，巴克利的领导风格更偏向关系导向，可能区别在于麦克纳尼更多地把创新流程视为一种结构化的任务，他的所有努力也都是希望产品研发被结构化地进行精细计划和管理。巴克利更多把创新流程视为一种非结构化的任务。

（2）豪斯的目标—路径理论，麦克纳尼的领导风格更加偏向于指示型，巴克利的领导风格更偏向成就导向型。除了他们对创新的认知不同以外，他们面临的环境也不太一样，麦克纳尼面临的是公司成本过高、过度松散的内部环境，因此采取指示型风格来明确任务；但是巴克利面临的是公司创新不足、过度管控的内部环境，并且下属员工都比较成熟，因此采取了成就动机型的领导风格来给予授权和激励。

案例三　魅力型领导乔布斯

乔布斯——苹果公司创始人、NeXT 创始人、皮克斯的挽救者，从一开始，他就是最引人注目的那一类领导者。

乔布斯对于管理的看法非常简单，就是用愿景去驱动员工，当员工看到自己的产品是多么伟大和优秀时，工作本身就提供意义。在 1997 年回归苹果时，一位员工尖锐地提出苹果面临的技术困境如何解决时，他真诚地回答说，苹果需要把技术融入更大的愿景之中，他希望大家都能为苹果思考战略和愿景问题，一起来思考如何为客户带来价值，再去考虑使用何种技术。苹果有许多人夜以继日地工作，他希望通过自己的工作支持这些人共同完成最酷的产品，那种拿出来就让大家"哇"地惊叹的产品。这个愿景得到了在场员工的认同和掌声。

为了设计和生产杰出的产品，乔布斯确实是一个有些固执的艺术家，他对审美有着极高的标准。当时的大部分公司实行软硬件分离的策略，软件公司只负责软件开发，电脑等产品的硬件制造由其他公司完成。乔布斯领导的苹果却坚持软硬件一体的设计，希望产品能在各方面达到最佳的标准。他要求所有产品在那些人们看不到的地方也要尽善尽美，甚至会关注电路板上的结构、显示屏任务栏线条的粗细等这些细节。在他主持的几十次苹果的产品发布会前，他会亲自撰写和修改演讲内容的幻灯片和要点，甚至每一页幻灯片都要改六七次。他有时候会公开表示自己的不满和愤怒，如因为酒店装修不够简洁优美而气得要更换酒店。

许多关于乔布斯的传记或电影过度强调了他性格中偏执、粗暴的一面，事实上，乔布斯也有风度翩翩的一面。一位 1979～1983 年在苹果工作的员工巴瑞（Barry Yarkoni）曾经在问答网站上提到过，乔布斯经常表现得魅力十足，对待朋友同事也很幽默风趣。巴瑞曾经带父母参加过苹果的一次发布会，当时乔布斯非常亲切地招待他的父母，甚至他们应该为自己的儿子感到自豪。这样的时刻在乔布斯身上并不罕见。

格伦（Glenn Reid），一位在 NeXT 就开始和乔布斯共同工作的工程师在自己的博客中写道，乔布斯对于产品的设计非常投入，他每周都和自己所属的 iMovie、iPhoto 团队共同参与 3~4 小时的产品设计会议。在会议过程中，乔布斯也不是一个暴君，他经常把自己当作一个团队成员，而非 CEO，他们的团队讨论如同一个大坩埚，大家把各自的想法放进去，在此基础上不断讨论修改，共同熬制出药剂，好的想法自然地上浮，差的想法自然地过滤出去，大家最后几乎不记得哪个想法最初是属于谁的或是不是乔布斯自己指定的。

乔布斯开创了多家公司，横跨电脑、互联网、电影等多个领域，他的人生经历跌宕起伏而令人着迷，他的领导方式也复杂而迷人。

资料来源：杰弗·扬，威廉·西蒙. 活着就为改变世界：史蒂夫·乔布斯传［M］. 北京：中信出版社，2010.

思考题

1. 从乔布斯来看，魅力型领导者具有怎样的特征？
2. 从多个角度分析，为何乔布斯可以通过愿景来激励员工？
3. 乔布斯的领导行为是独裁还是民主？你怎么看待他的行为变化？

案例三　分析参考

1. 魅力型领导者是热情、自信，能以人格魅力和行动来影响他人的领导者，他们具有五项特征：

（1）有愿景，乔布斯无论是在苹果、NeXT 公司，都致力于开发革命性的产品，让技术以优雅易用的方式服务于顾客。

（2）有清晰描述愿景的能力，乔布斯也经常把愿景和员工进行沟通，案例中他回归苹果时面临的挑战和提问，他通过分享自己的愿景，希望苹果继续生产最酷、令人惊艳的产品，帮助他获得了技术型员工的理解，在 NeXT 他也深度参与产品设计会议，把自己的愿景和期待描述给其他人。

（3）愿意为实现愿景承担风险，乔布斯为了实现自己对优秀产品的愿景，要求产品尽善尽美，对于细节也非常苛刻，他愿意承担更高研发成本、制造成本等风险。

（4）对环境约束和员工需求很敏感，乔布斯也有理解他人需求的敏感度，比如，在员工的家人面前褒奖员工、在产品设计会议中平等参与讨论等。

（5）行为打破常规，乔布斯有许多非常规的行为，比如，在公司战略上坚持软硬件一体，在生活中为了酒店审美而退房等。

2. 本题的实质是探讨一种领导方式或领导行为的有效性。因此，我们至少应该从领导者、被领导者、情境这三个方面进行分析。

（1）从领导者而言，乔布斯确实具有广大的愿景，和把愿景分享给他人的能力，他也展示了自己的真诚、高标准、主动性、敢于冒险等富有魅力的特征。

（2）从被领导者而言，苹果和 NeXT 公司的员工以技术人才为主，员工的成熟度也比较高，有能力完成工作，通过愿景激励来提升其投入的意愿即可；因此信任、授权等愿景式的领导风格比监督、控制的风格更适合。

（3）从情境而言，首先看组织外部的环境，高科技公司面临压力和不确定性更高，魅力型领导在这种变革环境下绩效更高；其次看组织内部的环境，在苹果和 NeXT 公司中，整体而言，乔布斯的职位权力已经很强，领导成员关系较好，不太需要通过严格的控制建立权威；而且员工面临的是非结构化的、需要创新的工作，因此更多描绘宏观目标、指出愿景、进行精神激励的领导行为更适合。

3. 乔布斯的"独裁—民主"程度会受到情境的影响。对于产品的标准等，他有独裁的一面，对细节有坚持；但是在组织中的沟通时，他也有民主的一面，他可以接受质疑和提问、获取建议、和大家共同群体决策等。具体分析乔布斯的行为变化时，可以结合费德勒的权变理论或情境领导模型进行更进一步的分析，言之成理即可，分析过程类似第 2 题。

案例四　中国液晶行业的先行者

　　1992 年，年仅 35 岁的王东升接任北京东方电子集团总经理和北京电子管厂厂长。当时工厂正处于最困难的阶段，工资都不能照常发放，王东升已经谋得了一个很好的新工作，却因为看到同事殷切的期待而决定承担此重任。

　　王东升在进入工厂从事基层工作时，就是一个具有"超前思想"的青年。当时他在财会科上班，每天晚上坚持背英语单词，了解宏观经济和国际经验。他是工厂第一个提出会计电算化的人，并且在一次和日本企业的交易中，提出了以美元结算（当时日元升值、美元贬值），为公司节约了资金，也引起了国家外贸公司的惊叹，说基层企业居然能想到汇率差异，他们经办多年外汇结算也很少遇到。

　　在接手公司做总经理后，由于公司连年亏损，难以获得足够资金进行新产品开发和经营，王东升和新领导班子只能动员员工入股。在全厂动员入股大会上，新班子提出领导干部每人出 5000 元，中层干部出 2000 元，剩下的普通员工自愿，每份 500 元入股（多买不限）。这个提议最初并没得到多少响应。新班子一边进行思想工作，举了改革开放前沿深圳发行股票的例子来帮助大家理解，一边带头出资、积极进行业务工作干好实事，于是越来越多的人响应号召认购股份。看到大家的热情，王东升感到压力和责任，非常坦诚地在全厂大会上解释，入股有风险，他们虽然会努力经营，但是成果和失败的概率是 50% 对 50%。但是工人们热情地说："我们不是为了发财，如果为了发财就买深圳的股票了。我们真正的目的是救公司，你们赔了我们也认了，只要你们全心全意把公司做好。"

　　在大家的激励下，王东升决心一定要善加经验，同时要对得起老员工。在改革之初设立了三条战线：①发新——发展新产品和新业务；②调整——对现有产品的生产进行调整改进；③稳定——改革不得不削减员工数量，但公司要帮助分流的人员再就业。王东升的重点工作是发新，管理层也分成了三个团队分别负责三条战线，江玉崑承担了稳定方面的工作，使管理团队的其他人可以集中于业务发展。

　　面对一万多人的公司规模，总公司管理层很难对每个工厂都进行规划和管理，于是王东升决定首先要给予各单位自谋出路、引进项目的自由，但是需要到总公司进行项目审批，既给了下属工厂自己经营决策的权力，又保留了总公司的管理决策权。因此公司获得了几个项目，还建立了一个合资工厂，完成了最初的生存目标。在最初建立合资工厂时，王东升动员大家打扫厂房，设立了基本的现场管理标准，接待了合作方在厂房参观，最终拿到了项目。

但是在和外资企业的合作中，王东升和京东方有种复杂的感受，一方面，通过合作，学习到了对方先进的管理经验；另一方面，由于在技术上受制于人，王东升迫切希望能有自主研发的能力。他提出，"一个以机会主义为先导的企业，可能会在一定时期、一定环境下有一夜暴富的纪录。但是，作为一家要跨入世界先进行列、誓以产业报国的企业集团，没有自己独立的核心技术，发展和持续发展的机会几乎为零。因此，我们要建立京东方自己的新技术研究机构，培养自己的技术人才，培育自己的技术市场，凭借自己的技术优势参与市场竞争"。正是因为怀着这种强烈的技术报国的情怀，京东方上市获得流动资金后，没有投入火热的房地产市场，而是瞄准了高新技术领域。

2000 年，京东方尝试了个人电脑等业务，但由于和公司原有的技术积累差距甚远，很难完成产品的研发，2001 年，京东方马上掉转车头，把主攻方向转为平板显示器。这个行业专利和技术壁垒深厚，投资门槛也极高，如果从零开始大概率会失败。不过当时正好遇到液晶周期低谷，韩国现代计划出售一条完整的LCD 产线。王东升和管理团队马上意识到这是一个难得的历史机遇。此前他们刚刚和某日本企业谈判过 6 个月，希望合资在中国建设一条 LCD 产线，但是却发现对方对技术有严格控制，这使京东方放弃了合资的想法，而专注于寻找可以全资购买的机会。不过，国内其他工厂则认为，中国显示行业还没有获取 CRT 显示技术（比 LCD 更老一代的显示器），因此不看好京东方直接上马更先进的 LCD产线，认为京东方会因为技术难以学到，被该产线拖垮。但是，王东升通过多年对屏幕制造的了解，勇敢判断 CRT 显示技术即将被淘汰，京东方要敢于冒险拿下 LCD 产线。在当时，管理团队并非一开始就同意这个看法，他们多次进行开会研讨，最后才下定决心冒险。

从事后来看，这次冒险非常成功，中国的液晶显示行业也因此获得了参与国际竞争的机会，并蓬勃发展起来。

资料来源：路风．光变：一个企业及其工业史［M］．北京：当代中国出版社，2006.

思考题

1. 使用明茨伯格的领导者角色理论（或经理角色理论）分析，王东升身上体现了哪些领导者的角色？

2. 在本案例中，领导者行为是否对情境有所影响？你如何看待这一点？

案例四　分析参考

1. 明茨伯格的领导者角色理论认为，领导者在组织中扮演了涉及人际关系、信息传递、决策制定三个方面的 10 个角色。

在人际关系方面：

（1）挂名首脑，承担象征性的法律或社会程式化职务。如王东升接待合作的外资公司考察团队。

（2）领导者角色，对下属的激励和鼓励、用人、训练和交流，这是最核心的角色。如他在全员大会上动员大家入股等。联络者角色，维持与外界的联系网络，如和合作方保持日常联系等。

在信息传递方面：

（1）监听者，收集各种信息以便对组织和环境有透彻的了解，成为组织内部信息和外部信息的神经中枢。例如，王东升在会计科时就关注国际经济，在进军屏幕行业时判断了 CRT 显示器即将被淘汰等，都体现了他的监听者角色。

（2）传播者，把企业以外的信息传播给组织的成员。显然王东升把监听到的信息传播给企业内部成员，比如，提出美元结算、说服大家进军 LCD 行业等。

（3）发言人，把企业的信息传递给组织以外的人。这个职能在案例中没有直接提到。

在决策制定方面：

（1）企业家，寻求机会、发起变革、进行监督，例如，王东升在获取了生存，解决了融资问题后，决定不投资房地产而是继续投资技术生产，最终收购了 LCD 产线，是企业家角色的代表。

（2）故障排除者，在组织面临重大故障时负责补救，例如，王东升最初接手公司时面临生存问题，他明确了发新、调整、求稳三条线的工作，并且自己带队寻找新的项目，都是故障排除者的最佳代表。

（3）资源分配者，负责对组织资源进行分配，例如，王东升给予下属子公司一定的授权，但项目需要到总公司进行批准，就是资源分配的角色。

（4）谈判者，在重大谈判中负责代表组织，例如，他们和一家日资公司就合资建 LCD 产线进行 6 个月谈判。

2. 在本案例中，读者可以注意到，领导者行为或企业家精神，是可以反过来对于情境有所影响和改变的。

对组织内部的情境，例如，当时王东升、江玉崑等新领导班子在接手企业时，企业处于危难时期，当时处于领导者和被领导者关系较差的状态，员工对企业开始失去信心和信任，但是他们通过愿景式领导感染了员工，使员工愿意和企业共渡难关。企业生存问题解决后，开始他们的工作任务是比较简单的代工任务，合资工厂中对方掌握了技术，而己方只负责生产，这是结构化的工作任务。但是王东升等新领导班子不甘于仅仅代工，而是寻求技术上突破的可能性，收购了 LCD 产线后，自己成为技术的开发者，这是非结构化的工作任务。领导者对于组织战略的选择和执行，在一定程度上可以改变组织内部的环境。甚至有时候这种影响可以通过企业间的竞争，改变行业的现状和格局（在本案例中暂无介绍）。

案例五　创造童话的团队

1928 年，迪士尼创始人沃尔特·迪士尼开始致力于创作卡通长篇电影。即使周围的其他人都认为卡通故事难以吸引成年人付费，并且长篇动画的制作过于复杂艰难。在当时的条件下，制作 8 分钟的卡通短片都被认为是一个过于浩大的工程，因为没有出现计算机模拟真实动作来制作动画，20 世纪 30 年代，完成动物越过障碍的动作都需要绘制几千张图画。

但是，沃尔特通过米老鼠短片系列积累了一定经验后，终于在 6 年后开始了自己的卡通项目《白雪公主与七个小矮人》。为了准备这一项目，他未雨绸缪，几年前就开始广泛招募一流的画家，也把员工送往艺术学院继续学习培训，甚至亲自开车接送。

竞争对手认为这一想法非常不切实际，如米高梅影业的高层认为，没有人会花钱去看画出来的神话公主，观众花同样的钱可以看到著名美女影星的表演，谁愿意去看动画呢？

伟大团队的领导者是"希望"的经营者，但不见得是"理性"的发言人。沃尔特·迪士尼热情地相信这部影片将会超越前人，达到其他动画家未曾触及的境界。他在项目开始前激励所有的团队成员，要求他们不只是绘制杂耍和搞笑短片，而是以动画融入真实世界和真实人物，迪士尼认为"这不是卡通片，这是真正的戏剧，人物必须在屏幕上栩栩如生，远远超过以往"。1934 年的一个傍晚，他将画家们召集在一个空荡荡的舞台前，就着一枚灯泡，把白雪公主的整个故事演出一遍，她如何和七个小矮人相遇、七个小矮人各自具有怎样的弱点、美貌狡猾的皇后如何变为丑陋的巫婆、最后的一吻如何唤醒沉睡的公主。据说当时有几位动画家当场感动流泪，整个团队进一步决定要竭力去完成这个前所未有的宏大项目。

除了沃尔特·迪士尼本人以外，大家很难准确说出哪些人参与了《白雪公主和七个小矮人》的制作——因为当时迪士尼有意这样处理，让沃尔特一个人署名，其他人很难享受到荣誉。沃尔特解释为他想让观众认为这是一个"家庭工厂"，迪士尼本人即迪士尼品牌。

在一次采访中，有个小男孩问道："迪士尼先生，你画米老鼠吗?"他回答没有。小男孩继续问他是不是负责想所有的笑话和点子，沃尔特也说没有，他说，他把自己看作一只小蜜蜂，从片场的这头飞到那头，收集花粉，顺带给每个人打气。

没有让其他创作者获得署名荣誉确实是沃尔特·迪士尼的错误之一，但是他在当时的片场的确也竭力支持了各位艺术家的工作，帮助他们更进一步。据估算，当时至少有 750 人参与制作，管理如此庞大的制作团队绝非易事。

沃尔特更多承担了激励者的角色，他树立了许多片场重要文化，他强调动画动作的真实性，为此愿意多付成本录制各种真人表演给动画家参考。比如，卡尔亨等画家在绘制七个小矮人时，沃尔特把真的侏儒演员请到现场，让他们穿上道具服，把表演过程拍摄下来，帮助动画家们绘制出了栩栩如生的七个小矮人从矿场齐步回家的经典场景。白雪公主的优雅姿态，也是参考当时天才舞者玛姬·钱皮恩的真人表演绘制的。

沃尔特的哥哥罗伊则更多作为"天才守护者"的角色出现，负责商业化的管理和经营，比如，他成立了米老鼠俱乐部来管理顾客关系，帮助增加剧场观众人数，这是最早的粉丝运营典范。罗伊也负责解决沃尔特过于高远的幻想。比如，王子俯身注释玻璃棺中的白雪公主时，王子的身影在明显抖动，沃尔特强烈要求重新绘制整个片段，但是当时该片的成本已经严重超支，达 150 万美元——在当时绝对属于极高的成本，罗伊坚决反对，才让沃尔特作罢。

在沃尔特天才的构想和整个制作团队的集体努力下，《白雪公主和七个小矮人》电影大获成功，在 1938 年获得 800 万美元的票房收入，打破当时的票房纪录，并在 1939 年获得奥斯卡特别奖。

资料来源：改编自《七个天才团队的故事》。

思考题

1. 本案例中，在沃尔特和罗伊身上，你是否能体会领导者和管理者的差异？

2. 从被领导者（团队成员）的角度看，沃尔特采取了怎样的领导风格？他的领导风格是否和被领导者的情况相匹配？

3. 尝试使用费德勒的权变领导理论，分析沃尔特的领导风格是否合理？

案例五　分析参考

1. 沃尔特作为领导者，更多以愿景和个人魅力激励成员，他负责解决了许多变革性的、非结构化的问题，更加具有远见、激情、创造力等；罗伊更偏重于管理者的角色，他负责更加理性地、结构化地解决问题，更多考虑现实问题，具有稳定性和控制力。

2. 从领导情境模型来看，沃尔特面临的员工有两类：第一类，招募来的一流画家，他们具有较高的成熟度，有能力也有意愿，但是面对动画长片这个困难的挑战时，可能会暂时性地意愿不够强烈。沃尔特采取的就是参与式领导，通过演讲、舞台剧演示等，激励这些优秀画家提升参与的意愿，并且在片场主要负责给大家加油打气。第二类，欠缺动画技能的员工，因此除了关系导向的激励行为以外，他也进行了任务导向的行为，即送员工去动画大学培训，为片场树立真实至上的要求等。

3. 从费德勒的权变领导理论来看，迪士尼可能面临以下两种情境：

一方面，可以确认的两个因素，①任务类型是"非结构化的任务"，因为拍摄动画电影是种创意任务，没有明确的程序和结构化的解决方案，可能随时需要根据情节或者片场需求解决各类问题。②职位权力是"强"，迪士尼作为公司创始人，创意想法的原始提出者，被公认的天才动画家，在片场几乎具有绝对的权力。

另一方面，领导者和成员的关系，可能会有所波动，时好时差。因为迪士尼本人给予了员工很多培训、激励和工作支持，但是没有给予署名权和被外界认可的荣誉，因此关系可能发生波动。

综合分析：当面临中间情境，即任务类型非结构化、职位权力强、关系良好时，可以主要采取的是关系导向的领导行为，以激励意愿和提供支持为主。当面临不利情境，即任务类型非结构化、职位权力强、关系较差时，需要采取任务导向的领导行为，迪士尼也设立了一定的片场要求和标准，对影片质量提出较高要求。

总体而言，迪士尼综合运用了两种领导风格，比较合理。

二、推荐书目

推荐书目 1：沃伦·本尼斯，帕特里夏·沃德·比德曼著，张慧倩译：七个天才团队的故事，浙江人民出版社，2016

沃伦·本尼斯被称为"领导力之父"，组织行为研究中领导力领域的开创者之一，他曾经担任四任美国总统顾问团的成员，无论是在学术界还是在实践中均获得了推崇和认可。今天看来，他那些关于领导力的论断似乎都已经成为人们所公认的常识，但是他所提供的那些经典的领导力案例仍然值得学生去阅读和思考，特别是在《七个天才团队的故事》中，本尼斯没有完全局限于规范化的商业场景，而是选取了极其多样化的案例，既包括我们所熟悉的科技公司，也包括一些在国内案例中较为少见的电影行业、总统竞选等，学生可以自己通过不同行业的比较，体会领导力的共性和个性，特别是本书强调了团队的作用，领导者和他所带领的团队共同完成了重要的创举，让学生意识到领导力确实是一门通过他人来达成目标的艺术。

推荐书目 2：李全伟：蓝海之父 W. 钱·金：从蓝海战略到蓝海领导力，浙江出版集团数字传媒有限公司，2015

《哈佛商业评论》关于蓝海理论应用于领导力领域的一本增刊，收录了红海陷阱、蓝海领导力这两篇关于蓝海战略的新扩展，并附上了两位作者的访问，帮助读者快速、准确地理解蓝海战略和蓝海领导力。在大部分的领导力研究中，甚至是课本关于领导力的介绍中，领导者更多被放置于公司内部情境下进行观察和研究，较少有关注战略问题。然而 W. 钱·金教授认为战略和领导力存在密切关联——都是领导者主导的。他将自己关于蓝海战略的概念和框架用于领导力创建中，带来了新颖的视角，也帮助学生更好体会在变革的浪潮中，企业和员工对于领导力有什么新的需求。

推荐书目 3：斯科特·凯勒，玛丽·米尼著，苗青，蔡寅译：麦肯锡领导力：领先组织 10 律，机械工业出版社，2020

　　来自麦肯锡咨询公司的资深顾问斯科特·凯勒，玛丽·米尼在本书中致力于在这个不断变化的时代再次重申那些关于领导力的最核心的话题。正如亚马逊创始人贝索斯曾经说过的，与其关注那些变化的，不如关注哪些商业因素恒久不变。他们通过学术发表和麦肯锡的知识管理系统，提取了 10 个领导者长期关心的主题：决策、人才吸引与保留、绩效管理、领导交替、组织再造、人才培养、文化、高绩效团队、降低间接成本、转型变革。学生也可以轻易地发现，这些主题几乎与《管理学》的各个章节都有连接。领导力的复杂性就在于它需要贯彻管理的各种重要议题。本书也以非常清晰的结构对每个主题的重要性和实施措施、具体操作给出了介绍，使读者可以迅速阅读，他们还提供了各类信息图表作为辅助，让本书简单易用。

第十章　激励

一、专题案例

案例一　动态医疗小组

A 医院的徐丹和 B 医院的林里都是入职 5 年左右的骨科护士，但是她们的工作体验却截然不同。徐丹表示对自己的工作很满意，她觉得自己实现了学生时代救死扶伤的梦想，每天都充满热情。林里表示自己有些疲倦，已经失去了最初的热情，每天上班的路上都充满了压力，在公交车上就开始担心一整天的护理工作，祈祷在自己值班期间不要遇到什么问题。她所在的科室有 76 个护士，由一位护士长和两位组长管理，所有护士排班轮休，所以身边的同事每周都不太一样，以至于没有很强的归属感。

两个医院的薪酬制度没有太大差别，但是团队管理的方式影响了徐丹和林里的工作投入度。

A 医院采取了一种全新的团队管理方式，骨科医疗中心，也就是徐丹所在的科室有 97 个护士，但是她们并不是按传统方式组织轮班，而是以一种"动态"小组来活动的。针对相似病况的患者，A 医院会组建一个由医生、理疗师、护士等共同构成的动态小组，她们共同为患者全程的治疗方案（如手术、术后康复训练等）出谋划策。

由于针对病人的小组全程是相对稳定的内部轮班，大家能互相支持和鼓励，护士徐丹也不太担心交班更换病人带来的交接问题，因为大家都是熟悉的同事。

和医生合作共事多了以后，医生既愿意给护士解释更多病情处理的注意事项，又愿意听取护士对病人状况的观察和建议，徐丹觉得自己和医生的配合越来越得心应手，几乎很少担心出现什么差错和失误。此外，徐丹也从理疗师那里学习到了不少康复训练的要点和技巧。

对于这种动态医疗小组，A 医院提供了一种专门的信息管理系统和电子设备来支持。病人的电子病历创建后，如果分配到了动态小组，所有小组成员都能在自己的智能手持终端上看到病人的情况，医生的诊断、手术计划，理疗师的康复训练计划等都一目了然，护士遇到任何问题都可以通过自己的智能设备随时上报。

信息的顺畅沟通能增加团队的归属感，而且领导者能关注到谁具有解决问题的能力。有一次大家发现一个问题不知道如何解决时，徐丹很清楚地提出了可行性方案，于是得到了领导的关注和表扬。每次遇到类似问题时，大家也都会听徐丹的建议。

由于了解全程的医疗过程，她和患者的沟通也更加清楚了，患者对护士的满意度也很高，不再觉得自己的问题被踢皮球一样推脱到其他科室。

由于有一个良好配合的团队支持，徐丹认为自己的工作能力在不断提升，对未来也充满了希望。

思考题

1. 从马斯洛的需求层次理论来看，相比于林里，徐丹额外获得了哪些需求的满足？

2. 从目标设置理论来看，相比于林里，徐丹的工作动机为何更强？

3. 从工作激励的角度考虑，徐丹所在的动态团队有哪些优点？

案例一　分析参考

1. 徐丹额外获得的需求满足有：社交需求（爱与归属需求）：由于医生、护士、理疗师之间形成了良好的团队交流，徐丹更有归属感，更信任团队成员，也觉得能获得团队成员的支持。尊重需求：团队成员知道徐丹能解决什么问题，对她进行了表扬，也会倚重她。自我实现需求：徐丹从患者那里也得到良好反馈，认为自己在实现救死扶伤的梦想，是自我实现的一部分。

2. 我们可以考虑从目标设置理论的三个环节来进行分析：

（1）工作目标对人们努力程度的影响取决于四个因素——目标难易性、明确性、接受度、责任清晰度，其中目标责任清晰度在徐丹和林里的工作环境中有明显差异。徐丹所在的"动态小组",护士采取的是内部轮班,信息沟通顺畅,交接时会明确患者状况,但是林里所在的医院实行大轮班,所以责任清晰度没有那么高。另外,考虑到徐丹的环境下,医生、理疗师更多和护士交流,向护士解释各种做法的原因,徐丹也更容易接受自己的目标。

（2）在实现目标的过程中,个人特点和组织支持都会影响工作绩效。显然,徐丹获得了更多的组织支持,无论是护士同事,还是医生、理疗师。

（3）目标实现后的内外部报酬,由于薪酬制度没有差异,徐丹主要获得的是内在报酬,就是工作的意义感,在外在报酬方面,她也更多获得一些精神和情感报酬,如医生和领导的表扬、认可。

3. 案例中的动态团队非常符合工作丰富法的要求。

（1）工作整体性高:针对相似病况的患者,医生、理疗师、护士共同为患者全程的治疗方案（如手术、术后康复训练等）出谋划策,这样每个职业都能看到自己的工作最终为患者带来的价值。

（2）注重信息的沟通与反馈:有管理信息系统的支持,各个环节的医疗护理康复方案都有记录,方便大家查看,需要时也很容易找到对应的团队成员进行沟通。

（3）参与管理和决策:由于管理信息系统的支持,护士能及时记录和反馈信息,医生也愿意听取护士的建议。

（4）技术多样化:徐丹这样的护士可以向理疗师学习新的技术,丰富自己的职业技能。

案例二　紧急生产动员

某医疗器械企业 G 公司开发了一种新的心血管支架。由于公司获得了一个专业商业媒体的报道,使这一新产品被很多医院关注到,于是销量猛增。这种急速增长的需求为公司带来了增长的机会,但是,生产部门也面临很大的挑战,因为需求过大,超过了公司日常的生产能力,而且不巧这批订单正在节假日前夕。

公司管理团队计算过,如果要完成所有的生产任务,需要每周工作七天,并且让工人三班倒来加班才能应对需求增长。但是,如果只采用强制命令让工人加班的话,恐怕并不能取得很好的效果。当地属于中等经济发达地区,注重工作生活平衡，强制安排节假日加班非常不符合当地的文化，突然要求员工放弃节假日和相关的亲友相聚、出游、休息等计划，也会带来反感情绪。基层管理者表示，如果临时宣布加班会给他们带来很大压力，担心工人可能在生产时消极怠工，希望公司慎重处理。于是公司总裁 G 女士决定以更加柔性的方式来应对。

G 女士决定召开全员大会来让员工拥有一定的参与感，从而让大家更愿意去接受这项艰难的任务。她首先介绍了公司员工已经取得的巨大成功，他们的新产品得到了很多医院的选择，甚至不少医生和患者写了感谢信来称赞他们的产品多么有效，挽救了患者的生命，让员工为此感到骄傲。

然后她提出了新的生产挑战，表示医院强烈需要他们尽快提供产品来继续拯救患者，她表示公司当然希望在此刻整个公司挺身而出，能完成这项重要的挑战。而如果大家都愿意接受这个挑战的话，她表示，除了提供一笔丰厚的奖金作为合理的报酬，大家还可以提出假日工作期间的福利要求，公司愿意尽力做好服务者。

员工很热烈地决定共同加班，也很快列出了一张清单，他们期待公司能提供餐食、增加夜班班车等工作福利，更为重要的是，希望公司集体购买和包装节假日的礼物，让他们可以对家人表达爱和歉意，G 女士感动地表示非常乐意。

管理团队还沿用了过去的做法，为员工提供部门总目标，员工共同来计划具体的中短期目标，如每日产量等。员工在当天的大会上迅速计划了需要增加的产量，甚至幽默地表示可以开展小组竞争，要求产量最高的小组可以获得额外的高级甜品等福利。现场气氛非常热烈，在节假日加班的问题上，员工和公司很快达成了共识。

资料来源：Ginger L. Graham，If You Want Honesty, Break Some Rules［J］. HBR，2002（04）：42-27.

思考题

1. 试采用多种激励理论分析，为什么仅提供加班工资的补偿不能很好地激励 G 公司的员工加班生产？

2. 请问从处理本次突发事件来看，G 女士采用了哪些工作激励的方式？采用了哪些成果激励的方式？

3. 请问让员工自己来提出福利要求，有什么优点和缺点？试着分析为什么 G 女士在本案例中会选择这种方式？

案例二 分析参考

1. 本题可考虑采用多种激励理论进行分析,我们以马斯洛需求层次理论、双因素理论、公平理论为例进行简单阐述,使用其他理论分析也完全可以,只要言之有理即可。

(1) 从马斯洛需求层次理论来看,当地属于经济发达地区,员工低层次的需要已经得到满足,而且节假日大部分员工计划了家庭活动,那么社交需求(爱与归属需求)是当时更为凸显的一种需要,纯粹使用金钱的加班工资不能满足该部分需求。

(2) 从双因素理论来看,激励因素和保健因素是不同的,提供加班工资仅能让员工"没有不满意",而加班带来的生活冲突等问题可能也会导致"不满意",如果不提供激励因素增加员工的满意度,大家对于这项短期任务的看法是负面的,可能不会真正全身心投入生产。

(3) 从公平理论来看,员工追求的是贡献和报酬的相对比值问题,相比于日常状态,重大节假日加班要求员工贡献突然增加,因为要牺牲家庭时间或个人娱乐活动,报酬如果仅是加班工资,员工会感觉不够公平,认为不加班也不要额外工资更加公平,因为和原来的贡献报酬比更加接近。

2. G 女士采用的工作激励主要是工作丰富法,包括:①增加工作的整体性,让员工看到自己生产的产品对于病患的意义和价值,使得小岗位上的员工也感受到总目标。②参与管理与决策,在这次特殊加班活动中,员工可以参与管理,共同制定加班福利。③赋予必要的自主权,员工自行进行中短期计划。

G 女士采用的成果激励有:①物质激励,如加班的工资,员工提出的福利要求,如餐饮、班车、假日礼物等。②精神激励,包括情感激励,报销员工购买礼物的费用来表达对他们的生活关怀;荣誉激励,通过患者的感谢信,对各位员工生产的价值和意义进行肯定。

3. 让员工提出福利要求的优点:①更准确地获得员工对哪些福利更为看重,把钱花在刀刃上,避免管理者设计的福利员工却不需要。②增加员工对组织的认同感、在组织中体验到的公平感、满意度,从而更全身心地投入。

让员工提出福利要求的缺点:①员工可能会提出对公司而言成本过高、不易满足的福利方案。②群体决策可能讨论需要花费较长时间,效率较低,员工内部出现难以协调的分歧。

G 女士在本案例中采取这一方式，可能有以下几个原因：①从组织面临的任务而言，这是一个突发性任务，重大节假日加班的需求，获得员工支持非常重要，因此公司可以承担更多的福利成本来作为一个临时应对，这不是长期成本的增加，公司可以接受。②从组织过往的历史来看，他们有授权管理的经验，因此员工的成熟度较高，公司和员工之间存在较好的信任关系。③从 G 女士本人和管理团队的领导技能而言，他们和基层管理者保持了较好的沟通，听取了他们的担忧，因此在这个处理方式上已经获取了基层管理者的支持，因此他们具有沟通和协调的能力。

案例三 绩效主义毁了索尼吗？

索尼公司于 1995 年引入美国绩效管理模式，索尼成立了专门机构，制定详细的评价标准，引入了关键绩效指标（Key Performance Indicator，KPI），据此对每个人的评价确定报酬。所谓 KPI，是通过对组织内部流程的输入端、输出端的关键参数进行设置、取样、计算、分析，衡量流程绩效的一种目标式量化管理指标，是把企业的战略目标分解为可操作的工作目标的工具，是企业绩效管理的基础。

2007 年，索尼公司董事天外伺郎公开发表文章《绩效主义毁了索尼》，他认为索尼错误地依赖绩效管理，损害了企业的创新精神。

天外伺郎认为绩效主义是"业务成果和金钱报酬直接挂钩，职工是为了拿到更多报酬而努力工作"。绩效管理带来的弊端如下：

第一，困难的、具有长期价值的目标被忽视。因为要考核业绩，几乎所有人都提出容易实现的低目标，而那些重要的、具有长期价值的目标被忽视了。一个明显的例子就是电池的"老化处理"工序受到轻视，锂电池生产后不可以立即出厂，而是需要放置一段时间，再次检查来剔除不合格产品。天外伺郎认为，由于实行绩效管理，这种需要细致的工作被忽视了。

第二，破坏了上下级之前的信任关系，使公司走向审视、批评的氛围。"绩效主义……搞坏了公司内的气氛。上司不把部下当有感情的人看待，而是一切都看指标、用评价的目光审视部下"。天外伺郎怀念自己当时被派出进修时，曾经逃课被公司部长发现，也没有遭受斥责，而是信任他偶尔贪玩，但对研究工作是认真的。对于员工而言，这种温情和信任非常重要。但实行绩效管理后，索尼的员工不再愿意背着上司搞新想法了。

第三，丧失了独自开发的精神，不再致力于"干别人不干的事情"，而是只看收益，选择合理的经营方针。例如：曾经自己开发了单枪三束彩色显像管技术的索尼，在液晶时代落伍，不再自己开发新技术，而是和三星公司合作，由合资公司生产液晶屏供索尼电视机使用。今天的索尼已经没有了向新目标挑战的"体力"，同时也失去了把新技术拿出来让社会检验的胆识。

资料来源：天外伺郎. 绩效主义毁了索尼［J］. 商界（中国商业评论），2007.

思考题

1. 绩效管理和天外伺郎所说的"绩效主义"是否一样？为什么？

2. 天外伺郎所指出的三个弊端里，哪些更有可能是由于过分关注 KPI 导致的？哪些则超出了 KPI 所能解决的范畴？说明理由。

3. 就这些弊端，为索尼提出一些绩效管理方面的建议。

案例三　分析参考

1. 绩效管理并不完全等于天外伺郎所说的绩效主义。绩效管理的核心是把组织的战略目标和员工的个人目标结合起来，通过激励手段使员工的目标达成。而天外伺郎认为绩效主义是"业务成果和金钱报酬直接挂钩，职工是为了拿到更多报酬而努力工作"。可以说，绩效主义是对绩效管理的一种滥用，以致形成唯结果论的组织文化。但是绩效管理不仅关注对员工 KPI 的结果评估，也关注如何制定合理的 KPI，怎样引导员工达成 KPI。

2. 天外伺郎所指出的弊端中，"丧失独立开发的精神"更大概率并非由于过度关注 KPI 导致的，例如：索尼原先更多选择自主技术研发，而现在选择从合作方购买，这是公司战略决策层面的问题，绩效管理并不能解决公司战略选择的问题，绩效管理解决的是在公司进行战略决策后，如何让战略执行可以具体落实到每个部门和员工，并且形成有效的工作目标的问题。另外两个弊端，可能是过度关注 KPI 导致的。"困难的、长期价值的目标被忽视"，由于 KPI 的压力，在最初制定 KPI 的时候，部门可能制定更容易完成或者更容易量化的目标。"上下级信任关系破坏"，下级员工认为 KPI 是管理者评价自己的严格标准。当然，这不是说过度关注 KPI 是唯一的诱发因素，而是这两个弊端可能是绩效管理的执行过程出现问题带来的。

3. 根据三个弊端和第 2 题的分析，我们考虑两个方面的建议。

（1）明确绩效管理的范畴和战略管理的范畴，不能用绩效管理的思路进行战略决策。战略管理是公司重大的战略选择，更多是不确定性环境下的决策，需要具有长远视角和冒险精神；绩效管理是把员工个体目标和组织目标联系起来，是战略执行中的激励工作。

（2）绩效管理本身的实施需要注意其指导性、计划性、激励性，量化指标不是目的，而是手段。一方面，在 KPI 的制定中，要符合"关键指标"的定义，不能只考虑可行性、可量化，而忽视指标本身的重要性和相关性，制定过程不能完全由部门主导，而是需要协商决策；另一方面，在 KPI 的考核中，要注意考核是为了激励员工完成目标，因此需要一定的过程管理，在员工遇到困难和问题时可以从管理者处获得支持，企业应该建立更积极的文化氛围，让管理者和员工都知道，预先的鼓励和辅导比事后的清算更重要。

案例四　日清管理法

海尔独创了日清管理法来实现业绩的提升和改进，许多人听闻过日清管理法，能说出"日事日毕，日清日高"的八字口诀。但是许多企业在模仿时却发现日清不能落实。这是为什么呢？我们先来看看海尔对日清的完整定义。

海尔认为，日清管理法虽然是一个业绩改进的管理方法，但从根本上说，更是一个战略执行的管理方法，因此，它的核心是清理出隐藏在背后的原因，找到解决问题的方法，从而提升和改进业绩。

日清包括五个层次：第一是"清果"，即清理每个人每一天的工作成果，这是最基础的内容，通过清理出没想工作的工作进度和完成情况，找出与目标的差距。第二是"清因"，即清理出每个问题背后的真正原因，找出解决办法，要形成预防问题重复出现的"差距池"和"工具池"。第三是"清体系"，通过日清清理海尔人单合一管理模式中存在的问题。这些问题通常不是一个自主经营体能解决的，而是会涉及流程协同、激励体系、目标体系等方面的问题。这些任务要三级战略经营体的体长来带头解决。海尔要求体长学会以点带面，能通过自己问题的关键点带出有规律性的模式问题。第四是"清战略"，通过日清目标的达成来清理战略是否可行。这里的原则就是要清下连上，领导者要时刻反思自己，反思战略和方向是否正确。第五是"清理念"，清理念是为了塑造高素质的员工，即"清事塑人"，要培养正确的价值导向和经营理念。比如，在日清会议中，杨绵绵就提到"领导者想要面子，就要到市场上挣面子！想要团队有积极性，自己先要有激情！"这就是价值观和理念的塑造。

在海尔的日清管理法中，一个最为核心的观点就是，日清不是主要针对一线员工的，而是"首先要从领导开始，不是从下级开始"。因为海尔认为，如果上级管理者都不能分析出原因，员工就更说不清楚为什么。

例如，2008 年 3 月，海尔冰箱在一个乡镇专卖店的销售增幅离预定目标有差距，直接负责专卖店销售任务的是产品经理。然而，海尔在日清的时候，并没有从产品经理开始，而是从上级部门市场部先自查原因，先自清。市场部自上而下地与武汉、郑州、太原等城市的几个专卖店较多的工贸公司沟通，发现了一个重要的原因，市场部缺少对乡镇专卖店的营销方案，城市专卖店有营销方案的支持，活动丰富热烈，乡镇专卖店则处于一种放任自流的销售状态。于是市场产品经理共同制订了新的营销和预算方案，专卖店的销售很快就上升了接近 30%。可以设想，如果这个日清仅让一线员工去清理原因，肯定找不出这种营销方案的深层原因，就无法带来绩效的改善。

曾经有些管理者去海尔学习日清管理法，并且带回自己的公司，但在执行过程中经常发生偏差而失败。例如，S 企业表示"轰轰烈烈搞了一年，渐渐地没有了声音。最根本原因是管理者都不能从自我做起，不能日清自己，而把日清管理法当成了控制员工的手段。基层员工怨声载道，上面的领导开始怀疑方法的有效性，最后就不了了之"。另一家企业则表示："上面领导要求我们每天写工作日志，填日清表，累人不说，最大的问题是我们反映的问题根本没有得到任何答案。如果这样，那么还要日清干什么？难道就为了每天填填表格？"这就表明，在日清管理这种绩效改进的方法上，很多企业没有把握到改进的要义来自整个管理体系的支持。

资料来源：任作敏．从德鲁克的 MBO 到张瑞敏的 OEC［J］．北京工商大学学报（社会科学版），2002（06）：51-53.

思考题

1. 从公平的角度考虑，日清管理法体现了哪些公平的因素？

2. 从期望理论分析，日清管理法如何增加个体感受到的激励程度？

3. 从目标设置理论来看，日清管理法体现了哪些要素？具体是怎么体现的？

案例四　分析参考

1. 公平理论最初关注分配公平，但现在研究发现程序公平也很重要。日清管理法在两个方面都有所体现。一方面，从结果的分配公平而言，日清会让每个人了解自己的工作成果，让每个部门也都了解部门目标完成情况，因此，员工可以有"系统"作为参考对象，更容易体验到一分耕耘一分收获的公平感；另一方面，就过程的程序公平而言，日清也强调要清原因、清体系，如果激励体系或者目标体系出现问题，也有纠正和改善的过程，可以让员工感受到绩效评估过程的公平性。如果从其他角度分析，如客观公平和主观感受等角度，只要言之有理即可。

2. 期望理论认为激励力（M）＝效价（V）×期望（E），效价是对成果或目标的重视程度，期望是达成目标的概率判断。直观而言，日清法可以提高员工关于期望也就是达成目标的概率判断，让员工感受到努力可以实现目标。因为日清首先让员工看到自己是否达成了预定目标，即使没有达成，也有更高层的领导者首先进行原因反思，来帮助员工进行绩效改进，这样可以增强员工的信心，让员工相信自己能达成目标。此外，由于日清的最终目标是塑造正确的价值观和导向，那么员工更认同公司价值观，也就会提高对于目标本身的重视程度。

3. 第一，从目标设置来看，在日清管理法中，目标的明确性和责任清晰度很高，因为每天都要进行对比。第二，从目标达成的过程来看，日清管理法提供了较好的组织支持，日清要从领导开始而不是从一线员工开始。第三，从达成后来看，日清管理法提供了内部报酬，既源于工作本身的实现带来的意义感，也能够让领导者关注到有能力有潜力的优秀员工，他们也可能获得外部报酬，如表扬、晋升。可以结合案例材料对上面的每个阶段进行更加具体的展开。

案例五　餐饮业的员工激励

海底捞的创始人张勇从路边的麻辣烫店开始创业，如今已经把火锅店开遍中国，他很早就意识到火锅不同于其他餐饮生意，四川火锅重麻重辣，吃到中后期顾客很难区分火锅店的口味；而且客人要做涮煮食物、调制小料等复杂行为，比其他餐厅需要更多的服务。于是服务制胜的差异化理念就成了海底捞的战略。但是如何把这种理念贯彻到每个一线员工那里？张勇凭自己对员工群体的了解，做出了许多管理创新。

第一，海底捞给予一线员工完整的晋升途径。任何新员工都有三条晋升线。一是管理线：新员工—合格员工——级员工—优秀员工—领班—大堂经理—店经理—区域经理—大区经理；二是技术线：新员工—合格员工——级员工—先进员工—标兵员工—劳模员工—功勋员工；三是后勤线：新员工—合格员工——级员工—先进员工—办公室人员或出纳—会计、采购、技术部、开发部等。其中管理线和后勤线在其他餐饮企业可能也存在，但是技术线确实为那些没有管理才能或职能技能的员工提供了一条道路。海底捞的晋升体制和收入挂钩。在一家店铺，如果一个清洁厕所的阿姨可以做到功勋员工，她的收入只比店长低一点。这就给了那些勤劳苦干的员工很大的希望和鼓励。另外，对于优秀员工，海底捞会直接寄送给员工的父母一些父母津贴，这种激励方式使员工在家乡也获得荣誉和称赞，从而更加有利于海底捞招聘中的内部推荐制度。更重要的是，这种内部晋升的方式，也进一步保证了海底捞接下来的授权制度能顺利实施。因为管理层都曾经是优秀的一线员工，所以能很好地识别员工是否会滥用企业的授权和信任。

第二，海底捞给予了员工充足的授权和信任。对于管理层的员工，海底捞按级别有自主审批权，例如，大区经理为 100 万元，店长为 30 万元。年仅 28 岁的袁华强在担任北京区和上海区的总经理时，店铺的选择、装修标准、开业时间张勇都授权给他做决定。袁华强曾经不信邪，在北京租金便宜的地区开过两家新店，却两年没有收回成本。他的决策能力就是在这样犯错的过程中更好地成长了。对于店长，海底捞不考核单店利润，只考核客人满意度和员工的积极性。因为公司相信利润更多和选址有关，不是单纯由店长决定的，让店长关注利润也会损害海底捞的服务水平。公司也不担心不考核利润导致店长偷懒，利润下降，因为他们相信客人满意了自然就会光顾。对于一线员工，每个人都有为顾客免费送菜甚至整餐免单的权限。对于大部分餐饮企业，只有店长、经理才有这种权利。对于员工而言，拥有权利也增强了他们的责任心和归属感，他们确实认为自己是餐厅的主人，会以更加主动的态度服务客人。

第三，海底捞认为员工幸福自然带来幸福服务，而一个人的微笑可以进一步强化大家友善、互助、热情的氛围。为了让员工感受到幸福，海底捞提供每年

12 天的带薪假期，公司提供火车票，宿舍、夫妻房、为员工子女修建寄宿学校，在内部培训时教授员工在大城市的生活技能，如教大家如何乘坐地铁。海底捞也关注到一线员工每天站立 10 小时、走路 10 公里，为他们提供的工服都配的是名牌运动鞋。每天晚课进行工作培训时，为了鼓励大家发言和思考，会给水果等奖励，而好的发言总是大家集体鼓掌来赞扬。当你的主动服务、帮助同事等行为时常得到微笑鼓励和鼓掌称赞时，这种行为自然也会得到强化，继续形成更好的良性循环。

资料来源：黄铁鹰，梁钧平，潘洋．"海底捞"的管理智慧［J］．商业评论，2009（04）：82-91.

思考题

1. 从期望理论的角度，分析海底捞的晋升制度、授权制度、幸福氛围如何提高了员工的主动性。

2. 海底捞的授权制度和薪酬制度在哪些方面体现了公平理论的作用？具体进行说明。

3. 海底捞的微笑服务是怎样体现行为强化的？试着进行说明。

案例五　分析参考

1. 可以类似于上一个案例中对日清管理法的分析，此外，也可以从期望理论关注的链条来进行分析，以下供参考。期望理论指出了"个人努力—个人绩效—组织奖励—个人目标"的一个链条。海底捞在这三个层次的关系上都处理得非常好。

（1）组织奖励—个人目标的关系，核心是奖励的吸引力。海底捞非常了解对于员工，什么样的奖励富有吸引力。比如：在晋升制度中，晋升到一定级别后，海底捞提供直接给亲属的津贴，能满足员工在家乡获得名誉、地位的尊重需求。在授权制度中，给予一线员工免单权力，也是满足他们的尊重需求。在幸福氛围中，提供优质品牌的工作服，满足尊重需求；互相帮助，生活扶持，满足离乡打工者的归属需求。

（2）个人绩效—组织奖励的关系，核心是绩效是否被组织识别。海底捞对店长的考核指标不是利润而是顾客满意度，因为利润可能和其他因素相关，解除了店长的担忧，让专注提供服务质量的店长可以放心，自己的绩效能被组织认可和奖励。

（3）个人努力—个人绩效的关系，提供了不同的晋升路线，让所有员工都有努力方向，相信自己的努力表现可以取得更高的绩效。

2. 薪酬制度首先体现了分配的公平，如果一个清洁厕所的阿姨可以做到功勋员工，她的收入只比店长低一点，员工感受到自己的投入与贡献和管理者的贡献相比也并不逊色，对于分配的结果更容易感到公平。薪酬制度也体现了机会公平，不同类型的员工都有机会被认可，而不是某一类员工获得升职加薪的机会。授权制度体现了过程的公平，比如：店员感受到自己和店长一样被公平对待；不同店长的考核指标和个人管理更相关，而不是和客观因素相关。

3. 强化理论认为行为出现的频率和结果相关，如果总是在行为后给予奖赏（对方喜欢或期待的事物），那么就是对行为进行正强化，可以让该行为更可能发生。海底捞对于微笑服务采用的就是正强化的方式。当员工提供微笑服务或互相帮助时，其他人要对她/他报以微笑、感谢，而微笑和感谢是大家所喜欢的事情，因此微笑服务或互相帮助的行为就更可能出现。并且，在大部分情况下，顾客也愿意对微笑服务回以微笑、积极的态度，因此，微笑服务在顾客那里也可以得到强化。

二、推荐书目

推荐书目 1：况阳：绩效使能：超越 OKR，机械工业出版社，2019

本书作者况阳曾经在华为从事多年项目管理工作，后来转入人力资源管理，在华为实践 OKR 的过程中积累了丰富的一线管理实践经验，撰写了一本绩效管理、目标管理的新作。相比于国外作者对于 OKR 的介绍，况阳更了解中国文化、中国企业、中国领导者和中国员工，他对于 OKR 的介绍中，不断提及中国企业常见的疑问，他也以自己多年的管理实践，对这些疑问进行了回应和澄清。此外，令人惊喜的是，这位深具经验的实践者更充分阅读了许多经典管理书籍和专业论文，从泰勒、德鲁克等大师著作，到新近的《斯隆管理评论》的论文。因此本书是少见的实践专家中写作具有专业厚度的作品，他对于绩效管理的发展历程、OKR 的适用条件都做了详尽的分析，学生在阅读中可以体会到管理环境如何影响管理方式。

推荐书目 2：格尼茨，李斯特：隐形动机，中信出版社，2015

本书两位作者均为一流的组织行为和消费行为学者，本书不仅涉及个人的动机和激励手段，而且将其置于社会管理、组织管理、消费活动等多样化的商业情境中，能帮助读者去进一步体会人类动机的复杂性，如何在具体情境下寻找恰当的方式去激励和保护个体的动机。作者推崇实践出真知的精神，鼓励企业和各类机构基于数据和证据决策；因此本书不仅告诉我们结论，而且告诉我们如何用科学的方式去探索、评估不同措施的有效性。低年级学生可以学习到"现场实验"是如何在企业或者公共政策中实行的，他们的写作不像方法学教程那么烦闷，可以让你以轻松有趣的方式初步了解实验研究法，建立对研究逻辑和研究方法的兴趣。

第十一章 沟通

一、专题案例

案例一 电力项目管理沟通

电力系统是我国能源供应的重要领域，在各省市级的电力公司中，经常会涉及不同团队、不同职能部门的配合，因此沟通体系和渠道的顺畅是组织良性发展的重要保障。

广东某地的电力公司需要向北京中关村的一家电力 IT 企业采购一款配网规划的专业软件。当时，广东的配网规划主要依靠专业规划人员手工完成，虽然有一些辅助性的软件，但是这些工具互相配合程度不高，仅能解决局部问题，于是广东方面希望定制研发一款集成式的工具。项目流程大致如下：实施部门（位于广东）先提出用户需求，开发部门（位于北京）进行软件研发，测试部门（位于北京）测试软件功能，然后交付给实施部门，实施部门接受开发和测试部门的软件操作培训，最终用于实际的配网工作中。在此过程中，双方在沟通中需要不断磨合。

第一，在用户需求的统计中，实施部门的内部沟通效率较低。公司一开始采取了线上的需求统计和线下的需求提出大会结合的方式。在线上需求统计中，大家因为工作繁忙很少投入参与；在线下的需求大会上，各部门领导会议较多，临时委派其他人员参加，但业务人员不能代替部门领导决策，出现了需求反复修改的情况。为了改善情况，实施部门采取了新的线上线下融合沟通措施。首先，通过线上调研，确认了需求采集的部门和人员范围；其次，在各部门内部实行决策负责制，要求各部门对自己的需求负责；最后，进行线上提前通知和线下会议相结合的方式，明确每次会议的目标、参与人员、相关资料，线下会议充分讨论，线上及时汇总反馈，提高沟通效率。

第二，在用户需求的传达中，实施部门和开发部门也发生了一些沟通不到位的情况。例如：配网软件需要运行于操作系统平台，并且和现有办公软件进行协同。北京电力IT企业认为这是基础信息，如果有特殊要求对方会告知；广东电力企业则缺乏软件相关的专业背景，没有对系统版本号等细节进行确认，导致初次测试时才发现运行平台差异的问题。由于背景知识的不同，一方的"默认信息"对另一方可能并非如此。在随后的沟通中，双方建立了细节清单，并且要求多提问、多尝试、多确认的沟通原则，成功减少了这样的盲区。

第三，在项目的开发过程中，位于北京的开发团队没有参与广东实施部门的用户需求调研，主要依靠书面的《用户需求说明书》和开发经理的讲解，但是开发经理并非配网业务专家，对于实际的工作场景了解不够充分，在项目初期未能及时发现对部分需求的误解，导致信息传递过程失真。发现这一问题后，项目实施团队马上扩大了沟通范围。首先，组织了项目实施组和核心开发人员的沟通会议，确保开发人员充分理解需求。其次，基于开发人员的提问，对需求书进行了补充。最后，将需求书的补充材料再次和业务人员进行讨论确认，厘清疑点。这一流程也成为了两个公司后续项目管理的标准流程之一，合作双方都认为这种模式创造了较为理想的沟通效果。

经过若干次项目合作，双方甚至共同采用了一个开源的项目管理系统进行合作，对项目管理的各个环节都能在系统中看到操作流程，能有效追踪各类问题，方便信息的共享和沟通。

资料来源：刘寄庆．异地团队共同实施的信息化项目沟通管理研究［D］．北京：中央民族大学，2012.

思考题

1. 有效沟通的标准有哪些？在案例中，双方合作初期哪些部分没有达到有效沟通的标准，试着举例说明。

2. 本案例中，项目开发团队获取《用户需求说明书》时，沟通的方式或渠道发生了怎样的变化？为什么需要这种变化？

3. 从用户需求统计的部分分析，线上沟通和线下会议各自有什么优点？

案例一 分析参考

1. 有效沟通的标准有：①沟通的量，要传达足够多的信息量，例如，双方在软件开发初期没有核对操作系统和办公软件的版本，就是信息量不足的问题。②沟通的质，沟通不仅是信息的传递，更重要的是信息被准确地表述和理解，例如，双方最初在《用户需求说明书》的沟通，仅通过开发经理和书面《需求书》，就没有达到信息被准确理解的目标。③沟通的时，沟通的有效性很大程度依赖信息的及时性，例如，用户需求的收集如果不能按时完成，或者不能及时发现上述问题，会导致项目的延期和返工。具体例子仅为示意，学生选取其他例子言之成理即可。

2. 对于项目开发团队而言，最初的沟通方式是下行沟通，由开发经理负责讲解用户需求，但是由于涉及配网业务的专业知识超出开发经理的知识领域，开发经理对需求的讲解不够深入，而且管理者个人的误解会导致整个开发团队的误解，因此沟通的质量和效率都不够好；后来的沟通方式是部门之间的平行沟通，开发团队核心成员都和项目实施部门进行了沟通，这样可以减少层级辗转，节约时间，提高效率。对于简单的、程序性的、专业领域内的沟通内容，下行沟通指挥链明确、效率高；但是对于复杂的、非常规的、跨专业的沟通内容，平行沟通更加适合。

3. 开放性问题，言之成理即可。在本案例中，线上沟通的优点：对于跨部门沟通（人员较多）时，时间灵活；对于程序化的内容，收集信息更迅速；记录充分，可以同时呈现较多信息，方便随时回看查找。线下会议的优点：部门内部（同一地点、人员较少）时，更灵活高效；对于非程序化的内容，互动讨论的效率高，适合复杂问题的讨论。

案例二 说服舞团开展观众调研

莉亚曾经是一位舞蹈演员，现在担任德鲁舞团的总经理。这个舞团是一个独立进行商业运营的现代舞公司，公司位于纽约。董事会今年给莉亚的任务是新方向的扩张，希望寻求国际合作或电影电视合作。莉亚意识到需要营销人员的帮助才能更好地开展媒体合作，于是他们聘请了来自运动服饰品牌的一位营销主管伊丽莎白，来帮助舞团在扩展中做好营销活动。

　　伊丽莎白上任两周后意识到，舞团从来没有进行过任何形式的顾客调研，对观众的基本信息、观看喜好等毫无记录。伊丽莎白敲响了莉亚的门，希望能开展调研，对顾客征求意见。她希望支持伊丽莎白的工作，帮助她为公司的营销寻找机会。但莉亚对顾客调研不太确定，"这个主意当然不错，但对我们来说是个挑战，这栋楼有人会不喜欢的"。她指的是舞团创始人、艺术总监亨利。虽然理论上舞团经营现在由莉亚负责，但亨利仍然具有很高的影响力和话语权。

　　果然，亨利直接拒绝了这一想法，他认为舞团的根基是艺术家的创作，如果问顾客想看什么，可能舞团每天都要演《天鹅湖》了。事实上，顾客根本说不清自己想看什么，艺术家只有坚持自己的创作才能给顾客带来全新的体验。

　　莉亚无言以对，她知道舞团管理层很多人都是这样想的。她心里也有些犹豫。这时，伊丽莎白递上了一份准备好的资料，是前公司根据用户调研来获取产品反馈和改进产品的例子。她说："我知道舞蹈公司和服饰产品不同，但是我们可以收获同样的好处，如粉丝网站、用户口碑，特别是如果我们要进入国际市场和大众传媒市场……"亨利打断了她，说："蒂芙尼不会调查顾客喜欢什么样的首饰，而是相信设计师的灵感，我们也是这样，我们告诉观众他们需要什么。"伊丽莎白并不轻易放弃，她举出了舞团去年因为演出面具而惊吓到儿童观众导致退票的问题，但亨利却说这只是偶然事件。

　　隔了几周后，伊丽莎白再次为此进行提案，这次她选择了一个较为保守的提案，她希望先就观众席的布置和服务进行调研，比如，观众是否希望舞团提供饮料出售，是否希望特殊日期的表演在观众座位上也进行主题布置等。因为这次调研不干涉演出内容，亨利对此未置可否，于是首次调研得以成功展开。

　　在此基础上，伊丽莎白向莉亚表示，他们可以学习一些交响乐团的营销，举行粉丝互动活动，比如，在经典的 3 个舞蹈节目中让粉丝投票选择哪一个作为压轴节目等，这样既可以激发粉丝的热情，也不干涉艺术家的创作。莉亚对这个提案也有些心动，不过她知道，她们还需要努力去说服亨利。

资料来源：腾跃. 要不要听顾客意见［J］. 哈佛商业评论，2019（08）.

思考题

1. 在本案例中，营销主管伊丽莎白面临哪些沟通的障碍？
2. 营销主管伊丽莎白采取了哪些说服技巧来克服这些障碍？

案例二　分析参考

1. 营销主管面临的沟通障碍有人际障碍和组织障碍。

在人际障碍方面：

（1）知识和经验差异：舞团不少管理者认同舞团的根基是艺术家的创作，不愿意让顾客干预艺术；而营销主管认为了解顾客是扩大经营的基础。

（2）选择性知觉：亨利根据自己的经验、动机等特征去看待信息，不符合自己观点的信息不太能听进去。

在组织障碍方面：组织结构不合理：亨利虽然已经不担任总经理，但对舞团有极强影响力。

2. 营销主管采用的说服技巧有：

（1）得寸进尺策略：她了解到亨利的顾虑之后，首先从一个不容易引发反感的小要求开始，对观众席的餐饮、布置等非演出环节进行调研，这样可以获得亨利的同意，并且如果有进展的话可以进一步说服亨利。

（2）寻找共同地带：伊丽莎白意识到首次沟通失败中，双方的知识和经验有很大差异，亨利不认为舞团和伊丽莎白过去工作的运动服饰有相似点，而是认为舞团和蒂芙尼等设计品牌更接近，所以伊丽莎白的观点没有说服力。于是在后续沟通中，伊丽莎白选择了交响乐团等案例，尽量以亨利更容易接受的方式来表达。

案例三　用真诚促成并购

2005 年，罗伯特·艾格出任迪士尼 CEO，他的第一个目标就是并购皮克斯。当时，迪士尼董事会对此很不看好，他们认为皮克斯的第一大股东乔布斯极难相处，并且是艾格的老领导，迪士尼上一任 CEO 艾斯纳和乔布斯关系很僵，又得罪了皮克斯的两大创始人。

艾格和乔布斯有过少量的接触，考虑到历史纠葛，如何取得积极的开局不太容易。不过艾格非常聪明，首先在数字媒体问题上和乔布斯进行了破冰聊天。艾格原先担任过媒体公司 ABC 的总裁（ABC 后被迪士尼收购），他主动给乔布斯打电话，讲述了自己对未来数字媒体的看好，认为苹果的 iPod 等设备将成为重要的媒体渠道。乔布斯因此感到非常愉快，主动邀请艾格到苹果观看了带有屏幕的 iPod

原型机，并且询问他是否真的愿意把 ABC 的媒体内容授权给 iPod。艾格马上同意了这项合作，仅 10 天就签订了合同。作为传统媒体，愿意如此迅速地拥抱数字媒体，而且破除了迪士尼原有的官僚、缓慢的作风，这让乔布斯对他的印象大为改观。

随后，艾格鼓起勇气向乔布斯提出了收购皮克斯的事情，并且去皮克斯参观，而这次参观之旅更坚定了他的收购意向。因为他看到了皮克斯先进的动画技术、活跃的合作氛围、热情的创意动力，收购皮克斯就是挽救迪士尼动画的最佳选择。当乔布斯询问他是否仍有意愿收购时，艾格纠结于自己是否要抑制一些激动之情，表现得保守些，但是他最终决定展现自己的热情来打动乔布斯，尽管很多人认为这会导致对方坐地起价，但艾格当时却有种预感，这次他能以真诚的方式建立信任和关系。

乔布斯当时没有告诉艾格，但其实在背后向皮克斯的两位创始人约翰·拉塞特和艾德·卡特姆表示了对艾格的欣赏。乔布斯刚提出会考虑迪士尼的收购时，约翰和艾德都非常反感，因为他们对迪士尼前任 CEO 艾斯纳感觉不佳。一方面，艾斯纳当时曾经企图抢走约翰创作的动画角色，这就和抢走约翰的孩子一样；另一方面，他们三人都对艾斯纳官僚、缓慢的决策流程深恶痛绝，在许多细节上反复拉扯、缺乏诚意。但乔布斯表示艾格完全不同，是个真诚可靠的人，并且对他们陈述了合作的优点，迪士尼具有全球发行和市场营销的经验，这正是皮克斯所缺乏的，而且迪士尼也能提供更好的平台，如果说皮克斯的体量是一艘潜艇的话，迪士尼就是一艘巨型客轮。就这样，乔布斯说服了约翰和艾德见过艾格再决定，并且承诺绝不会在他们不同意的情况下出售皮克斯。

艾格去约翰家中拜访，他们两人从体育节目聊到了职业生涯，艾格表示因为经历过被并购的感觉，他愿意完全尊重皮克斯的文化和运营方式，保护皮克斯的自治权。而约翰也聊起了自己二十几年前在迪士尼的工作，表示自己对创始人迪士尼先生非常崇敬，对迪士尼其实有更多情怀和憧憬。艾格抛出橄榄枝，希望并购后不仅皮克斯保持自主，并且约翰他们可以挂帅管理迪士尼的动画部门。

很快，乔布斯就财务并购方案和艾格进行了协商，艾格给出了 74 亿美元的优厚报价，乔布斯也没有利用自己占据的优势开出天文数字。除了财务协定，双方也签订了一个企业文化的备案，明确保护了皮克斯的自主权。

资料来源：罗伯特·艾格，乔尔·洛弗尔. 一生的旅程：迪士尼 CEO 自述［M］. 上海：文汇出版社，2020.

思考题

1. 从冲突的层次来看，艾格面临哪些冲突？试着举例说明。

2. 艾格在冲突管理中采取了哪些策略？

3. 迪士尼和皮克斯的并购谈判中，艾格特别注意克服组织和文化的障碍，他是怎么做的？

4. 迪士尼 CEO 艾格、皮克斯的最大股东乔布斯、皮克斯的管理者约翰和艾德之间的沟通网络发生了怎样的变化？

案例三　分析参考

1. 艾格面临的冲突有：

（1）个体内部冲突：比如，在谈判前的非正式沟通中，艾格纠结自己是应该热情一点（但这可能导致对方坐地起价），还是保守一点（但这可能导致对方认为没有诚意）。

（2）人际冲突：艾斯纳和乔布斯、皮克斯关系破裂，使他和对方最开始联系时要小心翼翼。

（3）群体间冲突：艾格提出要并购皮克斯，但迪士尼的董事会认为并购不可能成功。

（4）组织间冲突：皮克斯的目标是拥有自主权，迪士尼的目标是希望动画部门焕发生机。

2. 艾格在冲突管理中采取了多种策略：

（1）对于和董事会的争议，他采取了竞争策略，努力展开行动来破除董事会的悲观预测。

（2）对于和乔布斯的早期人际沟通，他采取了迁就的策略，尽量满足对方的关注点，因为他希望以真诚的态度为后续合作建立信任，比如，给予 iPod 媒体内容授权、以较快的时间完成协议等，都是为了展示自己上任后的迪士尼全新的氛围和风格。

（3）在最终的谈判中，采取的是合作策略，通过充分的沟通，让双方的关注点都得到了满足。

3. 在这次并购中，乔布斯和皮克斯担心的问题其实是过往历史和并购的教训：害怕迪士尼的组织障碍（结构臃肿带来沟通缓慢）、文化障碍（大公司求

稳、保守的文化)。艾格在沟通过程中做了以下努力:

(1)重视反馈,他会注意沟通时效,快速给出反馈,而且并不压抑自己的激动热切,比如,乔布斯邀请他参观他马上就去,并且当场回应合作意愿,又如,首次去拜访约翰就提出愿意保护皮克斯的自主权,让对方感受到尊重、高效。

(2)克服认知差异:他巧妙寻找了和沟通方的共鸣点,让对方感到他能换位思考。比如,他回忆自己公司被并购的经历,表达愿意尊重皮克斯的文化。

4.沟通网络从最初的轮式变成了全通道式。最开始的时候乔布斯担任了轮式沟通的中心人员,因为他和双方都有一定的关系基础;后来随着沟通的进展,他们彼此都可以进行交流沟通,就成为了全通道式。

案例四 新东方:真实合伙人

2001年8月,俞敏洪在办公室收到一封信,是副校长王强写好、密封并让秘书送过来的。新东方的"三驾马车"——俞敏洪、徐小平、王强一直保持着从校园走来的朋友情谊,在重大事件或者强烈情绪下,他们有种文人的习惯,以长信来倾诉心怀。2001年8月,这封信打破了股份制改革的表面和谐,俞敏洪令人收走了王强的公章,愤怒的王强则辞职相逼,最终徐小平出走,后来王强也离开了。

1991年,俞敏洪开始做英语学校,在社区居民房办学后遇到的冲突并不是他所预料的,他不愁生源,而是因为门口卫生、贴广告等"鸡毛蒜皮"的问题发生了许多纠纷,不得不自己出面和居委会等打交道。事后他分析到,一开始他不喜欢面对,但是问题不解决学校就办不下去,只能逼自己去做;而且还需要经历语言的转变,从知识分子的语言变成社会交流的语言,慢慢地也就习惯了,和他们吃饭聊天喝酒,像朋友一样相处。

就这样,新东方慢慢做大,俞敏洪的亲戚朋友也都加入帮忙;1995年底,他邀请在海外的徐小平和王强回国加入新东方,拓展新东方的业务边界,俞敏洪负责考试培训,王强负责口语教育,徐小平负责出国咨询。一个松散的合伙制度就这样初步形成了。

新东方的"三驾马车"经常被认为是"互补"的合伙团队。徐小平充满激情,条理清晰,深具说服力,喜欢思考战略问题,新东方当时的许多战略出自他手。王强充满理想主义色彩，读书量惊人，喜欢思考理论问题。俞敏洪则更低调、温和、现实、谨慎，甚至亲口承认自己有时"优柔寡断"，并且"通常不会让对方感觉到自己不喜欢他"。

王强刚回到新东方时推行了办公室禁烟。当时新东方抽烟的人很多，王强发难后引起了争吵，他要求董事会投票，要么禁烟，要么他离开会场。俞敏洪采取了自己惯常的和稀泥方式，既肯定了禁烟的意见，又表示这次会议并不正式，抽一下也可以。这种冲突、争论、解决的方式几乎贯穿了他们的所有相处。王强和徐小平希望推动现代公司制度，而俞敏洪面对现实的难题却过于温和不会拒绝。

王强和徐小平对俞敏洪有着很高的期待，他们希望俞敏洪成为一个商业传奇，同时也成为一个教育家。他们执行的方式就是直接的建议甚至是刺耳的批评——他们相信自己是"净友"，是公司的"监督者"，所说都是正当的批评和建议。除了王强的信件以外，徐小平也承认自己会发很多条短信给俞敏洪批评和建议，"那些把他折磨死的建议，我连续几年一如既往地提"。

当然，他们也当面讨论、辩论，甚至激烈争吵，内容围绕着具体的人事安排、股份制的分配方式、企业战略等问题，中间也常常夹杂着对来自农村的俞敏洪的"土鳖"之类的攻击。比如，他们曾经为一个高级职位的任命在董事会上争执不休，俞敏洪提名的人选，徐小平和王强坚决反对。据说双方谈了整个通宵，最后王强说，如果俞敏洪认为董事会是无理反对，又不能说服董事会，那么就解散董事会。俞敏洪于是妥协了。

不过如果单纯地认为徐小平和王强只会使用辛辣的语言、尖刻的讽刺，这只是一种片面的印象。其实他们在股东会议中也经常用幽默的语言来化解气氛。比如，徐小平以自己所有股份担保推动在线教育时，会场气氛一下子紧张起来，刚下课的王强进来就开玩笑说，"有国会辩论那味了"，徐小平也马上下台阶说，"那不用全部股份了，得给 Adam（徐小平的儿子）留一点。"

但这些并不能挽回他们理念的冲突，最令王强和徐小平难以忍受的是新东方当时的家族式作风和裙带关系，徐小平批判道，"我们是在与俞敏洪共事，与我们所倡导的北大精神、新东方精神共事，不是与俞敏洪的家族共事"。

2000 年，徐小平努力推动了新东方和联想合作共同成立在线教育网站，试图把联想的企业文化输送给新东方。当时，他甚至悲观地认为，单纯靠新东方无法建立新的、规范化的现代企业文化。

虽然在表面上这次合作声势浩大，也确实符合长远的战略趋势，但在当时的现实条件下，俞敏洪非常明白，面授和网上的内容提供存在矛盾。新东方教师必须花费更多精力保证面授教学的质量，线上教育这种学习方式的革命在相当长时间内是可望而不可即的地平线。东方人的尝试确实失败了，徐小平希望通过外援来改造新东方企业文化的尝试也落空了。

在股份制转型过程中，"三驾马车"渐行渐远，新东方还在继续前行。

资料来源：张伟，张悦，Tony. 真实合伙人［J］. 人物，2013（06）：58-68.

思考题

1. 在本案例中，王强和徐小平会和俞敏洪进行一些书面沟通，分析在本案例中，书面沟通有哪些优缺点。

2. 三位合伙人存在哪些类型的冲突？

3. 从案例来看，俞敏洪和王强、徐小平的冲突是属于建设性冲突还是破坏性冲突？

4. 俞敏洪对冲突的观念可能是怎样的？这怎么影响了他的冲突解决方式？而王强对冲突的观念有什么不同？

案例四 分析参考

1. 王强和徐小平使用信件、短信等书面的方式进行沟通，其优点是：

（1）在重大事件上可以比较系统、规范、全面，便于反复思考，如一些俞敏洪不愿意接受的重大决策，他们会通过文字沟通。

（2）避免直接的情绪冲突，这三位合伙人当面讨论时固然可以畅所欲言，但是有时会夹杂一些对于俞敏洪的玩笑。

（3）具有一定的仪式感，可以引发注意。

缺点是：

（1）缺乏语音语调的辅助，可能会显得生硬，甚至产生情绪、态度等方面的误解，如王强的辞职信引发了很大的情绪反应。

（2）没有当面的情绪反馈，难以根据对方的反应进行及时调整，降低沟通的效率。

2. 合伙人存在：

（1）目标冲突：王强和徐小平希望推动现代公司制度，而俞敏洪则更倾向于在现代制度和家族关系中取得平衡；徐小平希望推动在线教育（2000 年），而俞敏洪希望保证新东方的面授课程的利益。

（2）认知冲突：王强和徐小平更理想主义，希望积极改革，俞敏洪更现实，更加温和保守。

（3）情感冲突：俞敏洪更多面临家庭情感。

3. 他们的冲突既有建设性的一面，也有破坏性的一面。结合特点进行分析，言之有理即可。

4. 俞敏洪的冲突观更可能停留在比较传统的观念，他认为冲突是不好的，希望尽量加以避免，这也导致很多时候他采取了妥协的方式解决冲突。王强的冲突观更接近于相互作用观念，他们不仅接受冲突的存在，甚至鼓励冲突的存在，认为冲突反映了问题，解决组织问题即可，这也导致了他很多时候采取竞争的方式解决冲突，坚持自己的看法，对不同的看法针锋相对。

案例五　皮克斯的团队协调

艾德·卡特姆是皮克斯公司的创始人，当他成功带领公司制作了《玩具总动员》一片，并且和乔布斯携手推动公司上市后，就激情澎湃地投入到了第二部影片《虫虫危机》的制作中。他再次邀请制作《玩具总动员》的优秀人才加入这部片子，才首次听到了制片经理们的抱怨，他们认为自己在制作《玩具总动员》时完全是二等公民，不想重蹈覆辙继续为皮克斯工作。艾德惊讶极了，他一直以为公司上下有着通畅的沟通氛围，他经常走访片场和办公室，也公开表示自己的大门向每位员工敞开。为何整整五年时间他都没有意识到制片团队和创意团队的裂痕呢？

皮克斯的创意人员和技术人员一直能平等友好相处，因此艾德理所当然以为，制片人员也能受到创意人员的尊重。结果沟通下来却发现，创意和技术人员确实看不起制片人员，因为他们觉得制片人既不懂艺术又不懂技术，还过度管理，简直就是妨碍电影工作。

这种矛盾的基础当然源于双方的部门角色不同，制片团队和创意团队的工作职责有很大差异，制片经理要把控预算、监督进度、管理现场，有时还必须狠心说"不"来保证整个流程的顺利。因此双方本来就有不同的立场。

但是事情在皮克斯为何发展得那么严重呢？首先，因为制片团队是皮克斯外聘的好莱坞资深制片人，因此他们觉得自己只是临时和皮克斯进行项目合作，如果去抱怨皮克斯的雇员，这些意见不会得到公司的重视。而且好莱坞传统的工作方式就是项目制，抱怨只会让你错失未来的工作机会，不如忍受完成这个项目，遵循"闭口不谈"的潜在行业规则。

其次，制片经理虽然感受到创意团队的轻视，但是他们对《玩具总动员》项目和领导人约翰有着很强的好感，并且也认同这是一部价值极高、具有时代意义的动画电影，是可以震惊观众的杰出影片。他们认为自己虽然不是艺术家，但是也是有艺术品位和鉴赏力的，他们为了优秀的作品愿意忍受工作中的冲突和不满。直到皮克斯邀请他们再次合作时，他们才倒出了心中的苦水。

艾德理解了制片团队为何此时才坦诚建言的原因，但他更希望的是能解决这个问题，让两个团队良好沟通、再次协作。于是他有空便跑到大家办公室去和大家闲聊，询问大家觉得皮克斯哪里做得不妥，也不强迫大家一定要说什么，随着一次次的谈话，大家渐渐向他敞开了心扉。

电影制片经理不仅要控制预算和工作进度，而且要负责协调各部门的工作，因此制片经理认为，如果大家遇到问题时毫无组织地随便找人解决，那么整个片子的制作进度就得不到保障，尤其是对于《玩具总动员》这么一个庞大复杂的项目而言。为此，制片团队定下的规则是：如果有话要说，需要报告给直接管理自己的上司。艾德意识到，这是一种出于善意的管理规定，但是却给创意团队带来了麻烦。比如，如果一位动画师想要和建模工程师沟通，需要遵循程序汇报给领导，再由领导去发起沟通，这其实阻碍了大家自由交流的效率，明明动画师和建模工程师就应该直接交流。艾德为此和制片团队进行了解释沟通，制片团队理解了艾德和皮克斯的理念。

于是他召开全员大会，宣布从此大家可以不分级别、不分时间地进行交流，公司对此没有任何限制，也不需要怕上级会斥责不满。员工可以先进行交流解决工作问题，事后通知上级也不晚。这个新规定化解了制片团队和创意团队的矛盾，在《虫虫危机》的制作过程中，因为工作方式的转变，制片团队也逐渐受到了创意团队的尊重，不再被认为是"齿轮中的沙子"那样拖后腿的存在。双方的沟通和合作越发顺畅。

资料来源：艾德·卡特姆，埃米·华莱士，卡特姆，等. 创新公司：皮克斯的启示［M］. 北京：中信出版社，2015.

思考题

1. 从艾德的案例来看，领导者对建言保持开放、鼓励的态度就一定能听到真实的声音吗？哪些因素会造成影响？

2. 皮克斯的制片团队和创意团队之间的沟通障碍来自哪些方面？

3. 从本案例来看，沟通渠道是否等于组织结构？你如何看待两者的关系？

4. 从艾德身上，你能学习到哪些沟通的技巧？

案例五 分析参考

1. 不一定。案例中提到了三个因素：

（1）人力资源的配置方式或组织架构。在项目团队、矩阵管理等方式中由于团队可能随着项目的结束而解散，员工预期到自己并不会长期处于该环境中，那么可能选择闭口不言。

（2）工作的认同感。在本案例中有时候较高的认同感反而带来员工为此牺牲自我感受，减少建言。

（3）行业或公司文化。好莱坞有只工作、不讨论的文化，过分个人主义或结果导向的文化环境可能使得员工不愿意开口。

2. 首先是双方的工作任务和目标有所差异，制片团队负责把控预算、流程，创意团队负责进行创作和生产，本身在目标上有一定的冲突。其次是双方的背景差异，创意团队认为自己是艺术部门，更追求自由的氛围。最后是管理的执行，制片团队采取了一个善意却不恰当的管理方式。

3. 沟通渠道不应该等同于组织结构。组织结构是职责划分和人员管理架构，沟通渠道则是信息流动的方式，甚至包含非正式的信息流动。组织结构在短期内是稳定的，沟通渠道并不一定等于组织结构中的命令链和汇报链，管理者应该允许更为灵活多样的沟通渠道。由于电影是一个庞杂的系统项目，因此鼓励横向沟通（同一层级内的沟通）和斜向沟通（不同层级和不同工作领域的沟通）才是更好的方式。当然，这也会带来一些信息过载的问题，导致管理者不能得到有效的信息和进展，因此艾德表示先解决问题的话，事后要通知上级。

4. 开放性问题，可以从克服沟通障碍的角度分析、可以从冲突管理的角度分析，言之成理即可，甚至跨章节从领导者的信息传递、人际关系角色分析，从塑造开放坦诚的组织文化等角度进行分析。

二、推荐书目

推荐书目1：埃利奥特·阿伦森著，邢占军译：社会性动物，华东师范大学

出版社，2007

本书曾经被美国心理学界公认为最简洁的社会心理学入门杰作。作者阿伦森是美国心理学会110年历史上唯一集齐三项大奖的心理学家：杰出研究奖、杰出教学奖和杰出著作奖。他以非常精练的语言帮助我们理解人们如何受到周围环境、群体和他人的影响，以至于发生从众、顺从、偏见、喜爱等种种行为。这本书很好地平衡了可读性和科学性，使我们能在愉快阅读那些经典论文和社会实验的研究结论时，从而获得多方面的启发。对于低年级学生而言，如果仅想初步建立对于社会影响、人际影响的大致蓝图，可以通过速读的方式获得概况；如果对实证研究的方式方法感兴趣，本书也提供了不少的经典研究和实验的介绍，甚至学生可以继续追根溯源。

推荐书目2：科里·帕特森，约瑟夫·格雷尼，罗恩·麦克米兰著，毕崇毅译：关键对话：如何高效能沟通，机械工业出版社，2012

"关键对话"是指那些对沟通双方非常重要，但容易发生分歧和情绪激动的沟通。如何促成沟通双方信息和观点的自由交流，把对话导向双方都愉快、愿意接纳的方向，需要克服很多沟通障碍，需要恰当使用很多沟通的方式和技巧。

本书作者既有来自管理学院的组织行为研究者科里·帕特森，他曾经因行为改变的相关研究获得过杨百翰大学马里奥特管理学院迪尔奖，也有和他一起从事管理咨询的实践专家，有丰富的企业和非营利组织的培训经验。在本书中，他们给出了七个对话原则，并且给出了实践每个原则的对话技巧和针对的关键问题，每章也采用了生活中常见的沟通案例，有助于低年级的同学快速有效地理解沟通的原则和技巧。

推荐书目3：夏博新著，姜忠伟译：我的公关人生："现代公关之父"夏博新自述，中信出版社，2020

夏博新是博雅公共公司的创始人，他带领公司很快成为美国公关行业的第一名，本书是他在九十高龄时对自己事业的总回顾，讲述了他所亲历的公共行业50年。公共关系旨在影响公众的意见和态度，甚至激励他们做出某种具体行为，因此涉及和多个利益相关群体的沟通，他以一个实践者的视角，记录了自己亲身经历的各种经典公共案例、人际交往等活动，展现了一个公关者如何通过沟通来影响机构和个体的行动。无论是他对公共的战略性分析，还是他的沟通技巧、他的人生原则，均值得学生去感受和思考。

第五篇　控制

第十二章 控制的类型与过程

一、专题案例

案例一 "客户至上"的林肯管理系统

林肯电力公司是一家国际领先的焊接产品、焊接设备和电动机制造商。该公司的产品广泛用于切割、制造和修理其他的金属制品。100多年来，林肯电力公司在激烈的国内外市场竞争中，始终保持着在焊接技术领域全球领导者的市场地位，公司创始人詹姆斯·林肯所采用的林肯管理系统功不可没。

林肯管理系统的成功在很大程度上要归功于其建立在公开、信任、共同控制和平等精神基础之上的企业文化。虽然公司管理者和员工之间界限分明，但是管理人员尊重生产工人的专门知识和技能，并重视他们对企业业务的多方面贡献。公司制定了面向所有高级管理者、中层管理者和生产工人的开放性政策，鼓励大家进行经常地、面对面地沟通和交流；只要工人认为公司的做法和报西州比例不公平，就可以勇敢地挑战管理层的权威。大多数员工都是从中学直接招募而来的，公司对他们进行培训和轮岗以后，就让他们去担负特定的工作任务，其中有些人最终被提拔到了高级管理岗位。因为林肯电力公司奉行的是内部提拔，所以许多员工一辈子都在林肯公司工作。

林肯公司的创始人认为，公司应当基于特定的价值观，比如，诚实、信任、坦诚、自我管理（自律）、忠诚、责任感和协作精神等。这些价值观一直是林肯公司企业文化的核心理念，管理者经常奖励那些体现出企业价值观的员工。由于林肯公司在员工社会化方面极有成效的工作，所以，员工在工作中自我控制程度很高。生产工人实行计件工资制，外加绩效奖金。员工还有资格领取年度奖金，该年度奖金是随着公司财富的变化而变动的，公司还制订并实施员工持股计划，员工们可以参与购买公司的股票。奖金取决于多个因素，比如，生产率、质量、可靠性及同其他员工的合作情况等。众所周知，林肯公司的车间工人每年的收入超过 10 万美元，此外，还有其他非实物的奖励。赏识技艺、参与感、贡献感、团队精神都是林肯电力公司盛行的内在奖励方式。跨职能的团队被授予决策权，负责产品的设计、开发和市场营销工作。关于公司经营和财务状况的信息是在公司的所有员工中公开共享的。

林肯公司高度重视预测和解决客户提出的问题。销售代表都受过必要的技术培训，他们能够准确理解顾客的需求，帮助客户了解和使用林肯公司的产品，并解决相关问题。通过按照严格的责任标准和对所有员工的生产率、质量及创新能力进行正式考评。公司高度关注生产流程，以此来支持其"以客户为中心"的核心理念。此外，公司还采用一个名叫"Rhythm"的软件来实现生产过程物流的现代化。

林肯管理系统在美国运行得非常好。其文化价值观、坦诚沟通、正式控制系统和薪酬体系相互作用，将管理者、员工和组织的目标整合在一起，同时还鼓励组织及员工的学习和发展。现在，林肯公司正在探索，它的管理系统在海外是否同样有效。

资料来源：改编自《林肯管理系统的成功之道》。

思考题

1. 本案例中的控制方法属于前馈控制、同期控制和反馈控制中的哪一种？请予以解释说明。

2. 基于案例所提供的材料，你认为林肯管理系统成功的原因是什么？

3. 你认为林肯电力公司的控制方式倾向于集权控制还是分权控制？为什么？

案例一 分析参考

1. 本案例中的控制方法属于前馈控制。前馈控制又称事前控制或预先控制，是指组织在工作活动正式开始前对工作中可能产生的偏差进行预测和估计并采取防范措施，将可能的偏差消除于产生之前。前馈控制是一种面向未来的控制，强调防患于未然。

本案例中林肯公司建立起公开、信任、共同控制和平等精神的企业文化；制定了面向所有高级管理者、中层管理者和生产工人的开放性政策，鼓励大家进行经常地、面对面地沟通和交流；从中学直接招募员工，对他们进行培训和轮岗以后，就让他们去担负特定的工作任务，其中有些人最终被提拔到了高级管理岗位；公司高度重视预测和解决客户提出的问题，销售代表都受过必要的技术培训，他们能够准确理解顾客的需求，帮助客户了解和使用林肯公司的产品，并解决有关问题。这些都是在工作活动正式开始之前对工作中可能产生的偏差进行预测和估计的控制，都是面向未来的控制，强调防患于未然，因此属于前馈控制。

2. 林肯管理系统成功的原因如下：

（1）组织文化价值观如诚实、信任、坦诚、自我管理、忠诚、责任感和协作精神等深入渗透到企业员工当中，使员工拥有较强的自我控制能力。

（2）林肯公司的员工必须达到严格的绩效标准，且生产工人实行计件工资制，外加各项奖金、非实物奖励、持股计划等，使控制系统和薪酬体系相互作用，将管理者、员工和组织的目标整合在一起，形成组织凝聚力。

（3）公司管理者和员工之间坦诚沟通，公司鼓励大家进行经常地、面对面地沟通交流，工人们也可以挑战管理层的权威提出质疑。

（4）鼓励组织及员工的学习和发展，从中学直接招募员工，并对其进行培训和轮岗及赋予跨职能团队决策权，负责相关工作。

（5）高度重视预测和解决客户提出的问题，对销售代表进行必要的技术培训，解决客户的问题。

3. 公司的控制方式倾向于分权控制，主要表现在以下五个方面：

（1）通过奖励体现出公司价值观的员工对公司的价值观进行强化，从而实现员工的自我控制，发挥员工的主观能动性。

（2）该公司的工作任务是严格、明确、详细界定的，员工必须达到苛刻的、可以测度的绩效标准，并非统一标准。

（3）公司制定了面向所有高级管理者、中层管理者和生产工人的开放性政策，鼓励大家进行经常地、面对面地沟通和交流；只要工人们认为公司的做法和报酬比例不公平，公司鼓励工人们勇敢地挑战管理层的权威，充分调动员工的积极性和创造性。

（4）跨职能的团队被授予决策权，负责产品的设计、开发和市场营销工作，管理权力适当分散。

（5）关于公司经营和财务状况的信息是在公司的所有员工中公开共享的，

不是只有管理者了解相关信息，员工也可以参与到公司的管理中来。

案例二 TD 公司的 SAP 系统控制

TD 公司的内部控制涵盖整个企业生产经营管理的全过程，涉及采购、物流、生产、销售、质量、人资、信息财务、综合等各个领域。在卓越绩效管理模式下，在通过 ISO 9000 质量管理体系、ISO 14001 环境管理体系、OHSAS18001 职业健康安全管理体系基础上，在推进两化（信息化和工业化）融合管理和 SAP 系统过程中，不断完善与改进内部控制体系。TD 公司设有内控审计部，对内部控制情况进行检查和评价。

TD 公司的 SAP 项目由网络管理部牵头实施，共分为项目准备、业务蓝图、系统实现、切换与上线、运行维护五个阶段，TD 公司对每个阶段约定的交付物、运行时间、运行效果进行了一一核实。该系统包含销售与分销（SD）、物料管理（MM）、质量管理（QM）、生产计划与控制（PP）、财务会计（FI）、管理会计（CO）六大模块，我们采用实地访谈与问卷调查相结合的方式，从 9 个事业部 6 个职能部门中，对各模块不同流程分别抽取 5~8 名 SAP 系统使用者进行调查，听取、收集意见与建议 106 条。组织 SAP 相关负责人对 106 条意见与建议逐条进行分析、处理，根据收集的意见与建议，结合标准，对比实际，提出意见，促使各业务模块与财务及成本模块高度集成，充分发挥 SAP 系统集成性和联查性。网络管理部充分采纳审计建议，再次深入一线，了解实际情况，现场一一解答，解决一切操作中遇到的问题，并制订详细计划，加强培训，完善需求。

主要做法如下：首先，确定网络管理部是否对 SAP 实施制定相应的内部控制标准，标准中是否明确各部门的职责与权力，是否明确监督与检查机制，是否有相应的记录表单输出。其次，根据标准对内部控制的现状进行检查和判断。检查和判断内部控制的健全情况，在分析控制缺陷和潜在影响的基础上评价内部控制的健全性。再次，检验内部控制的有效性。选择有代表性的测试样本，以正确判断内控质量。最后，编制内部控制检查与评价的最终报告。提出一些具体的调查结论、意见、评价和建议，供最高管理层采纳，并送交被审计单位负责人，以完善内部控制。

例如：通过交货时间来确定 SD 模块运行是否正常；通过原物料的现有库存

量来确定 MM 模块的运行是否控制得当；通过用盘号完成质量追溯查询来确定 SD 模块中客户退货跟踪管理是否实现及 QM 模块是否稳定；通过工单投入产出差异及车间仓盘点差异是否在可接受范围之内来确定 CO 模块的产品成本控制及产品成本核算的实施是否有效改善；通过明确各事业部 BOM 层次，实现每个规格产品工艺数据的标准化明确到工时机时数据，实现生产计划管控、生产执行过程管控全面信息化，实现生产业务财务一体化，促进精细化业务管控和财务分析管控，使出具各类财务月报表的效率大幅提升。

资料来源：改编自《TD 公司的 SAP 系统控制》。

思考题

1. 根据案例分析，TD 公司的控制系统有什么特点？

2. 根据案例分析，TD 公司的控制过程。

3. TD 公司是如何改进 SAP 控制系统的？

案例二　分析参考

1.（1）TD 公司的控制系统是全过程的，是具有整体性的。控制工作要以系统理论为指导，将整个组织活动作为一个整体来看待，各方面控制工作能协调进行。另外，控制工作应覆盖组织活动各个方面，组织中各层次、各部门及生产经营的各个阶段都要实施管理控制。TD 公司的控制系统涵盖整个企业生产经营管理的全过程，涉及采购、物流、生产、销售等各个领域，对每个阶段约定的交付物、运行时间、运行效果等都进行了核实。另外，通过明确各事业部 BOM 层次，SAP 系统实现了生产计划管控及其过程的信息化及生产业务与财务的一体化，提升了 TD 公司内控的效率。

（2）TD 公司控制与各业务模块紧密相连具有集成性和联查性。组织 SAP 的负责人会对系统使用者进行调查，收集意见与建议，并根据实际情况对系统进行改进，促使各模块与财务及成本模块高度集成，发挥其集成性和联查性。管理部还会充分采纳审计建议，再次深入一线，了解实际情况，现场一一解答，解决一切操作中遇到的问题，并制订详细计划，加强培训，完善需求。

2.（1）确定标准。要对企业的各项活动或工作进行有效控制，必须首先明确相应的控制标准。没有标准就无法对工作活动及其效果进行检查和评价。TD 公司首先确定网络管理部是否对 SAP 实施制定相应的内部控制标准，标准中是否明确各部门的职责与权力，是否明确监督与检查机制，是否有相应的记录表单输出。

（2）衡量绩效。制定控制标准是为了衡量实际业绩，取得控制对象的相关信息，把实际工作情况和标准进行比较，据此对实际工作做出评估。案例中 TD 公司根据标准对内部控制的现状进行检查和判断，检查和判断内部控制的健全情况，在分析控制缺陷和潜在影响的基础上评价内部控制的健全性。

（3）分析与纠偏。将衡量结果与标准进行对比分析，并进一步分析偏差产生的原因，并采取矫正措施。TD 公司选择有代表性的测试样本，以正确判断内控质量。编制内部控制检查与评价的最终报告。提出一些具体的调查结论、意见、评价和建议，供最高管理层采纳，并送交被审计单位负责人，以完善内部控制。

3. （1）TD 公司对 SAP 项目实施的每个阶段约定的交付物、运行时间、运行效果都进行了核实，以保证 SAP 系统的高效率使用。

（2）通过对各模块抽取 SAP 系统使用者调查其意见与建议，促使各业务模块与财务及成本模块高度集成，充分发挥 SAP 系统集成性和联查性。

（3）网络管理部充分采纳审计建议，再次深入一线，了解实际情况，现场一一解答，解决操作中遇到的问题，并制订详细计划，加强培训，完善需求。

案例三　"从田间到餐桌"的全产业链控制

近年来食品安全问题时有发生，瘦肉精、三聚氰胺等食品安全事件接连出现。食品安全问题严重损害了消费者的切身利益。中粮集团作为我国国内最大的农产品和食品生产的国有企业，致力于为社会公众提供丰富且安全放心的食品。为此，中粮提出打造"从田间到餐桌"的全产业链粮油食品企业，意在从源头开始，从种植选种，到田间管理，再到机械化采摘，全过程控制农残、质量、加工、运输物流、包装，最终给消费者提供安全的营养健康的食品。长长的链条，中粮希望尽可能亲力亲为，即使不能达到也要有效地控制每一个环节。

全产业链战略的由头要从番茄谈起。一直以来，亨氏、联合利华从中粮购买大量的番茄，作为制番茄酱的原料。他们对中粮供应的番茄在口感、加工工艺及农残控制等方面都提出了严苛的要求。要解决番茄的农残问题，中粮必须自己把控生产环节，从源头上控制。从散户那里收购番茄，农残的控制几乎不可能实现，下一步的生产控制也无从谈起。

中粮屯河在宁夏石嘴山的番茄基地是探索的开始，那里工业发达，很多农民外出打工，大量土地闲置。通过土地流转，中粮租了六万亩地，这些土地农民可以从中粮那里得到400元/亩的收益，政府另补贴150元/亩。最开始一部分农民的参与热情并不高，市政府就组织农民参与农民合作社，耕作在中粮的农场基地上。后来反倒是大家主动要求参加。机械化和集约化不仅提高了生产效率，也带动了农民增收，农民可以获得土地租金、农场工资及股权收入。

全产业链的另一个要点是制定标准。在这当中，中粮与供应商紧密合作。最终交给消费者一个什么样的产品，中粮需要把标准和要求给上游。除了内部建立标准和内部流程的完善，中粮还致力于推动行业标准的建立。中粮希望发挥示范作用，把各方面的合作者整合进来。此外，畜牧产品的集约化也是中粮的一个方向。在湖北，中粮在探索"中粮600模式"，一个养殖户养200头猪，一年若出栏3次就是6百头猪。这种"公司+农户"模式推动的困难在于中粮对养殖环境的要求较高，比如10千米之内不能有工业，不能有污染。这在农村还不是很容易做到。然而，正如农业的集约化，畜牧业的集约化同样势在必行，如此才能做到上游原料的把控。目前，中粮已在山东、天津建成基地，江苏宿迁的养鸡项目也在规模化发展。

全产业链是个质量保证，有了它，产品就有了可追溯体系。上游做种植、养殖、加工的企业有几十万户，却没有哪个企业可以把它们串起来，中粮要利用自身已有的业务基础和能力在一定程度上把体系建起来。另外，如果不建立上游的一体化管理，不但食品源头难以追溯，甚至生产能力也不能满足中粮发达的覆盖全国的销售渠道的需求。这个体系要细化到每个产品都有内部序号，序号对应供应商、基地、生产模式的一切信息。

"一包奶可以断送一块业务，一个环节做不好，整体的链条都会受到影响"。中粮最大的使命就是要通过全产业链满足消费者对食品数量和质量的要求，从市场角度给人们提供更多的产品，更多有质量保证的产品。

资料来源：改编自《中粮的全产业链中轴线》。

思考题

1. 试分析中粮集团打造粮油食品全产业链控制的原因。

2. 在确定标准方面，试分析中粮集团是如何选择控制对象的？

3. 请结合案例，谈谈中粮集团打造全产业链给中国企业带来的启示。

案例三　分析参考

1. 中粮打造粮油食品全产业链的原因如下：

（1）控制食品质量，保证食品安全。中粮为满足消费者对食品质量和数量的需要，对从种植选种到机械化采摘的全过程进行控制，最终给消费者提供安全的营养健康的食品。

（2）保证消费价格的稳定。中粮致力于做最专业的农产品、食品生产商，食品原料、食品产品和服务的提供商。供应商作为其产业链的重要环节，可以发挥宏观调控作用，通过持续稳定的食品供应来保证消费价格的稳定。

（3）通过打造全产业链，让产品拥有可追溯体系，并且使中粮的生产能力满足其覆盖全国的销售渠道的需求。

2. 对组织工作进行控制的目的是实现组织目标，取得相应成果，因此组织活动的成果应该优先作为管理控制工作的重点对象。从理想角度管理者应该对影响组织实现目标成果的全部因素进行控制，但这种全面控制是不现实的，也是缺乏经济性的，基于组织中有限资源的经济合理使用及管理人员的工作精力和能力等现实情况，管理控制中通常的做法是选择那些对实现组织目标成果有重大影响的因素进行重点控制。

中粮集团对全产业链的控制主要体现了对资源投入的控制。组织的成果是通过对资源的加工转换而得到的。资源投入的数量和质量在很大程度上影响组织活动能否、数量质量要求完成经营任务指标。因此中粮集团重视从源头开始，从种植选种开始，从田间管理开始，到机械化采摘，全过程控制农残、质量、加工、运输物流、包装，最终给消费者提供安全的营养健康的食品。中粮与供应商紧密合作，并且把标准和要求给上游。除了内部建立标准和内部流程的完善，中粮还致力于推动行业标准的建立。中粮希望发挥示范作用，把各方面的合作者整合进来，以打造粮油食品的全产业链。

3. 中粮集团打造全产业链给中国企业带来的启示有以下三点：

（1）质量控制是企业发展的基石。"一包奶可以断送一块业务"，中粮深知食品安全、质量控制对企业的重要性，中国企业也都应当重视产品质量，在生产的各个环节对质量进行控制，严守企业发展的底线。

（2）以消费者需求为导向。中粮最大的使命就是通过全产业链满足消费者对食品数量和质量的要求，从市场角度给人们提供更多的产品，更多有质量保证的产品。中国企业应当重视消费者需求，从消费者的角度出发提供他们真正需要的产品。

（3）集约化生产以创造规模优势。集约化生产可以提高生产效率，并且更加便于对生产环节进行控制，降低成本。

案例四　天士力集团：顶天立"质"

1993 年，天士力开始实施专业化战略，专注于复方丹参滴丸的生产与研发，从一味中药的创新成果起步，开启了天士力的产业创新发展之路。2001 年，天士力开始实施全面国际化战略，以复方丹参滴丸申请美国食品现代中药走向世界，最终使其成为全球首例完成美国 FDA 三期试验的复方中药制剂。2010 年，闫希军从俄罗斯考察回国后，便开始实施多元化战略，布局大健康战略。而后随着数字化时代到来，医药行业竞争日益激烈，在内外环境的不断变动下，天士力以药品监督管理局临床试验为契机，致力于在大健康产业战略的布局下积极进行数字化转型，推动产业升级。现已形成以大健康产业为主线，以全面国际化为引领，以大生物医药产业为核心的高科技企业集团。

二十年来，天士力每年组织管理人员和员工代表围绕"黄"炎黄之根、"红"革命之根、"绿"事业之根三条主线展开行程。让传承中华文化，弘扬革命精神，探索生态发展成为天士力人责任与担当的出发点和落脚点。从此，"文化寻根活动"成为了天士力人企业文化建设中最为重要的、最具特色的重要活动。该活动不仅传承中医药文化，发扬革命精神，引领中华文化自信，还在企业价值观落地、员工素质提升等方面取得了很好的文化效应，在企业经营业绩、管理效率、竞争能力等方面也带来了很好的经济收益。

质量是医药企业的生命线，没有质量保障，医药企业就无法更好地发展。作为一家对社会负责的制药企业，天士力从研制现代中药复方丹参滴丸开始，便坚持"质量源于顶层设计、标准在于精准执行"的理念，以质量为生命，责任为基础，本本分分做好药。2001 年，天士力率先倡导并设立了中药提取生产质量管理规范（GEP），通过优化设计，采用了过程动态分析技术，实现了生产数据实时采集及大数据统计分析，建立了过程控制的优化模型，为中药智能制造管理提供了科学依据，确保了药品质量与疗效的一致性，成为了世界上第一个创造出一套完整的 GEP 的企业。

为使公司质量管理与国际和国家标准实现接轨，集团内部企业相继通过 ISO 9001、ISO 2000 质量管理体系认证和 OHSAS18001 职业健康安全管理体系认证。目前，天士力已经构筑起药材种植、有效组分萃取、制剂生产、临床研究到市场营销等现代中药全产业链标准体系，用标准化与世界对话，把"丸散膏丹、神仙难辨"演绎成为"创新中药、数字解析"，打开了中药神秘的"黑匣子"。在原有的生产基础上，自行研制出具有国际先进水平的大型自动化滴丸生产线，在保证药品质量的同时缩减成本，尽可能降低药品价格，使更多患者受惠。截至 2021年，天士力连续 4 次获评"中华民族医药百强品牌企业"，复方丹参滴丸、藿香正气滴丸荣获"全国中成药优质产品"金奖。

资料来源：改编自《创造健康，人人共享：天士力集团的社会责任实践创新》。

思考题

1. 试分析天士力集团进行质量控制的目标。
2. 试分析天士力集团在质量控制方面做了哪些努力？
3. 天士力集团的质量管理对其他企业有何启示？

案例四 分析参考

1. 试分析天士力集团进行质量控制的目标。

（1）确保组织目标的有效实现。任何组织都有其特定的目标，要有效实现组织的目标，就必须及时对那些构成组织的资源进行合理的组织、整合与利用，这就意味着这些资源要处于控制之下，或在一定的控制之中运营。因此，所有的组织活动和控制行为都必须以促进实现组织的最高目标为依据。

在案例中，天士力集团以药品监督管理局临床试验为契机，致力于在大健康产业战略的布局下积极进行数字化转型，推动产业升级。现已形成以大健康产业为主线，以全面国际化为引领，以大生物医药产业为核心的高科技企业集团。因此，为了有效实现其大健康产业战略布局的目标，天士力集团致力于质量控制，因为质量是医药企业的生命线，没有质量保障，医药企业就无法更好地发展。

（2）经济且有效地利用组织资源。所有组织都是在一个资源有限的环境中运作的，因而一个组织实现其目标的能力取决于其能否充分地利用现有的资源，制定和设计内部控制必须根据能否保证以最低廉的成本取得高质量的资源和防止不必要的多余工作和浪费。天士力集团在原有的生产基础上，自行研制出具有国际先进水平的大型自动化滴丸生产线，在保证药品质量的同时缩减成本，尽可能降低药品价格，使更多患者受惠。

2. 天士力集团在质量控制方面做了如下努力：

（1）倡导并设立了中药提取生产质量管理规范。天士力集团通过优化设计，采用过程动态分析技术，实现了生产数据实时采集及大数据统计分析，为中药智能制造管理提供了科学依据，确保了药品质量与疗效的一致性。

（2）集团内部企业相继通过 ISO 9001、ISO 2000 质量管理体系认证和 OH-SAS18001 职业健康安全管理体系认证，使公司质量管理与国际和国家标准实现接轨。

（3）构筑了药材种植、有效组分萃取、制剂生产、临床研究到市场营销等现代中药全产业链标准体系，将中药制药标准化，保证药品质量。

（4）实施面向全体天士力人的"文化寻根"活动，使其成为落实天士力企业文化建设的重要载体。该活动在企业价值观落地等方面取得了很好的文化效应，坚定了"质量源于顶层设计、标准在于精准执行"的理念。

3. 天士力集团的质量管理对其他企业有以下两点启示：

（1）精准设立并执行相关标准。天士力集团率先倡导并设立了中药提取生产质量管理规范，将公司质量管理体系与国家、世界标准接轨，并在生产过程中精准执行。其他企业也应当贯彻落实各个环节的相关标准，本本分分做好产品。

（2）质量是企业可持续发展的根本。天士力集团坚持"质量源于顶层设计、标准在于精准执行"的理念，设立了中药提取生产质量管理规范，连续 4 次获评"中华民族医药百强品牌企业"的称号。中国企业应当坚持质量管理，以获得持续的竞争力，承担社会责任。

案例五　HT公司的JIT准时生产方式

以"质量第一、用户至上、严格管理、合理价格"为服务宗旨的 HT 公司，拥有优秀的管理人员、先进的生产设备以及丰富的生产经验。1998 年，HT 公司在生产管理上出现了严重的问题，如材料浪费严重、生产能力严重失衡。有些工序超负荷运转，有些产能大部分闲置。此外，经常发生大量库存，占用大量资金，这使公司的运营非常困难。因此，HT 公司不得不打破固有的思维，向拥有先进管理水平的企业学习，力图在成本、品质、生产柔性、市场反应速度等方面有所突破，取得竞争优势。1999 年 8 月，HT 公司董事长张威先生前往德国商务公干时，被国外同行采取的准时生产方式及其产生的良好效益所吸引。11 月，HT 公司通过猎头公司招聘了一位 JIT 专家陈晓明先生，开始了公司准时生产方式的进程。

陈晓明经过仔细的研究，认为 HT 公司以往的生产方式具有典型的推式（Push）特点。公司主要根据预测的市场需求计算各产品的需求和各阶段的生产提前期，确定各部件的投入和生产计划，并根据计划下达生产订单和订单。上游生产车间按计划制造零件，将实际完工情况反馈给计划部门，并将加工后的零件发送给下一道工序和下游生产车间，无论后一道工序和下游生产车间当时是否需要，这导致了物流和信息流的分离。公司最初的装配过程为：先一次性装配大批量的电路板，然后再送去检验，不合格品返工，合格品送往下一道工序。这种生产过程存在一些问题：一方面是大量在制品的存在，积压了流动资金。由于装配者的劳动生产率都很高，他们装配出的电路板往往多于实际需要的数量。另一方面是产品质量低。装配者缺乏检验部门提供的反馈信息，等到检验部门发现质量问题时，大量的有缺陷的装配品的库存已经形成。此外，公司对各种不同的产品设定一些假想的销售水平，以批量方式生产足以满足数月销售需要的数量，然后储存在仓库里，供未来一段时间销售使用；有些超过了预测的需求，也有些低于预测的需求。公司一直被大量库存、较长生产周期、大量的废品和返工现象所困扰。

为了有效推行准时生产方式，公司专门成立了以张威先生为首的准时生产方式管理委员会，委员由公司管理者和工程师们担任。他们通过举办研讨会、学习参观其他实施 JIT 的公司等一系列有效活动，促进了对 JIT 的理解，进而研究了在实践中应用 JIT 可能会遇到的问题，预测了应用成功会带来的效益。委员会下设办公室，由陈晓明任主任主抓工作。

与此同时，公司从内外部为 JIT 的顺利实施做了准备工作。

在外部，HT 公司精心挑选供应商，通过沟通和谈判共同推进 JIT，建立了新的良好合作关系。HT 公司原来在全国有近 20 个主要的供应商，经过 JIT 公司委员会的比较，精心挑选了4个主要的供应商，实施"仓库对仓库"的物料供给方式。这4个物料供应商有质量免检的资格，可以通过卡车把物料送到 H 公司的生产现场，省去了批量检验、装卸搬运等繁琐活动。HT 公司还和4个供应商把装载容器标准化，使之可以彼此交流使用。这种牢固的合作关系使 HT 公司能够降低成本，并获得小批量、高质量和及时供应的好处。

在内部，HT 公司主要做了如下方面的工作：首先，组织变革。将组织扁平化。公司过去实行直线职能制，条块分割很严重。为了顺利实施 JIT 公司尝试将整个组织扁平化，将每一个人纳入一个团队。公司根据产品类别组成小组进行管理。每个小组的领导都拥有生产所需的所有资源，并可以计划生产、制造和销售产品。其次，充分发挥高级管理人员的作用。董事长亲自负责 JIT 的实施，突破了公司内部阻力，使各项工作顺利进行。1999 年 1 月中旬，张威董事长召开全公司的动员会，向全体员工说明了实施 JIT 的重要性。张董事长特别要求公司的高层经理认真学习 JIT，并亲临第一线，带头参与并监督 JIT 的实施。在高层经理的带动下，全公司形成了学习和应用 JIT 的热潮。最后，专门组织培训。由陈晓明主讲。准时生产方式管理办公室还专门设立了 JIT 培训部，组织力量编写培训教材，并挑选了10位聪明能干的员工负责推广准时生产方式，培训其他员工；这10位员工也经常在生产第一线，协助各生产小组组长有效执行 JIT。

经过5个月的精心准备，HT 公司实施 JIT 的条件成熟了。2000 年 5 月，公司正式实施 JIT。公司先分析近期的销售水平，检视过去5个月的资料；有时为了更精确的数据，也调查近20天的资料，以持续修正每日产品组合的排程，使大部分产品至少每周能生产一次，很多产品甚至是每天都能生产一次。这样，公司更有弹性去适应每日的变化。HT 公司采取了全员参与形式。在每个工作日的交替班前20分钟，生产工人会一起讨论生产问题及其解决办法，并采用鱼骨图、有方图辅助分析问题。操作者提出行动方案并且使用一些简单的控制图帮助度量方案实施绩效。

公司确立了一个衡量生产效率的方法：依据每日需要数量和确定的循环时间，就可以根据事前规定的每一种产品的期望或目标产量，来评估公司的生产效率。依据循环时间，公司可以评估在适当的时间内可以生产出的数量。当达不到所需的数量时，公司也能够迅速地找出问题的所在。不管是供应商的问题，还是内部生产体制的故障问题、影响产量及满足顾客需求服务的问题，都能迅速找出。

通过实施准时制生产，HT 公司可以将交货时间从 3 周缩短到 6 小时，每天灵活生产每一种产品，并以很少的库存进行生产。就库存而言，包括原材料、半成品和成品，营运资金周转率上升了 30%。存货周转率从每年 3 次增加到每年 14 次增至 367%。与此同时，业务规模翻了一番。H 公司委员会预计到年底，产能将增加 25%~30%。当然，以上的绩效并不包括那些不可计量的无形成果，如果将士气、公司信誉和良好的工作环境等这些改善也算入，HT 公司的这次 JIT 转换效果更加显著。

思考题

1. HT 公司推行 JIT 运营控制方式取得成功的最重要因素是什么？

2. HT 公司正式实施 JIT 之前，做了哪些准备工作？如果没有这些准备工作，JIT 能否成功实施？

3. 试分析 HT 公司的 JIT 具体的控制过程。

案例五　分析参考

1. H 公司推行 JIT 取得成功的影响因素主要有以下四点：

（1）通过猎头公司找到了实施 JIT 的专家，这是进一步取得成功的前提条件，专家可以带领大家开展行动，将问题分析透彻。

（2）在实施计划前，HT 公司开展了调查活动，发现了在生产中存在的问题，以便更好地实施 JIT。

（3）在发现公司出现的问题后，成立了专门的准时生产方式管理委员会，保障 JIT 顺利地推进。

（4）同时，HT 公司做了充分的前期准备工作：在内部通过培训提高员工对 JIT 的认识和理解；在外部精心挑选供应商，节约成本。

在以上因素中，最重要的是影响因素（3）。主要原因有两个：一是准时生产方式管理委员会的主要成员都是公司高层，减少了计划实施的阻力，各部门都给予通行，便于计划的快速执行；二是高层领导带头学习，具有示范效应，提高了员工的学习积极性，缩短了执行计划周期，对 JIT 的成功具有很大的推动作用。

2. 准备工作主要有两方面：

（1）在外部，HT 公司精心挑选供应商，通过沟通和谈判共同推进 JIT，建立了新的良好合作关系。

（2）在内部，首先，组织变革。将组织扁平化，将每一个人纳入一个团队，公司根据产品类别组成小组进行管理。其次，充分发挥高级管理人员的作用。董事长亲自负责 JIT 的实施，突破了公司内部阻力，使各项工作顺利进行。在高层经理的带动下，全公司形成了学习和应用 JIT 的热潮。最后，专门组织培训。由陈晓明主讲。准时生产方式管理办公室还专门设立了 JIT 培训部，如果没有这些准备工作，HT 公司的 JIT 生产不可能如案例中如此顺利。

3.（1）确定标准。要对企业的各项活动或工作进行有效控制，就必须首先明确相应的控制标准。没有标准就无法对工作活动及其效果进行检查和评价。HT 公司分析近期的销售水平，以持续修正每日产品组合的排程和计划，使得大部分产品至少每周能生产一次，使公司更有弹性去适应每日的变化。

（2）衡量绩效。指定控制标准是为了衡量实际业绩，取得控制对象的相关信息，把实际工作情况和标准进行比较，据此对实际工作做出评估。HT 公司确立了衡量生产效率的有效方法：依据每日需要数量和确定的循环时间，就可以根据事前规定的每一种产品的期望或目标产量，来评估公司的生产效率，迅速地找出问题的所在。

（3）分析与纠偏。将衡量结果与标准进行对比分析，并进一步分析偏差产生原因，并采取矫正措施。HT 公司采取了全员参与形式。在每个工作日的交替班前 20 分钟，生产工人会一起讨论生产问题及其解决办法，并采用鱼骨图、有方图辅助分析问题。操作者提出行动方案并且使用一些简单的控制图帮助度量方案实施绩效。公司还依据循环时间，评估在适当的时间内可以生产出的数量。当达不到所需的数量时，公司也能够迅速地找出问题的所在。不管是供应商的问题，或者是内部生产体制的故障问题，或者是会影响产量及满足顾客需求服务的问题，都能迅速找出。

二、推荐书目

推荐书目 1：方红星，池国华：内部控制，东北财经大学出版社，2011

《内部控制》先回顾了国内外企业内部控制规范的历史演进，并总结了我国企业内部控制规范体系框架，在此基础上按照内部控制五要素框架（内部环境、风险评估、控制活动、信息与沟通和内部监督）阐释了内部控制的基本概念与基本原理，同时对企业主要业务事项的控制方法进行了详细讲解，分别介绍了企业内部控制的评价与审计工作。采用了大量来自上市公司和大中型企业的实际案例，既有内部控制的失败教训，也有内部控制的成功经验。

推荐书目 2：王德敏：企业内控精细化管理全案（第 3 版），人民邮电出版社，2017

《企业内控精细化管理全案（第 3 版）》为企业提供了"风险提示+关键节点+职责分工+工作流程+管理制度"五位一体的全套解决方案，细化了企业在组织架构、发展战略、人力资源、资金活动、采购业务、资产管理、销售业务、研究开发、工程项目、担保业务及业务外包等 18 个方面的管理风险与关键控制点，具有很强的实用性与可操作性。

推荐书目 3：亨利·范·格罗，索尼亚·布雷约维克·布拉塔诺维克：银行风险分析与管理（第 2 版）：评估公司治理和金融风险的框架，中国人民大学出版社，2006

《银行风险分析与管理（第 2 版）：评估公司治理和金融风险的框架》对银行风险管理的背景、风险管理原理和框架进行了全面论述，重在介绍风险管理原则并强调公司治理过程中关键参与者对于管理不同维度的金融风险所负的责任。作者在书中提供了一种适应不断变革着的经济和金融市场的综合体系，其基于风险的银行分析框架具有广泛的适用性。本书对银行风险管理的背景、风险管理原理和框架进行了全面论述，对我国商业银行自身和监管当局具有很重要的借鉴意义。

第十三章 控制的方法与技术

一、 专题案例

案例一 顺丰的成本控制策略

顺丰速运是目前中国速递行业中投递速度最快的快递公司之一。在其他快递公司春节休息的时候，"双十一""双十二"爆仓和滞后的时候，顺丰一直是准时和高效的代名词。要保证如此高效，必须投入大量的人力物力，运营成本一定很高。然而顺丰只做了4件事，就降低了50%的企业成本。

1. 提高薪酬反而降低人力成本

快递行业的特点是劳动强度大、室外作业、工作时间长。由于对效率的要求高、处罚严格、工作压力大和社会地位低，造成了快递企业"招工难"和"用工难"，员工的流失率高的问题。高流失率不仅极大地推高了人力成本，也阻碍了企业发展。为了解决这一问题，顺丰的举措是给他们一个恰当的薪酬福利，提高其企业向心力，从而达到降低人力成本的目的。主要从三个方面着手：第一，建立分配体系充分调动员工积极性，薪水和福利明显高于同行，员工只有依附企业才能更好地生存。第二，对学历不高的员工加强重视，对一线员工进行重点培训，提高员工的服务水平和向心力。第三，通过直营模式，把权力和利益都集中到公司的总部，避免因为加盟模式产生内部利益冲突。

2. 降低订单成本/捕客成本

在快递行业中，口碑越好，信息系统越发达，顾客就能越方便地找到快递网点或者联系到快递客服，接收订单的成本就越低。在顺丰的网站、App、微信公众号及微信小程序上，客户可以很方便地查询到提供的服务价格、范围，还可以实时地跟踪快件的进度。信息系统的完善可以让客户更清楚地了解到收费的标准及可提供的服务，同时也为客户及时联系到快递公司提供了方便。当顾客拥有了良好的购物体验后，重复消费率提高，捕客成本自然也就降低了。

3. 智能化投入，解放人力

快递分拨的成本，取决于员工素质的高低和分拨工具的先进性。顺丰早已购买了德国进口全自动分拣机，解放人力，提高了效率。"新启用的德国进口全自动分拣机，1 小时 4 万件的分拣量，节省了 2/3 人力"。而物流搬卸机器人在连续使用的情况下，机器人的生产效率是人工的 4~6 倍，节约了 20%~40% 的装卸搬运成本，并大幅度提高了营业额。

虽然分拨技术和机械设备一次性的投入很大，但是从长远的角度来看，在快递业务量迅速增长的前提下，加大分拣技术的投入非常有利于降低快递成本。

4. 构建绩效评价体系，遏制不必要浪费支出

作为快递业的资源浪费之一，退货过程会加大资金的消耗从而使快递物流成本增加。倘若无须承担责任，商品随意退回，就会使快递企业增加成本负担。从快递企业自身来说要想降低退货率，最基本的是完善绩效评价体系，制定奖惩制度不再只是单纯看销售额，造成退货的员工责任必须正确划分。如果是发错货，责任由发货营业员承担，如果在货物配送过程中出现错误，应该由运输者承担责任。

资料来源：改编自《顺丰的管理你学不会：4 件事，节省一半公司成本》。

思考题

1. 物流企业与传统制造业的成本控制有何异同之处？
2. 成本控制有怎样的意义？

案例一　分析参考

1. 物流企业与传统制造业成本控制的相同之处：

（1）成本控制的基础相同。无论是物流企业还是传统制造业，其成本对象与成本分配，成本分析均在于计量各项成本，并将之分配到每个实体或成本对象。

（2）成本控制的步骤相同。

1）确定成本控制标准。要对企业的各项活动或工作进行有效控制，就必须首先明确相应的控制标准。没有标准就无法对工作活动及其效果进行检查和评价。

2）核算成本控制绩效。制定控制标准是为了衡量实际业绩，取得控制对象的相关信息，把实际工作情况和标准进行比较，据此对实际工作做出评估。

3）分析成本发生偏差的调查并采取纠偏措施。分析与纠偏。将衡量结果与标准进行对比分析，并进一步分析偏差产生原因，并采取矫正措施。

不同之处：

（1）物流企业的成本分配难度比传统制造业大。物流企业主要提供的是服务而不是实物产品，运输成本及配送成本在物流企业成本中占比非常大，而传统制造业运输成本占比较小且无配送成本。

（2）物流企业的成本控制更依赖于员工的自律自觉和自身能力。如想要降低运输费用，则要依靠员工减少不必要的车辆磨损及选择合理的运输路线，提升运输效率。

2. 成本控制的意义：

（1）成本控制的实施是保证企业完成既定成本目标的重要手段。任何组织都有其特定的目标，要有效实现组织的目标，就必须及时对那些构成组织的资源进行合理的组织、整合与利用，这就意味着这些资源要处于控制之下或在一定的控制之中运营。因此，所有的组织活动和控制行为都必须以促进实现组织的最高目标为依据。

（2）成本控制是企业降低产品成本、增加盈利、提高经济效益，提升企业竞争力的重要途径。所有组织都是在一个资源有限的环境中运作，因而一个组织实现其目标的能力取决于其能否充分地利用现有的资源，制定和设计内部控制标准必须根据能否保证以最低廉的成本取得高质量资源和防止不必要的多余工作和浪费。企业在很大程度上不能够控制产品和服务的市场价格，只有通过降低成本才能够提高利润的空间。

（3）成本控制在企业控制系统中起着综合的控制作用。因此成本控制是完善管理的结果，也是完善管理的路径。

案例二　宝洁的全面质量管理

宝洁公司始创于 1837 年，是一家美国消费日用品生产商，也是目前全球最大的日用品公司之一。是什么让"宝洁"在洗化王国里始终走在世界的前列呢？

"质量是企业的生命",这句话已经成为现代企业的共识。而"宝洁"不仅将其作为企业运作原则,更是将其作为深入了解消费者对质量需求及进行其他企业行为的基本动力。它不只是方法论,更是一种行事态度。以质竞争,攻优夺誉,这便是宝洁公司营销策略的重要组成内容。从产品开发到设计、生产工艺保证、质量管理控制、包装装潢、售前售后服务,"宝洁"一直处于领先地位。宝洁依靠全面的质量管理体系和方法,建立了完善的全面质量管理保证体系。

"宝洁"坚持以质量为中心,动员全体员工和相关部门积极参与,结合专业技术、运营管理、质量管理结合数理统计等知识,并将其和思想教育结合起来,建立产品研发、设计、生产、服务全过程的质量管理体系。通过有效地利用人力、物力、财力和信息资源,可以以最经济的方式生产出客户满意的产品,这不仅使企业获得长期的成功和发展,而且使组织、全体员工和社会受益。

宝洁非常重视质量培训,并将其视为对所有员工实施质量管理的先决条件之一。宝洁公司质量管理部应提出员工分层培训计划,根据岗位需要对员工进行必要的质量培训,并对培训的有效性进行评估。而设立于 1991 年底的宝洁学院正是为实现全员质量管理这一宗旨服务的。这些都为宝洁的全面质量管理实施提供了良好的人员准备。宝洁还通过制定各级和各部门人员的质量责任制,明确了其在质量责任制中的职责和权限,各司其职,密切配合,形成高效、协调、严格的质量管理工作系统。

宝洁要求员工在处理业务时遵守法律的规定和精神,在采取每一个行动、做出每一个决定时,始终坚持公司的价值观与原则,以求真的态度并以数字为依据来提出建议及确认风险,始终努力去做正确的事。用数据说话,树立了整个宝洁科学的工作作风,把质量管理建立在了科学的基础上。在宝洁,任何活动都在遵循计划(P)、执行(D)、检查(C)、处理(A)的工作程序,质量管理当然也不例外,这是"宝洁"赢的哲学里一条最基本的原则。宝洁始终在谨守其核心价值——以产品质量而非包装设计或是公司形象为竞争基础。它始终强调应该以提供高质量的产品作为出发点,并且将产品质量作为品牌的核心,坚持质量第一,把顾客的需要放在第一位,树立为顾客服务、对顾客负责的思想,在这方面宝洁给我们做了一个很好的示范。

资料来源:改编自《质量是企业的生命——宝洁的 TQM 管理》。

思考题

1. 结合所学知识与案例,谈谈全面质量管理的内涵与实施原则。

2. 基于案例，谈谈宝洁公司的全面质量管理有哪些值得学习的地方。

案例二 分析参考

1. 全面质量管理的内涵：是指一个组织以质量为中心，以全员参与为基础，目的在于通过让顾客满意和本组织所有者、员工、供方、合作伙伴或社会等相关者受益而达到长期成功的一种管理途径。宝洁公司将"质量是企业的生命"作为企业运作的原则，建立起全体职工及有关部门积极参与的全过程的质量管理。

全面质量管理的实施原则：

（1）以顾客为关注焦点。顾客是决定组织生存与发展的重要因素，服务顾客并满足其需求应该成为组织存在的前提和决策的基础。宝洁公司将顾客的需求放在第一位，树立了为顾客服务、对顾客负责的思想。

（2）全员参与。员工是组织的根本，宝洁公司坚持以质量为中心，鼓励全体职工及有关部门积极参与，从而有效利用人力、物力、财力、信息等资源，以最经济的方式生产出顾客满意的产品。

（3）过程方法。在开展质量管理活动时，必须要着眼于过程，将活动和相关的资源作为过程进行管理。宝洁公司从产品研制开始，直到设计、生产工艺保障、质量管理的控制、包装装潢、售前售后服务等依靠全面的质量管理制度和方法，建立起了一个健全的全面质量管理保证体系。

（4）系统的管理方法。开展质量管理要用系统的思想方法，针对制定的质量目标，识别、理解并管理好一个由相互联系的过程所组成的体系，才有助于提高组织的有效性和效率。宝洁还通过制定各级和各部门人员的质量责任制度，明确了其在质量责任制中的职责和权限，各司其职，密切配合，形成高效、协调、严格的质量管理工作系统。

（5）与供应商建立互惠关系。在目前的市场竞争中，企业与供方或合作伙伴之间已经形成了共生共荣的生态系统，互利的长期合作可增强彼此创造价值的能力。宝洁建立了全过程质量管理体系，通过与供应商建立长期互惠关系以最经济的方式生产出顾客满意的产品，使组织、全体成员和社会受益，使企业获得长期的成功和发展。

2.（1）全过程的质量管理。为保证和提高产品质量，必须把影响质量的所有环节和因素都控制起来。宝洁公司将专业技术、经营管理、数理统计和思想教育相结合，建立产品研发、设计、生产和服务全过程的质量管理体系。

（2）全员质量管理。质量控制应扩展到组织的所有人员。宝洁非常重视质量培训，并将其视为实施全体员工质量管理的先决条件之一。

（3）全组织的质量管理。宝洁公司的质量管理体系全体职工和相关部门都积极参与，使组织、全体成员及社会受益。

（4）多方法的质量管理。宝洁公司采用专业技术、经营管理、数理统计和思想教育结合起来的方法，任何活动都在遵循 PDCA 的工作程序，成效显著。

案例三　输电"智慧管家"打造智能电网

随着人们生活水平的提高，冬季取暖用电需求不断增加，各地用电负荷也持续上升。为确保安全供电，国家电网持续开展"迎峰度冬"电网设备隐患排查和消缺工作。近年来，为保障输电线路安全及电力外送稳定，国网山西输电检修公司打造了一体化智能管控系统，以数字化技术助力业务智能升级、低碳转型，朝着能源互联网方向稳步推进。

输电线路是电力系统的"血脉"，也是电力稳定运行的关键所在。传统输电线路巡检大多依赖维护人员肉眼或手持仪器排查故障，存在巡检效率低、精度不高、可靠性差等问题。针对以上痛点，国网山西输电检修公司自 2019 年起聚焦"立体巡检+集中监控"的超（特）高压输电线路运维新模式，建立起全景智慧物联监控平台，实现 500 千伏及以上输电线路的全景展示、智慧感知及智能运维监控。公司依托"云大物移智"等新一代信息技术，打造出集全景监控、信息整合、数据交互等功能为一体的全景智慧物联监控平台。平台能对通道隐患、感知装置、人车物等信息进行全景监控，实时反映线路运行、通道状况、气象环境及人员作业进展。平台还整合了无人机、驻塔机器人、智能传感器等智能设备信息，可在智能算法的配合下开展风险评估，实现线路故障隐患的自主预警和主动处置。

全景智慧物联监控平台助力数据多源融合，达成输电线路实时可知、可感、可控。"它就像一双智能'千里眼'，把分布在山西大地上的输电线路呈现在屏幕的方寸之间，让运维工作看得见、调得动、防得了，时刻守护着电网安全"。国网山西输电检修公司智能调控中心领导如此评价。在主网可视化指挥系统上，当前的巡检人数、检修人数、带电作业人数等各项运维检修数据"一目了然"，真正将大数据"放在"了管理人员的办公桌上。"巡视工单有 1 条新消息，请及时处理……"在一线班组，作业人员手机里的巡检 App 不时跳出通知，辅助他们开展运维工作。这款定制的巡检 App 联通主网可视化指挥系统与手机终端，具备现场作业、数据同步录入等功能，有效提升巡检质效。

而包含主网可视化指挥系统、巡检 App、全景智慧物联监控平台等系统在内的"智慧管家"就是公司打造的一体化智能管控系统。它覆盖输电线路全业务场景，满足管理、监控、一线等各级差异化应用需求，对上支撑数据分析及决策预警，对下服务现场作业。一体化系统实现了信息融合共享、全网线路多维可视展现，破解了原先存在的数据孤立、功能分散等问题，实现了管理透明化、可视化、一体化。

随着数字化系统逐步投用，智慧输电线路建设也不断完善：国网山西输电检修公司线路缺陷和隐患录入效率提升约 20 倍，影像资料采集效率提升 3 倍，单次隐患处置时间缩短 3 小时，故障查找时间平均缩短 40 小时，年节约一线工作人员作业时间 500 余小时。科学技术是发展的核心引擎，国网山西输电检修公司坚定不移推进数智发展路线，吹响科技创新"冲锋号"，让数字成果转化为支撑电网运维发展的第一生产力。

资料来源：改编自《电力公司打造输电"智慧管家"，构建智能电网》。

思考题

1. 结合案例，针对传统输电线路巡检存在的问题，国网山西输电检修公司在电力控制方面做了哪些改进？

2. 谈谈该电力公司是如何构建智能电网的？

3. 试分析"智慧管家"系统在电力控制中的作用。

案例三　分析参考

1. 电力公司做了如下改进：

（1）提升了实时控制能力。建立起全景智慧物联监控平台，实现 500 千伏及以上输电线路的全景展示、智慧感知及智能运维监控。平台能对通道隐患、感知装置、人车物等信息进行全景监控，实时反映线路运行、通道状况、气象环境及人员作业进展。解决了传统输电线路巡检效率低、精度不高、可靠性差等问题。

（2）改进了前置控制和预警能力。平台整合了无人机、驻塔机器人、智能传感器等智能设备信息，可在智能算法的配合下开展风险评估，实现线路故障隐患的自主预警和主动处置，极大地提升了故障预警效应和处置反应速度。

2. （1）依托"云大物移智"等新一代信息技术，打造出集全景监控、信息整合、数据交互等功能为一体的全景智慧物联监控平台，助力数据多源融合，达成输电线路实时可知、可感、可控。

（2）打造一目了然的主网可视化指挥系统，在系统中可以直观地看到当前的巡检人数、检修人数、带电作业人数等各项运维检修数据。

（3）巡检工作人员手机里定制的巡检 App 与主网可视化指挥系统与手机终端联通，具备现场作业、数据同步录入等功能，有效提升巡检质效。

（4）包含主网可视化指挥系统、巡检 App、全景智慧物联监控平台等系统在内的"智慧管家"就是公司打造的一体化智能管控系统。通过该系统实现了管理透明化、可视化、一体化。随着数字化系统逐步投用，智慧电网建设也不断完善。

3. 随着信息技术额迅速发展和应用，管理控制的内容和手段得到了极大丰富，控制效率和效果得到极大改善。

（1）提升了管理信息的处理速度与质量，尤其在远程数据采集、瞬时传递和处理方面，基本消除了传统的地域限制，及时采取相应的应对措施。

（2）丰富了管理控制的方法手段。在企业的生产资源计划、项目成本核算等方面，都可以借助信息技术来实现控制目的。

（3）改善了管理控制的效果，提升了控制时效性，降低了管理成本，使组织及时应对内外环境变化，合理调整经营目标和计划。

案例四　丰润的"零缺陷"质量管理

丰润计算机有限公司董事长陆航谈及产品质量时，做了这样一个生动的比喻。陆航认为，平衡木的宽度就是产品质量的底线，如果踏出了这个安全范围，企业注定要"摔跤"。一直秉持着为"零缺陷"目标的"以质量求生存"的企业经营理念，丰润公司不仅走得稳，还以持续的创新带动整个行业的进步。2000年，陆航开始打造自己的品牌，并且以高效的制造技术，让品牌一直走在行业的前端。一直以全球眼光看待企业发展的陆航，判断出企业的发展维度肯定不仅局限在中国，而应该走向全世界。于是，"红龙"等品牌迅速打进海外市场，但这也对产品的品质提出了更高的要求。在海外亚马逊的经营经验显示，任何产品如果出现超过5%的不良率，产品基本上就面临着召回或"扔进太平洋"的命运，这样的一批产品则完全形同报废。即使红龙品牌的产品在同类产品中是价格最高的，但是在海外亚马逊的同类产品中始终保持着销量首位的不俗成绩，这是品牌的质量口碑带来的结果。

在保证品质的基础上，不断对产品进行创新或改良，以追求实现客户体验上的"零缺陷"，这也是丰润能够保持行业领先水平的"法宝"。公司生产的机械键盘刚刚卖出几个月，就有市场反馈说由于机械轴内进入了异物，导致键盘使用时的"卡键"情况。于是，陆航发掘了一个非常简单直白的解决方法，他认为，灰尘进入机械轴内部时，不能通过"堵"的方式来解决，这与治水是同样的道理，一定要用合理的方式来疏导。虽然不能通过技术手段百分之百确认灰尘不会进入键盘内部，但是能够将灰尘疏导至不容易让机械轴产生故障的位置，具体来说，从前灰尘掉落在一个平面上，陆航就在平面上加了几个凹槽，让灰尘掉落在凹槽内，避免灰尘在平面上堆积引起键盘故障，以延长产品的使用寿命。这样的改良让业内的产品设计迈上了一个新台阶，"任何问题都有一把钥匙，找到钥匙就能很快解决问题"，陆航笑称任何产品问题都能够通过技术手段解决，只要找对方向。

一般而言，企业的管理方式是分别从设计、检验、工艺和生产环节入手，比如在进行工业设计时，针对不同的目标市场，设计的原则也会有所不同——针对高端市场或像网吧这样的特殊环境，这两种目标市场的设计理念是不同的。所以，在设计、评估产品的时候，就应该把产品后续的使用问题融入考量范围。零缺陷没有固定标准，其意义在于今天市场的情况和环境变化了，那么昨天的标准就理应被淘汰。"丰润始终将最复杂、最困难的情况作为标准，始终以最严苛的标准要求自己的产品"。

资料来源：改编自《丰润：以质量求生存》。

思考题

1. 结合案例，浅析丰润的质量控制涵盖了哪些方面。
2. 结合案例，谈谈丰润对产品质量的控制给中国企业带来何种启示。

案例四 分析参考

1. 质量分为产品质量和工作质量，产品质量代表着企业的经营结果，工作质量意味着企业对经营成果产出过程的控制。一个组织只有做好过程控制，不断提高工作质量，才能从根本上做好质量管理，确保产品的质量。

（1）对产品质量的控制。产品质量分为符合性质量和适用性质量，分别代表符合规定要求的程度和产品在使用过程中满足客户要求的程度。丰润的红龙品牌产品虽在同类产品中价格最高，但是在海外亚马逊的同类产品中始终保持着销量首位的不俗成绩，可见丰润在其产品质量方面的把控。丰润的机械键盘因机械轴易进入异物导致"卡键"的情况，便对键盘进行了创新性地改造解决了这个问题，也体现了丰润对产品质量的控制。

（2）对工作质量的控制。工作质量涉及企业各个部门、各个层次、各个岗位工作的有效性，它取决于员工的素质，包括员工的质量意识、责任心、业务水平等。丰润从设计、检验、工艺和生产的各个环节入手，如在进行工业设计时，针对不同的目标市场，则设计的原则也会有所不同，对工作质量进行了控制。

2. 丰润对产品质量的控制给中国企业带来以下启示：

（1）产品质量是企业获得竞争优势的根本因素。在当今社会，产品或服务能否得到顾客的认可与企业的广告、营销有着密切关系，但最根本的还是产品质量。丰润秉持着以"零缺陷"为目标的"以质量求生存"的企业经营理念，使其产品都保持着良好的销量。

（2）重视客户体验和需求。在保证产品质量基础上，企业应不断对产品进行创新和改良，以追求实现客户体验上的"零缺陷"，同时，在进行产品设计时，针对不同的目标市场，设计的原则也会有不同，理念应更有针对性，这也是丰润能保持行业领先水平的"法宝"。

案例五 "中国魔水"的质量控制之道

1984 年，JL 品牌作为中国第一个添加碱性电解质的饮料一炮走红，被誉为"中国魔水"。它的问世结束了我国运动员在出国比赛和在大型体育盛事上没有自己的运动饮品的历史，成为中国首款"运动饮料"。30 多年里，JL 集团获得了第一款国产运动饮料、第一次体育营销、饮料行业第一个国家科技进步二等奖等多个"第一"。2017年初，JL集团先后获得广东省质量技术监督局授予的"广东省中小学质量教育社会实践基地"，佛山创建国家食品安全示范城市工作主管部门授予的"佛山食品安全联盟会员单位"及佛山食品安全产业链宣传活动组委会授予的"2016佛山食品生产安全诚信自律先进企业"等奖项，这是JL集团坚守质量、严格执行食品安全管理体系的成果。

JL集团历来十分重视食品安全管理，一直秉持"健康饮品，健康人生"的质量方针，严格贯彻一切业务运营以食安、资安、工安、环安、金安的"五安"为第一优先的公司政策，守法自律并致力于为广大消费者提供安全、美味的食品。JL集团在食品安全管理上架构建立了完善的食品安全管理系统，它涵盖了从产品的设计开发、原物料筛选、供应商开发、产品生产、储存运输、销售流通等全产业链的所有环节。通过对原物料供应商的资质审核、供应商实地评鉴和原物料食品安全检测3道防线的管理，保障原物料的安心使用。生产环节严把产品质量关，落实不接受不良品、不制造不良品、不流出不良品的"三不政策"；在原物料入货检验、在线品质监控和成品出厂检验执行3道把关管理上，配套了完善的监控机制及检测设备，确保出厂产品符合标准，保障消费者的健康与权益。

为持续创新、升级企业食品安全管理系统，JL集团还特别成立了食品安全中心，推动全员参与食品安全管理，落实执行企业标准制度。现在JL集团所有生产基地通过了ISO 9001质量管理体系、FSSC22000食品安全管理体系认证，持续推动、监督体系的有效运行。

"健康饮品，健康人生"是JL集团贯彻多年的质量方针，时刻提醒着JL人要遵循这一核心价值，打起百倍精神注重产品质量。"JL人深知产品质量安全才是最好的公关。"叶红汉表示，JL集团既是国家有关行业标准制定的参与者，同时也是食品安全保障的切实践行者。JL集团建立了一套非常完善的质量保障体系和食品安全标准，所有产品都经过严格的检验，符合国家有关质量的法律法规，以保障产品在交到消费者手上时是完全安全可靠的。叶红汉承诺，JL集团未来将一如既往地与供应商、装瓶系统企业、消费者等一起共同确保整个供应链产品质量的完整性，坚持不懈地提供最优质的产品与服务。

严格保证产品质量是保证JL集团长久发展的根本，同时也是JL集团对社会大众健康与安全负责，勇于承担社会责任感的体现。叶红汉表示："产品是与消费者最直接的沟通，所以做好质量控制，打造企业硬实力，切实提高产品在社会上的美誉度与市场口碑，才能赢得消费者的信赖。"

资料来源：改编自《做好质量控制再造"中国魔水"辉煌》。

思考题

1. 结合所学知识与案例，谈谈 JL 集团全面质量管理的内涵与实施原则。
2. 结合案例谈谈质量控制的意义。
3. 在质量控制方面，JL 集团给中国企业带来何种启示。

案例五　分析参考

1. 全面质量管理的内涵：是指一个组织以质量为中心，以全员参与为基础，目的在于通过让顾客满意和本组织所有者、员工、供方、合作伙伴或社会等相关者受益而达到长期成功的一种管理途径。JL 集团秉持"健康饮品，健康人生"的质量方针，建立起全体职工以及有关部门积极参与的全过程的质量管理。

全面质量管理的实施原则：

（1）以顾客为关注焦点。顾客是决定组织生存与发展的重要因素，服务顾客并满足其需求应该成为组织存在的前提和决策的基础。JL 集团历来十分重视食品安全管理，一直秉持"健康饮品，健康人生"的质量方针，集团认为产品是与消费者最直接的沟通，所以做好质量控制，打造企业硬实力，切实提高产品在社会上的美誉度与市场口碑，才能赢得消费者的信赖。

（2）领导作用。领导者要明晰组织的使命、愿景和核心价值观，创造全面参与的氛围，带领员工实现组织目标。JL 集团历来十分重视食品安全管理，一直秉持"健康饮品，健康人生"的质量方针，严格贯彻一切业务运营以食安、资安、工安、环安、金安的"五安"为第一优先的公司政策，守法自律并致力于为广大消费者提供安全、美味的食品。

（3）全员参与。员工是组织的根本，为持续创新、升级企业食品安全管理系统，JL 集团还特别成立了食品安全中心，推动全员参与食品安全管理，落实执行企业标准制度。现在 A 集团所有生产基地通过了 ISO 9001 质量管理体系、FSSC22000 食品安全管理体系认证，持续推动、监督体系的有效运行。

（4）过程方法。在开展质量管理活动时，必须要着眼于过程，将活动和相关的资源作为过程进行管理。JL 集团在食品安全管理上架构建立了完善的食品安全管理系统，它涵盖了从产品的设计开发、原物料筛选、供应商开发、产品生产、储存运输、销售流通等全产业链的所有环节。通过对原物料供应商的资质审核、供应商实地评鉴和原物料食品安全检测3道防线的管理，保障原物料的安心使用。生产环节严把产品质量关，落实不接受不良品、不制造不良品、不流出不良品的"三不政策"；在原物料入货检验、在线品质监控和成品出厂检验执行3道把关管理上，配套了完善的监控机制以及检测设备，确保出厂产品符合标准，保障消费者的健康与权益。

（5）持续改进。JL集团建立了一套非常完善的质量保障体系和食品安全标准，所有产品都经过严格的检验，符合国家有关质量的法律法规，以保障产品在交到消费者手上时是完全安全可靠的。JL集团一如既往地与供应商、装瓶系统企业、消费者等一起共同确保整个供应链产品质量的完整性，坚持不懈地提供最优质的产品与服务。

2. 质量控制的意义有以下两点：

（1）严格保证产品质量是保证企业长久发展的基石。JL集团把产品作为和消费者沟通的桥梁，以高质量的产品交换良好的口碑。产品或服务的质量是企业可持续发展的根本保障，企业对产品质量进行严格把控才能获得持续的市场竞争优势。

（2）对产品质量控制是对社会大众健康与安全负责，勇于承担社会责任感的体现。JL集团建立了一套非常完善的质量保障体系和食品安全标准以保障产品在交到消费者手上时是完全安全可靠的，对消费者负责。

3. JL集团的质量控制对中国企业有以下两点启示：

（1）企业家需要有创新意识和实干精神。JL集团董事长叶红汉敢于开拓一线城市市场，在做好传统产品的同时，积极推动新产品的研发，并且承诺保障产品质量安全，积极践行食品安全保障。中国企业的管理者也应当具有创新意识和实干精神，积极推动产品或服务创新，以促进企业发展。

（2）注重产品质量。JL集团贯彻落实"健康饮品，健康人生"的质量方针，产品质量作为企业的竞争力保障，企业需要严格把控，才能赢得消费者的信任和口碑，推动企业持续发展。

二、推荐书目

推荐书目1：苏秦：质量管理（第2版），中国人民大学出版社，2019
本书内容共分8章，分别是质量管理概论、顾客需求及顾客满意、设计质量控制、供应商质量管理、过程质量控制、质量改进的基本工具、质量体系运行与认证和质量创新。为方便不同层次读者的学习，各章有本章要点、引例、思考题及案例分析等，帮助读者深入理解和掌握本章内容，注重培养读者用所学的理论分析和解决实际问题。

推荐书目 2：[美] 芭芭拉·维特，查克·米尔斯，迈克·卡内尔：精益六西格玛案例，中国财政经济出版社，2004

《精益六西格玛案例》以一则节奏明快的精彩寓言，解释如何结合时下最主要的两种流程改进方法——精益管理和六西格玛来大幅度改善品质并缩短周期。而且，它细述了在导入六西格玛方案前要先推行精益管理的原因。作者让读者先考虑两个问题：第一，能将每百万次误差数维持在 3 上下，符合六西格玛的品质标准就能成为一流企业吗；第二，如果你晚了两个星期的时间才把零缺陷的产品送到客户手上，你觉得你的客户是欣然接受，还是气得跺脚？精益六西格玛就是要让你兼顾品质与速度，在执行六西格玛计划前先去除干扰速度的人事及其所造成的浪费，把产品和服务做得又快又好。

推荐书目 3：[美] 威廉·爱德华兹·戴明著，乔伊斯·尼尔森·奥尔西尼整理：戴明管理思想精要：质量管理之父的领导力法则，金城出版社，2019

戴明的名字与管理和质量控制有关的最有见地的观点、理念和评论是同义的。被《纽约时报》称为"高质量的先知"，戴明对"二战"后迅速崛起的日本起了重大作用，并且在随后的几十年影响了许多世界上最具创新精神的经理人。通过本书，福特汉姆大学教授奥尔西尼吸收了大量以前无法获取的资料为我们展示了这位传奇的思想家最重要的管理原则。

第十四章 风险控制与危机管理

一、专题案例

案例一 W公司的危机公关

近日，一位张女士用自己的个人微信公众号接连给W公司董事会主席写了两封公开信，痛诉其在W公司的遭遇。其文章先是迅速在朋友圈转发，阅读量爆棚，后又被不少媒体转载。

张女士在第一封信中表示，她在杭州租W公司的房子开设了一家700平方米的书吧，但这家书吧自从2016年10月装修好至今一直未正常营业。几百万元的投资款和装修款、时间和精力都打了水漂。据张女士透露，W公司房屋的质量问题让人瞠目结舌，一大半的商户都漏水，她家最严重。楼宇四面墙体全面开花，堵了西墙，补东墙，空调、电器、音响、沙发等全都有不同程度的损坏。

直到2017年9月，房屋依然漏水。距离维修一年后，张女士请政府公证处来取证，还有45个渗漏点。更让张女士生气的是，W公司一方面承认存在以上质量问题，另一方面又不愿意按张女士提出的实际损失赔偿，并且在她的书吧反复修了20多次之后，最近W公司反而当张女士提出要赔偿后撤租时，突然提出要索赔400多万元房租和违约金。W公司还采取了一项公关措施，通过公众号发表了"关于××××产业园×号楼租户张女士投诉外墙渗漏的情况说明"。

于是引发出张女士的第二封公开信。她反击道："W公司的公关稿堪称拙劣"。她表示，明眼人一看都知道你们在"打太极"、断章取义、敷衍塞责、轻描淡写、避重就轻、规避矛盾、掩盖真相。张女士表示过去两年即便正常经营，付给W公司的租金、物业费、水电杂七杂八之类加起来合计不超过90万元。而

W 公司却反过来索要 400 万元滞纳金作违约金，而且维修期免租是 W 公司提出，双方已经接受的。"你们的人还放言，在杭州市余杭区公检法系统关系良好，不怕跟一个青年作家打官司。还听说，你们一定要赢我，否则'丢了脸面'"。W 公司的口号是"活下去"。"我又该如何活下去？你们不能为了让 W 公司活下去，而让我们这些平凡的业主、商户活不下去"。

W 公司这起房子质量纠纷，本来可以私底下协商解决，但目前已经闹大上升到了公共舆论层面，无论从哪方面看对 W 公司而言都是"质量问题"丑闻。这不能不说是 W 公司"危机公关"的失败。在消费者注重维护自身权益和互联网自媒体发达的今天，每个企业可能随时会面对来自各方的危机。质量问题、劳资纠纷等，一旦被媒体曝光就会演变为负面影响巨大的丑闻，给企业带来重大损失。

资料来源：改编自《W 公司这次"危机公关"是聪明还是愚钝？》。

思考题

1. W 公司在处理此次危机时违背了危机管理的哪些原则？请结合案例分析。

2. 从 W 公司危机管理的处理方法中应当吸取怎样的经验教训？

案例一 分析参考

1. W 公司此次危机应对过程违背危机管理 6F 原则：

（1）违背 Forecast（事先预防）原则：一方面，W 公司在房屋质量方面确实存在严重问题，出现了大量漏水问题，严重违背了危机管理的事先预防原则。另一方面，在危机事件正式爆发前 W 公司本来有充足的缓冲时间进行应对，却令大好时机白白浪费。

（2）违背 Fast（迅速反应）原则：W 公司在对漏水房屋维修一年后仍有多处渗漏点，且时隔一年才发布相关情况说明，错过了解决危机的最佳时机。

（3）违背 Fact（尊重事实）原则：W 公司时隔一年发布的情况说明避重就轻，对相关事实真相有所掩盖，违背了尊重事实的原则。

（4）违背 Face（承担责任）原则：事件发生后，W 公司没有实质性的承担责任的举动。虽然承认房屋存在质量问题，但又不愿意按张女士提出的实际损失赔偿，并没有承担相应责任。

（5）违背 Frank（坦诚沟通）原则：维修期免租是 W 公司提出的，但在张女士提出要赔偿后撤租时却索赔房租和违约金。

（6）违背 Flexible（灵活变通）原则：事件发生后，W 公司没有与张女士进行有效沟通和公关，本来可以私底下协商解决，但却使其上升到了公共舆论层面。

2. 从 W 公司处理危机的方式中可以吸取以下三点经验教训：

（1）严格把控房屋质量，保证销售或出租的房屋安全且符合国家标准，避免质量危机的出现。

（2）在危机出现时，应当反应迅速，启动应急预案或制订危机处理方案，把握最佳时机避免负面舆论扩散。

（3）尊重事实，对已经发生的既定事实予以承认，并承担相应责任，保持真诚态度，及时公开道歉，并根据情况灵活变通做出最佳的处理方案。

案例二　神户制钢战略的"短视"

继三菱篡改汽车燃效数据、高田篡改安全气囊测试数据后，百年老店日本神户制钢成为第三家爆出篡改多项产品出厂数据丑闻的日本企业，据央视新闻报道，神户制钢所副社长梅原尚人承认，篡改数据一事并非个案。调查还发现，一些产品从 10 年前就开始使用被篡改的数据。篡改数据不是个人做的，而是管理层默许的。这是公司的整体问题，涉及包括管理层在内的几十名员工。自造假丑闻披露之后，神户制钢董事长兼社长川崎博上周曾在日本经济产业省向媒体表示，未来可能还会有更多违规问题出现。

据报道，传统业务利润下降迫使神户制钢寻求新的利润增长来源，铝被视为新的增长领域。随着汽车行业对车身轻量化和高燃油效率的追求，铝制零件已经被汽车企业所采用。事实证明，神户制钢业务的重心转移很快就有了回报。2017财年第一季度，神户制钢的净销售额同比增长 7.6%，达 4350 亿日元；营业利润环比激增 118.0%，同比增长 138.6% 达 303 亿日元；净利润从 2016 财年第一季度的亏损 20 亿日元转为盈利 250 亿日元，环比增长 86.6%。或许正是激进的盈利计划为神户制钢的造假埋下了伏笔。根据神户制钢的计划，到 2020 财年将铜、铝的税前利润提升至 200 亿日元，到 2025 财年，铝业务的税前利润将进一步提高至 300 亿日元。

《人民日报》援引《日本经济新闻》的分析认为，过去以"高品质"为卖点的日本制造业正在发生动摇。神户制钢所集团下属的4家企业长期使用同样手法造假，这表明许多员工认同该公司的不当行为。企业之间的交易应以"不欺"为原则，然而，当神户制钢所表示"正努力达到行业标准"时，它忘记了客户之间的契约感，甚至为了维持客户而欺骗客户。

神户制钢战略"短视"带来的不仅是对自身的品牌伤害，更是对整个供应链、对行业、对社会的伤害，而这一事件的影响可能波及几百家公司。包括丰田、通用和福特等汽车制造商及波音公司、三菱重工等飞机制造商在内的大型跨国制造企业都在展开调查。这些公司正在试图确认他们的产品中是否使用了不合规格的材料，如果有，那么这些产品是否存在安全隐患。这项任务十分艰巨，因为跨国企业使用的原材料来自很多不同的供应商和制造商。

日本现代文化研究所主任研究员吴保宁认为，一方面下游企业对上游企业的降低成本要求越来越高；另一方面企业内部强调创利创收、忽视社会责任，如何平衡两者关系需要利益调整。此外，国家监管、企业内部间和用户方的监督如何相互作用，也是值得思考的课题。

资料来源：改编自《神户制钢造假门，不只是质量危机，更是管理危机！》。

思考题

1. 神户制钢造假的主要原因有哪些？
2. 神户制钢"造假门"的危机应如何避免？给中国企业带来何种启示。

案例二　分析参考

1. 神户制钢造假的原因有以下三点：

（1）被短期利润目标所迷惑。神户制钢将利润增长来源转向铝，并且获得了不错的回报，并因此制订了激进的盈利计划，神户制钢一味地追求眼前的利润而忽视企业的未来，导致了造假事件的发生。

（2）内部管理问题。神户制钢篡改数据不是个人做的，而是管理层默许的。管理层缺乏契约意识和社会责任感，放任员工篡改数据，缺失行为准则，因此这次造假事件不仅是质量危机，也是内部管理的危机。

（3）监督不到位。国家监管、企业内部间和用户方的监督不到位，一些产品从10年前就开始使用被篡改的数据，却并未被发现。

2. 神户制钢造假事件给中国企业带来以下启示：

（1）解放思想，激发管理创新。中国企业应当注意提升企业管理者的战略领导力，克服短视的战略决策，只强调利润目标可能会危害企业的生命。

（2）以客户为中心，重视产品质量。质量是企业发展的基石，企业要有社会责任感，对客户负责，对消费者负责。

案例三 万科集团的内部控制

万科集团股份有限公司成立于 1984 年，专注于住宅开发行业，不仅建立了完善的内部制度体系，组建了专业化团队，还树立了专业品牌，以"万科化"的企业文化享誉业内。曾荣获多个奖项，如"中国最受尊敬企业"称号、"中国土木工程詹天佑大奖"等。这与万科的内部控制制度密不可分。万科建立了涵盖五个要素的内部控制体系：内部环境、风险评估、控制活动、信息沟通和内部监督。

1. 治理结构。根据《公司法》《证券法》等法律、行政法规和部门规章的要求，万科建立了规范的公司治理结构，制定了符合公司发展的各项规章制度，明确决策、实施和监督的责任和权限，形成了科学有效的职责分工和制衡机制。

2. 机构设置及权责分配。万科总部设立财务与内控管理部具体负责组织协调内部控制的建立、实施及完善等日常工作，通过梳理业务流程、编制内部控制评估表、内控调查表、调查问卷、专项研讨会等。

3. 内部审计。审计监察部负责内部审计及内部监察工作，通过开展综合审计、专项审计和专项调查等工作对内部控制的设计及执行的效率与效果进行评价。另外，审计监督部门根据内部控制缺陷的性质，按照规定的程序向监事会报告审计或调查中发现的内部控制缺陷。

万科将客户放在核心价值观的第一位，对客户开展人文关怀。同时万科注重人力资源的可持续发展，有较高的社会责任意识和道德水准，坚守其价值底线，具备房地产专业能力，从市场中获得公平回报。万科的这些理念创造了良好的内部控制环境，奠定了商业成功的基石。

4. 风险评估。面对严厉的宏观调控政策、严峻的市场形势及各种新的挑战，万科着重于提升专业能力和管理效率，致力于改善经营质量促进公司发展由规模速度型向质量效益型转变，并且对内外因素进行研究分析。

5. 信息与沟通。万科制定了包括《万科集团信息管理办法》《万科集团信息保密制度》《集团总部会议管理规定》等在内的各项制度规范公司内经营管理信息传递活动。通过不定期的业务与管理快报、专项报告等信息沟通制度全面及时了解公司经营对客户公司本着与客户一起成长，让万科在投诉中完美的客户理念设立了覆盖总部地产、物业的多种投诉沟通渠道与客户进行良性互动，对投资者公司除了通过法定信息披露渠道发布公司信息外，投资者还可以通过电话、电子邮件、访问公司网站、直接到访公司、参与公司组织的网络路演和见面会等方式了解公司信息。

6. 内部监督。万科建立了覆盖总部、地区和一线的监督检查体系，通过日常检查、专项检查和聘请第三方检查，对各业务领域的控制实施情况进行评估和监督，有利于提高内部控制质量。此外，万科还成立了阳光网，专门负责受理违反职业道德的行为，并向公众公布，提供多种报道渠道，鼓励实名报道。审计监察部履行内部反舞弊职能开展专项调查发挥监督作用。监事会建立了对各一线公司的巡查机制通过现场走访、员工约谈等方式共同促进内控管理水平提高。

我们不难发现，万科成功的背后健全健康的内部控制体系功不可没。内部控制体系对于每个企业而言，就如同我们身体的免疫系统，它不仅可以帮我们消灭体内的一些病害，也可以帮我们抵御外部病菌的入侵，而内控系统对于企业的意义也在于此。出于这个原因，所以企业在建立内控体系时，不仅要将目光放在它建立的内容，还应注意让它具有实效性，而不是简单地流于形式。

资料来源：马燕.万科集团内部控制研究［D］.广州：广东财经大学，2017.

思考题

1. 结合案例试分析，万科集团内控环境的主要内容。

2. 万科集团内部控制方面有哪些值得学习的地方？谈谈对中国企业的启示。

案例三　分析参考

1. 万科集团内控环境主要包括：

（1）万科集团建立了规范的公司治理结构，制定了符合公司发展的各项规则和制度。

（2）建立恰当的组织架构，实施适当的职权与职责分配形成了科学有效的职责分工和制衡机制。

（3）万科集团内部设立审计监察部负责内部审计及内部监察工作，通过开展多项审计业务评价内部控制设计和执行的效率与效果。

（4）注重人力资源可持续发展，制定人力资源政策，具有较高的道德水准和社会责任感，坚守价值底线。

（5）将客户放在核心价值观的第一位，对客户进行人文关怀的企业文化。

2.（1）基于战略的视角审视内部控制。不能单纯地把内部控制当成规章制度，而应当重视其促进企业发展的作用，因此应当首先对内部控制足够重视。

（2）构建良好的内部环境。包括完善公司治理结构，为企业持续在市场化、专业化正确轨道上运转提供有力保障；塑造良好的企业文化，形成更加卓越的内控环境；健全人力资源政策，为企业做大做强夯实基础。

（3）重视风险评估。现今经营环境的不确定因素日益增多，企业一定要充分分析内外部环境，识别风险，制定相应的应对策略，未雨绸缪。

（4）有效的信息沟通。万科集团拥有内外部完整透明的信息沟通渠道，员工和客户都可以通过多种方式了解公司信息。

（5）加强内部监督。企业需实施常规、持续的日常监督及有针对性地专项监督评估和督查内部控制的工作质量，并充分利用内部审计，找出问题所在，确保内部控制的良好执行。

案例四　丰田"召回门"事件

刚刚登上汽车业第一宝座的丰田汽车公司在 2010 年发生了有史以来最大规模的召回事件。2009 年 8 月，在美国加利福尼亚州，由一名警察驾驶的一辆雷克萨斯轿车突然加速导致一家四口死亡。起因是油门踏板略长被脚垫卡住。经过美国各方媒体的轮番报道，丰田车的质量问题引发广泛关注。政府部门介入责令丰田公司对其汽车安全系统进行检查，爆发了丰田的"召回门"事件。日本丰田汽车公司 3 个月内全球召回了 850 万辆车，股票市值蒸发了 300 亿美元。

究其原因，丰田公司追求"世界第一"与"全球 15%份额"，公司扩张速度过快，降低成本战略逐渐成为主导，产品质量管理和人员培训没有跟进，导致一系列部件存在缺陷。在扩张市场期间对员工提出的一些建议没有进行采纳，对顾客的质量问题反馈没有重视，"持续改善""顾客至上"的信念有所淡化，高层的理念存在一定的误区，偏离了丰田以往切忌奢侈浮华、力求朴实稳健的纲领。对汽车的售后维修服务及客户信息反馈没有注重，导致了问题的累积及最后的爆发。

接连几次的全球性召回最终演化成丰田近年来最大的危机。召回事件导致丰田汽车全球召回总量超过 1000 万辆，给丰田在美国乃至全球市场造成的间接损失也不可低估。2010 年 1 月，美国汽车市场销量同比增长 6%，而丰田汽车销量则下滑了 16%。除了支付召回费用、停止生产带来的损失、为挽救品牌损失而用于广告、销售激励的花费，以及可能有的法务开销外，丰田汽车还面临着前所未有的信任危机，其全球化战略也必将受到严重冲击。丰田此次败走滑铁卢，质量存在瑕疵是根本，而危机公关失败则是关键。其实在危机公关问题上，丰田在美国市场本应有很好的经验。1989 年成功应对雷克萨斯 400 质量问题就是一个例子。但已成为汽车业界老大的丰田这次却反应滞后，决策不当，一次"召回门"事件，就给这个拥有悠久历史的企业带来了史无前例的重创。

以 1 月 21 日宣布在美召回 230 万辆汽车为开端，丰田在全球的大规模召回正式展开。接连下来的几天丰田汽车并没有发表任何的公开声明，仅在报纸上刊登了公开的召回信息。1 月 29 日美国国会宣布将对丰田展开调查。隔日丰田章男在瑞士达沃斯论坛上被日本媒体拦截后，才发表了几句听上去有些"轻描淡写"的致歉声明。1 月 31 日，美国的主流报纸上才出现丰田汽车的召回公关广告。丰田章男 2 月 5 日的鞠躬道歉，足足迟到了一个多星期的时间，而且鞠躬的角度只有 45 度，时间也不足 5 秒，被日本本国媒体戏称为像是在打招呼。并且他坚称车辆突然加速与丰田的电子控制系统没有任何关系。2 月 19 日，丰田章男才表示要参加美国国会众议院和政府改革委员会就丰田召回问题举行的听证会，招致国会议员和民众的强烈不满。

丰田章男对实况转播的美国国会听证会也并未做好准备，这本可以为丰田阐述想法提供一个很好的平台。然而像是否出席听证会这样重大的决策都是在被动状态下做出的，可见丰田公司应对危机是多么缺乏主动性了。2 月 24 日丰田召开发布会，承诺会更加注重产品的质量。对于已经发生的问题做出认知和歉意，而对于消费者利益方面却寥寥数语，并没有给消费者带来应给予的安全感。其实在此前的一个月内，丰田公司是有机会掌握主动的，只是不应该寄希望于政客，而是美国的众多消费者。

资料来源：改编自《丰田召回门事件》。

思考题

1. 结合案例分析，丰田公司违背或遵循了哪些危机管理的原则？

2. 结合案例分析，丰田公司暴露出了怎样的问题，如何解决？

3. 通过对丰田"召回门"事件的分析，企业在面对危机时应该怎样做？

案例四 分析参考

1.（1）违背 Forecast（事先预防）原则：丰田公司扩张速度过快，产品质量管理和人员培训没有跟进，使得产品一系列部件存在缺陷，在扩张市场期间没有采纳员工提出的一些建议，没有重视顾客的质量问题反馈，缺乏危机预警意识，严重违背了危机管理的事先预防原则。

（2）违背 Fast（迅速反应）原则：丰田公司在危机事件爆发后反应滞后，决策不当，错过了解决危机的最佳时机。丰田宣布在美国召回 230 万辆汽车到美国国会宣布将对丰田展开调查的整整 8 天，丰田的危机公关没有开展任何行动。

（3）违背 Face（承担责任）原则：在危机事件爆发后丰田公司总裁在瑞士被记者堵住，才首次公开道歉："对于使客户感到不安，我们感到非常抱歉"。在发布会上也并未对消费者利益进行维护，违背了承担责任的原则。

（4）违背 Frank（坦诚沟通）原则：丰田章男在日本召开发布会就全球召回事件道歉时鞠躬的角度和时长明显不合日本礼数。并且坚持车辆突然加速与丰田的电子控制系统没有任何关系。道歉态度并不真诚，也不承认质量问题的存在，违背了坦诚沟通原则。

2.（1）盲目扩张，未把握好产品质量。企业应把握好规模和产品质量的平衡点，当企业规模扩大时仍要不折不扣地实施精益化生产和管理，对供应商提供的零部件质量进行控制。

（2）管理的创新没有跟上规模扩张的步伐。规模的扩大有利于降低成本和规避风险，但管理效率会呈现下降的趋势，因此实施管理创新以简化责任关系和建立沟通渠道十分必要。

（3）忽视人才培养。丰田在全球迅速扩张导致了人才储备的不足，质量与安全的理念有所松动，当召回事件发生后也没有危机处理方面的人才和专家，因此企业一定要重视人才培养和人才储备。

（4）未建立有效的危机管理机制。丰田公司决策层对此次危机反应迟缓，使公众普遍质疑丰田公司的诚意。因此企业内部应当建立均衡有效的危机管理机制，在危机出现时使公司高层直接参与和领导危机的解决，统一决策，有效沟通。

3.（1）快速反应、积极主动，掌握危机处理的主动权。越早发现危机并迅速反应控制事态有利于妥善解决危机和降低各方利益损失。组织内部必须对危机保持高度警觉，高层需要尽快了解真相、做出决策；对外主动发布信息，防止大规模扩散，赢得公众的信任。

（2）坦率真诚、充分沟通，争取公众信任。加强信息的披露与公众沟通，争取公众的谅解和支持是危机管理的基本对策。保持真诚坦率和信息公开的态度，让公众感觉企业是积极地解决问题的，这样制订出来的危机解决方案也更容易得到公众认可。

（3）消费者利益至上。在处理危机时无论是制订危机处理方案还是对内和对外的沟通，都要坚持消费者利益至上，只有这样才能让危机处理方案被大众认可和接受，体现企业的真诚和责任。

案例五　科技巨头的风险管理

任正非是极具影响力的十大华商人物之一，多次名列《财富》"中国最具影响力的50位商界领袖"榜单第一位，一手把华为变成了震惊世界的"科技王国"的华为公司。1987~2000年，华为一直呈现高速上升趋势，但任正非深知，一个企业在创业初期，规模、资金、市场份额和知名度都很小，领导者容易有破釜沉舟的决心与勇气，员工也会有团结一致的斗志。然而当企业做大之后，领导者往往贪图安逸，员工心态巨变，内部钩心斗角，企业亲和力与竞争力将会急剧下降。

2001年初，有着超前危机意识的任正非在公司业绩连年高速增长的情况下，在华为的大发展时期发表了《华为的冬天》一文，为全体员工敲响了警钟。他在《华为的冬天》中讲道："十年来我天天思考的都是失败，对成功视而不见，也没有什么荣誉感、自豪感，而是危机感。也许是这样才存活了十年。"

2002年，首次出现负增长与万人大招聘的"逆势扩张"，内外交困下，华为通过美国艾默生公司进入中国及自我纠错，成功化解了第一次危机。2008~2009

年，因花了一笔钱买断 7000 人的工龄，被炒作挑战《劳动法》，在舆论强压下，任正非通过和员工关于"奋斗者文化"的面对面讨论，成功化解了第二次危机。2013～2014 年，因互联网冲击，人心浮动下，华为在任正非千钧定力直指行业定位的引导下，成功化解了第三次危机。

华为每一次都能化解危机，是如何办到的？主要有三个方面：首先，要能够识别风险。其次，识别风险后能够老老实实地消灭风险，不投机。因为风险是概率事件，有可能发生，也有可能不发生。很多公司存在侥幸心理，认为可能不发生，就不去做准备。而华为公司做生意不投机，对风险发生的可能性进行概率评估，根据风险的影响程度或发生概率大小进行优先级排序。排在前面的风险一定要去解决，排在后面的是小概率风险，发生之后影响度不高，就运用一些策略去承受。最后，当风险真正发生后要能够快速反应，并且不要害怕风险。任何公司都会有危机，当危机出来后应按照之前的预案进行处理。这个时候企业不能慌，从公司高层到所有的员工保持对公司的高度信任，坚定信心，公司就能够有效处理。在华为，各个业务部门和职能部门，都围绕确定的流程机制有序地运作，如研发（IPD）、市场（LTC）、变革（变革委员会）等，用确定性的业务设计来应对不确定的业务风险；对于有潜在风险的问题会进行专题研究，明确风险的防范措施。

华为公司对风险管理的成功，除了它的机制和价值观管理之外，更重要的是抓住了业务创新。公司经常发生的风险还是业务风险，其他风险包括环境风险，例如，SARS 是少数事件。但是业务风险每天都会面临，能不能抓住市场的变化，并且理解客户的需求使技术能够满足客户的要求，其实这是对公司能力的要求，这个能力若具备，能够在很大程度去抵御业务风险。这个能力涉及三个核心要素：

第一，在整个市场体系上，产品规划体系和战略规划体系的建立非常重要，要能够感知市场和客户需求的变化。很多公司没有市场部，或者市场部只做营销活动。其实市场部有很重要的一个职责就是去理解市场，去感知市场的变化，尤其要感知行业里一些大客户下一步的规划。如果感知到了，就需要尽快牵引能力进步，这样的话能够从客户需求上避免风险。

第二，产品。华为公司的技术和产品在内部是分开管理的。产品需要研发体系，建立了产品管理部。产品管理部主要是规划产品，管理客户对产品的需求，另外还管理市场。如果有产品管理部，企业能够理解客户需要的产品，从产品的竞争力上构筑商业成功。这在很大程度上可以降低企业的业务风险。很多公司产品的方向主要依赖于公司老板或少数高层领导，没有建立职业化的产品规划队伍，这是很危险的事情。华为在 2002 年冬天之后，就开始建立产品管理部。当把产品管理体系建立后，华为公司在产品方向上基本上没犯过错误，因此从产品管理上要建立体系和组织。

第三，技术。产品其实最多能看未来 3~5 年，而技术应该是看 5~10 年。华为公司成立了 2012 实验室研究技术，从更长远的角度去探索技术，不断用创新的产品去满足客户需求，保证从客户需求、产品定义、技术研究上都有投资和组织去看护，因此整个公司的业务风险，很大程度上能够降低或规避。

华为所处的高新科技通信行业，技术更新速度之快、竞争之激烈，是其他行业无法比拟的。处在竞争如此激烈的市场中，一个永恒的话题萦绕在任正非心中：企业要一直活下去，不要死掉，只有生存才是最本质、最重要的目标，才是永恒不变的自然法则。他将危机意识融入到华为的企业文化中，让员工每时每刻都能感受到一种紧张的气氛，向国际看齐，从而达到遏制部分员工和管理人员因高速成长而滋生的盲目乐观情绪。

资料来源：改编自"企业该如何管理风险，华为 10 名前高管经典十问十答"。

思考题

1. 结合案例分析，华为是如何进行风险识别的？
2. 结合案例分析，华为应对业务风险的策略是怎样的？
3. 华为的风险管理给中国企业带来何种启示？

案例五　分析参考

1. 华为通过以下两个方面进行风险识别：

（1）确定风险识别的内容和范围。华为公司对风险发生的可能性进行概率评估，根据风险的影响程度或发生概率大小进行优先级排序。排在前面的风险一定要去解决，排在后面的是小概率风险，发生之后影响度不高，就运用一些策略去承受。

（2）进行全方位的风险识别。在华为，各个业务部门和职能部门，都围绕确定的流程机制有序地运作，如研发、市场、变革等，用确定性的业务设计来应对不确定的业务风险并且对于有潜在风险的问题会进行专题研究，明确风险的防范措施。

2. （1）风险避免。华为建立了产品规划体系和战略规划体系，它们要能够感知市场和客户需求的变化。针对这种变化对自身能力进行提升，这样能够从客户需求上避免风险。

（2）风险降低。一方面，华为公司的技术和产品在内部是分开管理的。建立了产品管理部以满足产品研发，管理客户对产品的需求，另外还管理市场。华为建立产品管理部，以更便捷地理解客户需要的产品，从产品的竞争力上构筑商业成功，在很大程度上可以降低企业的业务风险。

另一方面，华为公司成立了2012实验室研究技术，从更长远的角度去探索技术，不断用创新的产品去满足客户需求，保证从客户需求、产品定义、技术研究上都有投资和组织去看护，因此整个公司的业务风险，很大程度上能够降低或规避。

3. 华为的危机管理给中国企业带来如下启示：

（1）要有危机意识。任正非将危机意识融入到华为的企业文化中，让员工每时每刻都能感受到一种紧张的气氛，向国际看齐，从而达到遏制部分员工和管理人员因高速成长而滋生的盲目乐观情绪。

（2）建立风险管理机制。在华为，各个业务部门和职能部门，都围绕确定的流程机制有序地运作，用确定性的业务设计来应对不确定的业务风险，对于有潜在风险的问题会进行专题研究，明确风险的防范措施。

（3）采用正确的风险控制策略。对于不同种类的风险，采用不同的策略。华为通过建立产品规划体系和战略规划体系感知客户需求变化以求规避风险；建立产品管理部和实验室理解客户需要和满足客户需求力求降低业务风险。

二、推荐书目

推荐书目1：［美］奥图·勒兵杰：逆境领导力：危机管理者如何面对灾害、冲突与失灵（第二版），北京大学出版社，2017

本书聚焦于从本地化到国际化的各类危机实例，围绕预测和应对自然环境中的危机、人为环境危机和管理失灵危机，以及为降低此类事件的负面影响，组织需要采取的实际公关步骤，提供了咨询建议，以期指引危机管理的专业人士，在高度不确定的条件下做出恰当的决策，认识和把握当下成功的危机管理需要的思路与途径。

推荐书目 2：原正彦：丰田高效工作法，中国铁道出版社，2018

本书运用情景故事，把丰田工作的思维方式融会贯通地具体展现出来。通过阅读情景故事，读者可以掌握提高工作效率的 38 个口诀和 5 种工作能力，并与之融为一体，使之真正成为自身的技能。

推荐书目 3：何舟，陈先红：危机管理与整合策略传播，武汉大学出版社，2010

本书收录了国内外 40 多名著名学者的研究成果，对于危机管理的基本理论、大众媒介在危机管理过程中所起到的作用、政府公共危机管理和企业危机公关进行了系统的研究和探讨。

第六篇　创新

第十五章　创新原理

一、专题案例

案例一　食行生鲜，一个隐忍高手

在生鲜市场随着资本狂潮激浪涌动时，一家诞生在苏州的生鲜电商公司——食行生鲜，2019年在苏州实现了盈利。传统农业产业普遍存在采销信息不对称、食品安全把控难、食材损耗高等问题。2012年，食行生鲜创始人兼CEO张洪良先生响应政府号召，创立了食行生鲜，采用了社区柜模式，区别于生鲜到店、到家，食行生鲜搭建了一种买菜的新消费形式——到柜。"预订制消费+集约化配送+冷柜自提"的模式构建了食行生鲜区别于其他生鲜电商的核心商业模式——深耕家庭计划性消费场景。

张洪良表示，食行生鲜社区智能微菜场项目，颠覆了传统买菜模式，年轻人可以通过食行官网、手机应用、微信服务号等方式订购生鲜食品。张洪良首创国内C2B2F（C指顾客、B指企业、F指农田或者工场）模式，用户预订是首位，信息传回到B端，B端收集数据并整理，F端今日收到订单，次日发货，模式是"T+1"，购物端包括微信商城、PC端、PAD端、手机端，而终端则是自营的社区冷鲜柜。通过在社区设置自提冷鲜柜，用户可24小时取菜、实现了无人式交付，完美解决了"最后一公里"的配送难题。

注册的会员只要在前一天21：00前通过食行官网、手机App、自助终端机和呼叫中心四种方式下单订菜，下单的同时选择9：30或16：00两个配送时间，后台系统会自动统计所有订单，根据订单量向合作的蔬菜基地直接采购，运送至食行生鲜的配单分拣中心，再由专门的配单人员进行拣选、包装、配送。消费者

·233·

根据短信提示，第二天即可按照自己所选择的配送时间后去指定柜子刷卡取菜。

目前食行生鲜覆盖了苏州、上海和无锡三个城市，运营有超过 4000 个社区站点，服务于超 330 万户家庭。公开数据显示，食行生鲜累计融资额为 6.83 亿元，目前已成长为生鲜新零售领域内的实力选手。传统超市如家乐福、大润发近年来受到冲击，业绩下滑比较严重，与上年相比，整体都跌了 20% 左右，以叮咚和每日优鲜为代表的到家模式，送到用户家里来，便捷、即时达，这样的模式现在也颇受消费者欢迎，但成本也非常高。

而食行生鲜之所以能成功，是因为它另辟蹊径搭建了一种消费者买菜的新消费形式：利用冷库、冷车、冷柜的无缝链接，突破了生鲜超市普遍存在高损耗率的"瓶颈"，同时又解决了消费者对购买生鲜"快速""便捷"的要求——它的终端媒介是柜子，而非门店。在"预定"模式下，配送以社区为单元，让小单变成大单——前一天客户下单，第二天根据规划好的路线，1 个配送员每天送货两次，可送 1000 户家庭，而如果是"到家"配送，每个配送员平均每天只能送 50~60 单。

食行生鲜在避免了"最后一公里"高昂到家的成本后，可实现全链条履约成本仅有 7 元，并且因为货柜配有常温、保鲜、冷冻（保鲜温度在 0℃~8℃，冷冻则保持在-18℃左右）。到了夏天，生鲜商品在托运过程中会发生很多商品变质，而食行生鲜的配送从中央仓到小区货柜，可以因为全程配送"不脱冷"，产品的损耗也随之降低。据了解，食行生鲜损耗率仅为 1.8%，远低于行业平均水平。

数据显示，食行生鲜用户的黏性非常高，月复购率高达 70%，成熟用户平均每月购买频次超过 8 次，1 年以上的忠实用户超过 50%，远高于行业平均水平。归根结底，食行生鲜的成功还在于其在供应链上的优势。"目前食行平台有 14000+sku 商品，能满足用户一站式买齐的需求"。食行生鲜相关负责人表示。而"以销定采+全程冷链+集约化配送+智能冷柜自提"的特色组合模式，让食行生鲜供应链效率达到最高。

资料来源：改编自《食行生鲜，一个隐忍高手》。

思考题

1. 食行生鲜的创新来源是什么？

2. 食行生鲜的创新是如何实现的？

案例一 分析参考

1. 创新源于企业内部和外部的一系列不同的机会。这些机会可能是企业刻意寻求的，也可能是企业无意中发现但发现后立即有意识地加以利用的。食行生鲜的创新来源有以下几方面：

（1）产业和市场的改变。处在行业之内的企业通常对于行业发生的变化不甚敏感，面对同一市场和行业结构变化，企业可能做出不同的创新和选择，而多种选择都可能有其存在的意义和价值创造空间。传统农业产业普遍存在采销信息不对称、食品安全把控难、食材损耗高等问题。食行生鲜的创新之处在于顺应市场需求，以销定采和冷柜自提突破了传统生鲜零售普遍存在的高损耗瓶颈，同时又满足了消费者购买生鲜"快捷""便捷"的要求。

（2）人们观念的改变。对事物认知和观念决定着消费者的消费态度，消费态度决定着消费行为，消费行为决定一种具体产品在市场上的受欢迎程度。网上购买生鲜食品被越来越多的人接受和喜爱，食行生鲜首创的 C2B2F 模式让广大市民可以通过食行官网、手机 App、微信公众号等方式轻松购买到优质新鲜的生鲜产品。

2. 食行生鲜的创新是通过以下方式实现的：

（1）订购模式。与传统买菜模式不同，食行生鲜消费者需要在 21：00 之前提交订单进行预订，则可选择在次日上午或下午到冷鲜柜取货，通过预定消费减少损耗。

（2）智能冷鲜柜自提。通过在社区设置冷鲜柜，用户可 24 小时取菜，实现了无人交付，解决了"最后一公里"的配送难题。

（3）无须仓储。食行生鲜是采用直接将食材从蔬菜基地配送到社区的模式，可做到零库存，降低仓储成本。

（4）保证食材新鲜安全。每天后台系统会自动统计所有订单，根据订单量向蔬菜基地直接采购，运送至配单分拣中心，再由专门的配送人员配送到小区的智能保鲜柜。食材来源可追溯，全程冷链物流保证食材新鲜。

案例二 领歌组合拳式的系统创新

领歌国际有限公司，前身为成立于 2009 年的欧特达实业有限公司。领歌是国内为数不多专注于海外市场的智能手机新生品牌,并逐渐在海外取得成功。该公司之前依靠单纯的 OEM/ODM 业务模式,2014 年随着集团的战略转型,其自主手机品 LEAGOO 领歌应运而生,产品也由原来的单一的功能手机、智能手机业务延伸到移动终端、可穿戴设备、智能家居、物联生态等多元化业务,年出货量达 600 万台,LEAGOO 领歌品牌也成功跻身为东南亚前十大手机品牌。

领歌国际有限公司 CEO 庄晓丰表示:"为什么会有创新、突破,其实是来自压力、来自危机感;现在的领歌一样面临着行业上的竞争压力,特别是一线品牌大规模出海也带来很大的危机感""创新是基于用户诉求去开展公司的工作。"庄晓丰表示,智能手机目前在用户体验上最大问题就是手机功耗和发热问题,这也是目前智能手机的一大痛点,而这正是目前领歌在创新上花大力气做的原因,他们在这方面也已经获得了多项专利。"尽管技术创新我们也会去涉猎,但是从目前整个业态来看,坦白来讲,留给我们这种中小型企业、新兴品牌的机会并没有太大,我更愿意从资源整合的角度和差异化创新的角度去突破,因为创新的东西是需要付出代价的",庄晓丰坦承。

领歌本身是一个创业团队,领歌一开始是采用资源聚焦的方式专注做海外市场比较巧妙地避开国内的"血海"竞争,选择并不像国内市场竞争那么激烈的东南亚市场。

庄晓丰以自己的公司为例解释道他们的系统性创新。从市场角度来说,领歌为什么拿"新马泰"这几个国家作为突破,而不是一开始就选择国内或者印度这样的大市场去做,这都是经过精准分析的。一是在产品上做了一些精准的卡位,从价格、成本、竞价卡位上都做得比较精准。二是在用户痛点把握上,他们有做功耗的创新,有做摄像效果上的技术创新,也有结构成本控制上的创新。三是从整个系统创新来看,领歌与合作伙伴一起,通过资源整合、资源叠加的方式和利益共享的方式,让整个合作链条上的优势累加到领歌品牌上面,从而形成了领歌独特的一种资源优势。"我们在分工上做了一些创新,这就是术业有专攻吧。让越专业的人来做事情,风险就越低",庄晓丰说。

资料来源:改编自《领歌国际:"血海"竞争下的系统创新》。

思考题

1. 领歌国际是如何找到创新对象的?选择了什么创新对象?
2. 领歌国际的系统创新方式给中国企业带来什么启示?

案例二 分析参考

1. 从技术创新角度来看，创新对象的选择主要涉及材料、产品、工艺和手段等不同方面。产品创新使产品在结构或者性能上有所改进或全部创新，不仅能给消费者带来一种全新的享受，而且可能降低产品的生产成本或者减少产品在使用过程中的费用，工艺创新极可能为产品质量的形成提供可靠的保证，从而加强企业的优势特色，也可能促进成本的降低。领歌国际基于用户诉求去找到创新的对象，通过调查发现智能手机目前在用户体验上最大问题就是手机功耗和发热问题，这也是目前智能手机的一大痛点，因此领歌选择了将性能改进作为创新对象。

2. 领歌国际的系统创新方式给中国企业带来以下启示：

（1）对产品和市场进行精准分析。国内的手机市场竞争十分激烈，领歌国际根据自身产品特点及市场情况将目光投向海外市场，并对产品进行改进和创新提高用户体验，这是领歌国际能够跻身为东南亚前十大手机品牌的原因之一。

（2）把握用户痛点。领歌国际通过对用户痛点的把握在功耗、摄像效果及结构成本控制上都做了创新，创新的展开都是基于用户的需求并结合自身的优势，这样的创新才是有效的创新。

（3）进行系统创新。领歌与合作伙伴通过资源整合、资源叠加的方式和利益共享的方式，让整个合作链条上的优势累加到领歌品牌上，从而形成独特的资源优势。

案例三　奋斗幸福观：中铁四局的企业文化创新

中铁四局集团有限公司的历史可以追溯到烽火硝烟的抗美援朝战场，其前身是中国人民志愿军抗美援朝铁道工程总队，中铁四局的历史造就了其特殊的部队文化"基因"，在60多年的历史中，即使企业有了新的发展，社会发生着变化，时代也总在变迁，但中铁四局都没有停止文化传承。

2013年以来，习近平总书记先后提出了"中国梦就是人民的幸福梦""人民对美好生活的向往就是我们的奋斗目标"等治国理政的新理念。中铁四局认识到，幸福是人类永恒的追求，当前集团正处于良好的发展态势，如果能让员工共享发展成果，提升员工的幸福感，让员工体会到企业发展也是为了自己，中铁四局是员工们共同的家，那么员工就会爆发出惊人的创造力，推动企业向更好的方向发展。中铁四局按照以人为本的发展理念，开始思考和推进幸福企业建设体系。

2014年，中铁四局在第三次党代会上提出把员工幸福作为中铁四局发展新时期的重要文化。中铁四局确立了"伙伴信赖、客户推崇、员工幸福、广受社会尊重的一流现代化企业集团"的企业愿景，逐步构建了涵盖"企业精神、企业使命、企业哲学、经营宗旨、企业作风、员工行为准则、企业人才观、企业发展观、企业愿景"九大理念为主要内容的"奋斗幸福观"，成为企业最重要、最基本的"软实力"。围绕着"奋斗幸福观"理念的有效传播，中铁四局积极创新文化载体，坚持每两年举办一次企业文化节，既有局内集中文化活动，也有基层项目分散文化活动。每届文化节都坚持上下结合，内外呼应，数万余名员工及家属参加，有效促进了企业文化理念的传播。

为了搭建畅通有效的渠道宣传贯彻企业文化，中铁四局与时俱进，在原有内刊、企业电视台基础上搭建了多种新媒体传播平台。开通了微信公众号、新浪微博、今日头条等多种自媒体账号。近些年，中铁四局已开通40余个官方微信账号，发布的多篇图文消息曾被腾讯视频、今日头条、凤凰网、国资小新、中国中铁等账号转发，全网总阅读量达1亿次左右。

另外，中铁四局还与梨视频等新媒体平台合作，创新企业品牌宣传途径，制作原创短视频70余个，视频总点阅量超过5亿次。其中《震撼场面，数百米立交桥一夜拆除！》经多个媒体转载后在海外引起轰动，一夜拆除立交桥被誉为"中国效率"，展现了中国速度。

中铁四局与新华社融媒体中心、新华社《国家相册》、央视国际、央视财经、央视新闻等主流新闻媒体电视频道和栏目均建立了合作关系。央视财经《厉害了，我的国》栏目共播出中铁四局相关内容十余次，央视财经《匠心英雄》分别播出了2名员工的优秀事迹、央视四套《华人世界》栏目播出7期中铁四局海外项目相关内容。

中铁四局正处在企业转型和多元化发展的时期，面临多方挑战，新时代的文化要适应新时代的战略，技术能力和服务意识都将成为支持中铁四局一路走下去的重要文化特征。自"十三五"以来，中铁四局在以"奋斗幸福观"为核心的企业文化引领下，奋力拼搏、奋勇前进。企业年营业额和新签合同额均超过千亿大关；企业连续十年保持了银行的"零贷款"。企业文化正在发挥强大的感召力，带领中铁四局员工在奋斗中获得幸福。

资料来源：改编自《中铁四局的奋斗幸福观》。

思考题

1. 结合案例，简述中铁四局的创新动力来源。
2. 结合案例，讨论中铁四局文化创新的步骤和方法。
3. 结合案例，分析中铁四局的文化创新给中国企业带来怎样的启示？

案例三　分析参考

1. 创新源于企业内部和外部的一系列不同的机会。这些机会可能是企业刻意寻求的，也可能是企业无意中发现但发现后立即有意识地加以利用的。中铁四局的文化创新来源于以下两个方面：

（1）产业和市场的改变。处在行业之内的企业通常对于行业发生的变化不甚敏感，面对同一市场和行业结构变化，企业可能做出不同的创新和选择，而多种选择都可能有其存在的意义和价值创造空间。企业有了新的发展，社会也在不断变化，时代也总在变迁，那么企业文化在新的历史时期也要有新的特征，因此中铁四局提出把员工幸福作为发展新时期的重要文化。

（2）新知识和新理念的产生。一种新知识的出现，将为企业创新提供异常丰富的机会。习近平总书记先后提出了"中国梦就是人民的幸福梦""人民对美好生活的向往就是我们的奋斗目标"等治国理政的新理念。中铁四局认识到，幸福是人类永恒的追求，并逐步构建了涵盖九大理念的"奋斗幸福观"。

2. 文化创新是从生存环境的变化入手，对组织文化进行变革，清除旧的习俗与理念，将组织文化与组织创新活动相匹配，适应外部环境的变化，争取竞争优势。中铁四局文化创新的步骤和方法如下：

（1）构建"奋斗幸福观"的主要内容。中铁四局确立了"伙伴信赖、客户推崇、员工幸福、广受社会尊重的一流现代化企业集团"的企业愿景，逐步构建了涵盖"企业精神、企业使命、企业哲学、经营宗旨、企业作风、员工行为准则、企业人才观、企业发展观、企业愿景"九大理念为主要内容的"奋斗幸福观"，成为企业最重要、最基本的"软实力"。

（2）通过举办各种活动传播企业文化理念。中铁四局积极创新文化载体，坚持每两年举办一次企业文化节，既有局内集中文化活动，也有基层项目分散文化活动。

（3）搭建多种新媒体传播平台宣传企业品牌。中铁四局开通了微信公众号、新浪微博等多种自媒体账号，并与梨视频等新媒体平台、新华社融媒体中心等主流新闻媒体电视频道和栏目均建立了合作关系，制作和发布了诸多视频和图文消息，有效地宣传和贯彻了企业文化。

3. 中铁四局的文化创新给中国企业带来以下两点启示：

（1）应重视企业文化的力量。文化，作为一家企业从建立之初一直秉承的一份理念，对企业的发展起着举足轻重的作用。中铁四局在发展的历程中，即使企业有了新的发展、社会发展变化、时代变迁，公司都没有停止文化传承。企业文化作为企业发展的根基，只有重视文化才能取得长久的成功。

（2）新时代的文化要适应新时代的战略。在不同的时代背景下，随着企业和市场的发展，企业文化也要有新的时代特征。中铁四局搭建了多种新媒体传播平台传播企业文化，宣传企业品牌，迎合了当下人们的阅读和观看习惯。因此，企业文化要随着时代变化和人们观念变化发展更新，以更好地促进企业发展。

案例四　流水线个性化定制：红领的组织变革

在红领集团董事长张代理看来，走平价定制的道路是红领的重要战略方针，他用 3000 人的工厂做实验，历经 12 年投入数亿资金，打造出了业内知名的 C2M 模式，以大数据技术为核心，实现了流水线个性化定制，成为了国家工信部确定的"两化融合"标杆企业，也是服装行业唯一入榜的 2015 全国智能制造示范项目。

自 2012 年以来，中国服装制造业订单快速下滑，企业在高库存和零售疲软双重挤压下举步维艰。同一时期，提前布局个性化定制的红领集团却迎来高速发展。消费者只要用手机下载一个名为"魔幻工厂"的 App，选择定制款式（比如西装、衬衣、马甲、中山装或青年装），选择自己想要的领形、口袋、扣子、颜色、面料和里料，然后电话预约量体师上门服务，也可以自己上传相关数据，一周之后，消费者就可以穿上为自己量身定制、价格从 1399 元到 4999 元不等的个性化服装。有了基础数据，随着系统的迭代更新，今后这名消费者还可以定制更多不同款式的服装。

将个性定制做到普通成衣的价格，其关键因素是通过大数据和物联网对生产流程精准控制。当有人通过当地门店下单，量体过程只需要 5 分钟，采集好 19 个部位量体数据后，顾客可以自主定义服装的面料、花形、刺绣等几十项设计细节，这 100 多项定制数据在前端汇入红领数据平台。工厂里的制卡人员把每件衣服的全部数据录入到一张 RFID 射频电子磁卡上，接下来的所有工序中，每个生产环节岗位的工人都要先刷卡读数据后操作，按客户需求完成制作。

整个流程是张代理本人在流水线上不断调试才理顺的，仅制版环节，企业就能节省出高昂的劳动薪酬和时间成本。张代理坚持引进计算机辅助设计（CAD）打版设备，并研发了有自主专利的打版机床。过去一位版师一天只能打版 2 件衣服，现在将用户数据生成 CAD 规格表、衣片等数据，能够直接发排机器打版，快到每分钟 1 件。通过数据驱动，红领集团提高了生产的效率，降低了制造成本。

数据驱动突破了组织、时空和资源的限制，原有的工厂层级管理模式无法适应，怎么办？此时，红领集团的组织变革迫在眉睫，但先从何处下手呢？

红领原来的客户服务部更像"投诉部"，是客户情绪的垃圾场；因为没有实权，客服部很难调动其他部门来满足消费者需求，难免出现"踢皮球""扯皮"现象。为此，张代理把原来利润最高的大客户移交给客服部运营管理，使其成为实权部门。调整后，客服部汇聚顾客的所有需求，可向集团的任何部门的任何岗位点对点下达指令，让顾客的需求直接传达给节点员工而非部门主管，客服部因事找岗，需要时主管为员工提供支持。在考核上，当任务完成后，需求部门会给任务完成部门的主管打分，部门主管再根据打分情况对部门员工进行考核，即点对点机制下的部门主管负责制。

张代理提出了以消费者为中心的"源点论"，他说："源点就是消费者需求，企业所有的动作都要围绕消费者需求进行，这是公司永恒不变的发展战略。只有点对点，端对端，去掉中心环节，直击消费者需求，才能把效率做到最高。"

从客服部开始，红领各部门以业绩、客户满意度为考核标准，落实在数据驱动上就是业绩的增长和回款情况，源点论就这样成一个闭环。这种点对点的高效率、扁平化节点管理模式经过一年的运营，有些部门的效率提升了 90%，管理成本大幅降低。对传统企业进行互联网化的改造，就是一场组织再造和流程再造的过程，如何重新厘定人和组织的关系，如何将岗位职责重新定位？传统的企业管理主要是基于公司利润对部门进行 KPI 考核，而不是基于用户的需求。但随着消费者主权时代的来临，只有对消费者需求的反应足够迅速，企业才能在激烈的竞争中处于有利的地位。商业模式转型后，原来的组织架构和文化已经不再适应。

红领集团是如何破除部门 KPI 魔咒的？以客户服务部为核心的第一步改革初见成效后，一系列去部门化、去科层的改革从内部展开。张代理把公司内部不产生价值的部门清除，三十余个大大小小的部门和小组被全部打散，整合为六大中心进行协同管理：供应链中心、生产中心、客服中心、财务中心、信息中心、人力资源中心。80%的中层领导消失，管理者不再审批，而是成为消防员做"例外管理"，同时负责对流程进行规范。员工变成流程上的一个个节点，原先对部门领导的考核指标分解落实到每个员工身上，员工从内部 KPI 驱动变成外部用户驱动。

新成立的流程管控中心俨然成为整个集团的核心，虽然不管钱物，却要不断发现并调动资源解决问题，并使之流程化，并不停地优化和迭代更新流程。当紧急情况出现时，流程管控中心邀请相关专业人士讨论最佳解决方案，并形成标准流程固定下来。节点管理模式的核心是标准化、规范化和体系化，把每个点需要员工用经验和能力去解决的问题通过系统全部解决，每个岗位的权限非常清晰，员工只需要操作执行即可，但在每个岗位工作的员工有义务发现问题并反馈。用智能化的管理取代传统的人智，用自组织、自运行管理，取代了传统由人去管和控，保障组织的活力和企业的利润最大化，成为其组织结构迭代的核心驱动力。

资料来源：改编自"红领集团：定制风暴下的组织破与立"。

思考题

1. 红领集团的创新主要包括哪些类型的创新？并浅谈该创新的具体内容和特点。

2. 结合案例，试分析红领创新的动力来源。

案例四 分析参考

1. 红领集团的创新主要包括战略创新和组织创新。

（1）战略创新指发现和变革组织目标，探寻新的行动路径的管理决策活动，战略创新首先表现为企业各时期的具体经营目标，需要适时地根据市场环境和消费需求的特点及变化趋势加以调整和创新。红领集团走平价定制的道路是红领的重要战略方针，集团打造出了业内知名的 C2M 模式，以大数据技术为核心，实现了流水线个性化定制。消费者只要用手机下载"魔幻工厂"App，选择定制款式，然后电话预约量体师上门服务，也可以自己上传相关数据，一周之后，消费者就可以穿上为自己量身定制的个性化服装，在制度上得到充分的创新。

（2）组织结构创新是组织横向结构与纵向结构两个层面各种创新与变革的综合，它重点在于调整组织工作分配，重新划分内部权力和责任关系以及沟通系统。制度流程上的创新使红领集团原有的组织结构变得无法适应，因此集团大力开展组织结构创新。以客户服务部为核心的组织架构，将利润最高的大客户移交给客服部运营管理，使其成为实权部门，将顾客的需求直接传达给节点员工，实行对点机制下的部门主管负责制，降低管理成本，提升了部门效率。另外，集团还外部用户 KPI 驱动。红领集团将部门和小组整合为六大中心进行协同管理，80% 的中层领导消失，管理者做"例外管理"和对流程进行规范，部门的考核指标分解落实到每个员工身上，将整个流程标准化、规范化和体系化。

2.（1）产业和市场的改变。处在行业之内的企业通常对于行业发生的变化不甚敏感，面对同一市场和行业结构变化，企业可能做出不同的创新和选择，而多种选择都可能有其存在的意义和价值创造空间。自 2012 年以来，中国服装制造业不甚乐观，红领集团提前布局了个性化定制业务以应对产业和市场的这种变化。

（2）过程改进的需要。过程改进的需要与企业内部的工作有关，由这种需要引发的创新是对现存过程进行改善，把原有的某个薄弱环节去掉，代之以利用新知识、新技术重新设计的新工艺和方法，以提高效率、保证质量、降低成本，企业整体战略目标的改变驱动运营模式和过程的改变。红领集团通过大数据和物联网对生产流程进行控制，并通过引进计算机辅助设计打版设备，相比人工制版提高了生产的效率，降低了制造成本。张代理提出了以消费者为中心的"源点论"，企业所有的动作都要围绕消费者需求进行，对组织和流程进行再造，改变KPI 考核方式，采用节点管理模式以保障组织的活力，提高了企业效率。

案例五　宝岛眼镜：以会员为核心的模式变革

2017 年，公域流量开始见顶，流量争夺越来越激烈，企业流量成本越来越高，于是，企业和营销人对真正运营自己用户的梦想更趋强烈。在众多企业中，宝岛眼镜不仅宣布实施私域流量运营，而且提出了自己的方法论。宝岛眼镜甚至对自己的组织架构进行了颠覆性调整，彻底改变以门店运营为中心的传统模式，构建起以会员运营为核心的零售模式。

作为一个传统眼镜零售连锁品牌，宝岛眼镜的这一系列动作可谓是革命性的。也因此，勇于突破的宝岛眼镜在2020年迅速成为私域流量运营的标杆，王智民成了"年度大忙人"，宝岛眼镜也成了"年度朝圣地"。"很多人看到2020年我们变化很大，成了私域流量运营的标杆，但是这并不是突然出现的，好几年前我们就在打基础了"。王智民所说的"打基础"，确切地说就是2015年宝岛眼镜启动的两大战略：专业化和数字化。

为了树立专业形象，用专业服务和商品来赢得用户信任，王智民将宝岛眼镜的专业化战略体现在四个方面：专业的设备、专业的验光师、专业的服务、专业的商品。他希望改变眼镜店在用户心目中的形象，从眼镜店转型为专业的眼健康筛查中心，既帮助民众认识到眼睛健康的重要性，又通过专业性吸引用户走进宝岛眼镜门店。

在数字化方面，在王智民看来，所有企业在做数字化之前，应该重新定义未来你和用户之间的关系。2015年宣布数字化战略后，宝岛眼镜开始推进线上线下的数字化融合，实现门店与各线上平台的支付、会员、商品等打通。电商部门不再只是在平台上卖券，开始做务实的B2C销售，基于消费者的视角认真思考到家、到店的消费场景。2016~2020年，宝岛眼镜连续5年拿下"双十一"天猫、京东眼镜类目双料冠军。此外，从2015年开始，宝岛眼镜还鼓励门店导购通过扫码关注，把进店的用户引导至微信公众号，做微信商城和营销活动。到2018年初，宝岛眼镜又激活了企业微信，开始积累和运营会员。到2018年，宝岛眼镜的专业化和数字化建设差不多已经完成，这为与用户建立连接、做会员运营铺平了道路。2019年，王智民觉得会员运营的时机已经成熟，加上私域流量概念的突然升温，他于是决定启动宝岛眼镜的私域流量运营，将公司的管理经营模式从以门店运营为核心转向以会员运营为核心。

经过几年来的观察和思考，王智民总结出了宝岛眼镜私域流量运营的方法论：两大动作，五大路径。第一个动作是公域转私域，将宝岛眼镜在公域获取的用户引导到私域，建立自己的会员流量池；第二个动作是会员运营，在自己的流量池内维护、运营好会员。五大路径分别是寻找公域流量池、扩大声量、创造触点/设计场景、公域转私域、会员运营。

2019 年 9 月，宝岛眼镜宣布了私域流量运营，并同步启动了组织变革。按照王智民的规划，宝岛眼镜的主体架构切分为两大块。一块还是做原来的线下门店零售。另一块负责会员运营，由 MCN（网红孵化中心）和 MOC（会员运营中心）两大部门组成，分别负责公域流量运营和私域流量运营。

从方法论中的五大路径来看，MCN 主要负责寻找公域流量池和扩大声量，MOC 则完成公域转私域和会员运营。但是，这两大部门并不是相互独立的，它们需要共同完成一个工作——创造触点和设计场景。具体来说，MCN 设计各种用户场景，然后 MOC 开发各种数字工具，以数字化方式实现这些场景，从而构成商业闭环。无论是 MCN 还是 MOC，他们面向的是宝岛眼镜全体 7000 多名员工，通过服务好员工，让员工服务好用户。

宝岛眼镜的组织变革不只是发生在总部层面，全国七大区也各自设立了 MCN 和 MOC 团队，对接总部的同时，给各自大区内的所有员工提供赋能。宝岛眼镜的整个 MCN 有 40 人左右，基本上就是原来的市场部人员。但是变成 MCN 之后，他们的职能彻底改变了。原来，市场部是做对外投放和促销活动的，现在 MCN 主要做两件事：孵化达人和生产内容。

MCN 要孵化的达人并非来自外部，他们的目标很宏大，要把宝岛眼镜的 7000 多名员工都培养成网络达人，让他们到不同流量平台开设个人账户，传递宝岛眼镜的声量，对平台上用户进行种草、拉新，吸引用户加入企业微信，成为宝岛眼镜的私域流量。在孵化达人之前，MCN 先要选定进入哪些公域流量池，标准就是"用户在哪里，我们就在哪里出现"。宝岛眼镜把自己的用户划分为多个族群，包括功能科技、品质科技、完美主义、入门品质、淡定族、国际奢华、时尚浪族、白富美等。相应地，MCN 确定了大众点评、视频号、小红书、知乎、抖音、豆瓣、哔哩哔哩、微博、微信等平台，并对它们做了精细化分类。

找到了公域流量池，也孵化了大量达人到不同平台开设账户、发声、种草，接下去，怎么把已经对宝岛眼镜产生兴趣的平台用户引到私域流量池呢？MCN 会设计各种场景和触点，给导购和验光师创造触达用户的机会，然后由导购和验光师引导用户加入宝岛眼镜的企业微信。被种草的公域用户，一旦通过导购和验光师加入企业微信，就成了宝岛眼镜的私域流量。接下来，就该运营私域流量的 MOC 登场了。

整个 MOC 团队也有三四十人。总部 MOC 承担会员策划、渠道运营、互动运营、赋能运营、产品研发、数据挖掘等职能，他们策划出各种运营方案、挖掘可运营的数据结果、制作各种内容、基于企业微信平台开发各种数字工具后，会移交给大区 MOC 团队，由后者给自己大区内的导购和验光师进行赋能，使他们能够更好地与会员交互沟通，持续提供到店或到家服务。比如，MOC 了解到某地要举办活动，就会配置一些福利包，通过小程序等方式发布，当用户接触到相关触点时，福利包就会弹出来。再比如，MOC 会在会员月期间策划不同的活动，围绕会员月这一事件进行深度运营。

到目前，宝岛眼镜全员已经设立了 7000 多个大众点评账号、800 多个小红书账号、200 多个知乎账号及约 20 个抖音账号。同时，宝岛眼镜微信公众号会员已有近 600 万人，企业微信会员也达到 400 多万人，会员社群超过 1000 个。

资料来源：改编自：《宝岛眼镜：以会员为核心的模式变革》。

思考题

1. 宝岛眼镜的创新包括哪些类型的创新？并浅谈这些创新的具体内容和特点。

2. 试分析宝岛眼镜的创新战略是如何实现的？

3. 试分析宝岛眼镜创新战略的意义及其给中国企业带来什么启示。

案例五　分析参考

1. 宝岛眼镜的创新主要包括战略创新和组织创新。

（1）战略创新指发现和变革组织目标，探寻新的行动路径的管理决策活动，战略创新首先表现为企业各时期的具体经营目标，需要适时地根据市场环境和消费需求的特点及变化趋势加以调整和创新。随着外界竞争的白热化，宝岛眼镜颠覆性进行了由公域转私域的转变，彻底改变以门店运营为中心的传统模式，构建起以会员运营为核心的零售模式。将宝岛眼镜在公域获取的用户引导到私域，建立自己的会员流量池，在自己的流量池内维护、运营好会员。并进一步通过寻找公域流量池、扩大声量、创造触点/设计场景、公域转私域、会员运营五大途径保障由公域转私域的转变，这是宝岛眼镜在运营模式和制度上的巨大变革。

（2）组织结构创新是组织横向结构与纵向结构两个层面各种创新与变革的综合，它重点在于调整组织工作分配，重新划分内部权力和责任关系以及沟通系统。运营模式和制度上的创新使宝岛原有的组织结构变得无法适应，因此宝岛眼镜宣布了私域流量运营，并同步启动了组织变革。宝岛眼镜的主体架构切分为两大块。一块还是做原来的线下门店零售。另一块负责会员运营，由 MCN（网红孵化中心）和 MOC（会员运营中心）两大部门组成，MCN 主要负责寻找公域流量池和扩大声量，MOC 则完成公域转私域和会员运营。宝岛眼镜的组织变革不只是发生在总部层面，全国七大区也各自设立了 MCN 和 MOC 团队，对接总部的同时，给各自大区内的所有员工提供赋能，这些都是宝岛眼镜在组织结构上的创新和变革。

2. 宝岛眼镜的创新战略是通过以下四方面实现的：

（1）启动"专业化+数字化"的战略。一方面，为了树立专业化形象，宝岛眼镜从专业的设备、专业的验光师、专业的服务和专业的商品四个方面体现专业化战略；另一方面，宝岛眼镜推进线上线下的数字化融合，将实体门店和线上平台的支付、会员和商品打通。

（2）根据私域流量运营战略进行组织变革。将宝岛的组织架构分为负责线下零售和会员运营的两个部分，其中会员运营由 MCN 和 MOC 两大部门组成。

（3）公域转私域。通过孵化大量达人到不同平台为宝岛发声，MCN 设计各种场景和触点，给导购和验光师创造触达用户的机会，然后由他们引导用户加入宝岛眼镜的企业微信，成为私域流量。

（4）会员运营。MOC 团队通过策划运营方案、挖掘数据、制作内容等方式给导购和验光师进行赋能，以更好地与会员交互，同时举办各种活动保持会员黏性。

3. 宝岛眼镜创新战略的意义及其给中国企业带来的启示：

（1）管理者要具有创新意识。宝岛眼镜在几年前就开始启动相关战略，为实施创新战略打基础，只有目光长远并作出顺应时代发展的战略规划才能让企业的创新战略更加顺利地实施。

（2）战略目标要制定得具体。因为战略目标越具体，战略实施就越容易。

（3）实施创新战略要改变相应的组织架构及践行相关的企业文化行为保证。宝岛眼镜为实施创新战略将主体架构重新划分并向员工贯彻数字化思维等的企业文化以保证创新战略的顺利实施。

二、推荐书目

推荐书目 1：卡莱斯·朱马：创新进化史：600 年人类科技革新的激烈挑战

及未来启示，广东人民出版社，2019

本书翔实研究了600年科技发展的历史，通过基因改造、机械制冷、电力、录制音乐等7个人类创新史上的精彩案例，展示了新技术如何出现、生根，并建立适于自身的新制度生态的过程。本书还从历史发展角度，研究了当今社会对人工智能、在线学习、3D打印、基因修饰、机器人、无人机和可再生能源等科技的争论及其进展，提供了能帮助人们避免大部分困境的指导与启示。

推荐书目2：克莱顿·克里斯坦森：创新者的窘境，中信出版社，2020

面对市场变化和新技术的挑战，这些管理良好、认真倾听客户意见、积极投资技术研发的成熟企业，反而输给了其他采用破坏性技术的新兴企业，并逐渐丧失市场主导权。这就是"创新者的窘境"。在这本书中，管理学大师克里斯坦森分析了计算机、汽车、钢铁、零售等多个行业的创新模式，并提出了决定企业成败的重要概念。

推荐书目3：李善友：第二曲线创新（第2版），人民邮电出版社，2021

本书包含创新思维框架、8个关于创新的思维模型和实践方法，帮助企业与个人穿过纷繁复杂的迷局，通过创新实现企业持续增长，跨越事业与人生的第二曲线。

第十六章 组织创新

一、专题案例

案例一 ZF公司的创新之路

创立于2006年的ZF公司，是一家专业从事汽车车载DVD影者导航、汽车GPS导航仪的研发、生产与销售的汽车电子高新技术业。2014年，ZF公司的高层已经洞察到市场的变化，将整个企业分割成乐航、大周等四个分公司并独立核算，让全体员工参与到企业经营中，充分发挥每个员工的积极性和创造性，实现企业规模越来越大，经营载体越来越小，企业经营效益持续改善。

在伏显平看来，面对挑战，每家企业都或多或少在做创新，但真正实现系统性创新还需要从流程、组织、制度及文化等方面，打造卓有成效的系统，并让创新能够持续发生。通过这次组织模式变革并实施股权激励机制，各分公司由多位能力强的管理骨干承包经营，承包者拥有了公司的股份和期权，并承诺在一定期限内实现赢利的目标，ZF公司还重新制定了相应的薪酬制度和激励机制，完善了提高团队积极性的考核体系。

ZF公司的股东们深知，在创新文化打造中领导所起的作用是决定性的，再完善的制度如果没有好的领导，实施效果也会大打折扣。伏显平说，我们4位股东非常团结，从1999年相互认识到2006年共同创业，一直走到今天。我们在一起时总是讨论创新，也鼓励员工多提创新的想法，我们希望企业上上下下充满创新精神，让创新成为企业文化的灵魂。创新需要一套有效的激励机制，伏显平介绍说，为了鼓励员工创新，公司每年在创新激励方面的投入30万~40万元，不仅针对新产品开发设置金额从1千元至5万元不等的奖金，对发明专利和新型实用专利也有相应的奖励基金。员工提出合理化的建议给企业带来效益的，也发放相应的奖金以示鼓励。

为了降低创新风险，ZF 公司为创新项目设定了分段投入、分段评估的方式。如果新项目在运行阶段取得了预期的成果，则继续投入资金支持；如果其投入超过警戒线却未能达标，就召开股东大会讨论新项目的进展情况，对项目方向进行修正或判断是否终止项目。如果创新项目失败，其责任在股东，而不是由具体创新人员来承担。

经过多年的努力，ZF 公司通过构建系统性创新机制，发挥员工的创新积极性，用高端定制化的产品和服务，筑高了竞争门槛。

思考题

1. ZF 公司采取了哪些具体的手段来激发创新？

2. ZF 公司的例子给中国企业带来了何种启示？

案例一　分析参考

1. 在组织变革的过程中，组织不仅要消除变革的各种障碍和阻力，还要确定组织新的愿景，在设计转化过程中得到了政治支持，获得了持久的变革动力。ZF 公司采取了以下手段来激发创新：

（1）创造组织共同愿景与意义给赋。在组织变革过程中，组织愿景为组织变革描绘了一个可见未来，它为变革设计、执行及评估提供了一个价值导向。通过为组织成员明确共同目标，为变革的合法性进行解释和辩护，找到组织成员为变革努力的依据，增强人们对组织变革的承诺。ZF 公司非常重视创新文化和愿景的打造，公司的 4 位股东非常团结，在一起时总是讨论创新，也鼓励员工多提创新的想法，希望企业上上下下充满创新精神，让创新成为企业文化的灵魂。

（2）创新活动的人才配置获得持久变革的动力。组织变革一旦启动就需要持续的动力，直到组织完成从过渡状态到未来状态的转变。组织需要引进和开发创新人才，包括创造人才、也需要对创造人才进行职能管理，如招聘与培训管理、绩效管理、薪酬管理职业生涯发展规划等。组织变革中的人力资源配置就是要使人力资源成为组织变革的核心推动力。

为了鼓励员工创新，公司每年在创新激励方面投入 30 万 ~40 万元，不仅针对新产品开发设置金额从 1 千元至 5 万元不等的奖金，对发明专利和新型实用专利也有相应的奖励基金。员工提出的合理化建议给企业带来效益的，也发放相应的奖金以示鼓励。

为了鼓励管理者和员工，公司还实施股权激励机制。各分公司由管理骨干承包经营，给予承包者股份和期权，并设立目标，另外还重新制定了相应的薪酬制度和激励机制，提高团队的创新积极性。

设定分段投入、分段评估的方式降低创新风险。取得预期成果的项目继续投入资金，对未达标的项目评估后决定是否终止，且项目失败无须创新人员承担责任，降低了创新人员顾虑。

2. ZF 公司的创新给中国企业带来以下三点启示：

（1）管理者应当具有前瞻性。副总经理伏显平预计到了国内市场如今的局面，提前部署了相关战略，通过组织变革构建系统性创新机制，管理者应当对企业有长远的规划，对市场有前瞻性的把握，才能引导企业走向正确的方向。

（2）设置机制激发创新。ZF 公司通过设置各项激励机制，让员工乃至整个企业充满创新的氛围，激发了员工的创新积极性。

（3）创新的企业文化。ZF 公司的管理层十分重视创新，同时鼓励员工提出创新的想法，将创新深刻地融入到企业文化当中，在这样的环境下更有利于创新成果的产出。

案例二　诺信的变革困局

21 世纪初，诺信公司高科技事业部诞生于诺信股份有限公司对其业务的一分为三的重新调整。其业务额也从最初的占公司总业务额不到两成，逐渐地增长到了在 2007 年时占比三成左右，且增长速度非常之快。

进入 21 世纪以来，世界经济的动荡变得越来越频繁。2008 年开始，美国的次贷危机和欧洲债务危机接踵而至，给全球的经济蒙上了巨大阴影，而中国经济的增速也因产业结构调整而正常放缓，给全球市场带来了信心上的负面影响。此外，消费电子产业经过近 10 年的高速发展，现如今却由于暂时缺少后续的划时代的科技和产品的出现，难以再掀起新一波的增长浪潮；现有产品的主要目标市场已开始慢慢饱和，从而使公司产品的增量市场变得十分有限，现有市场也因为机会的减少而使得竞争越发激烈。

面对外部环境的日趋恶化，许多深藏于诺信公司高科技事业部内部的问题也慢慢浮现出来，如内部各组成公司间在应对重叠市场和客户群体时，因缺乏协同而产生内耗；事业部内分散于各地的制造工厂的产能没有得到充分的利用，造成一边的工厂缺资源，另一边的工厂却有大量的资源闲置，从而白白产生了不必要的浪费等。面对这样严峻的内外形势，对高科技事业部来说，要支撑诺信股份有限公司整体达成设定的战略目标无疑是一个巨大的挑战，变革也因此成了必然选项。

然而，诺信公司高科技事业部目前的变革管理成效并不明显。由于没有形成有力的指导团队，整个变革管理缺乏系统性，因此其效果大打折扣。在内部整合过程中面临着来自各个方面的强大阻力，尤其是来自各强势子公司的阻力，这些阻力使整合进展非常迟缓，效果也不明显。相反地，由于这些阻力的存在，事业部的整合也给其带来了诸多的负面效应，如运营效率的下降、运营成本的攀升等。此外这些阻力还带来了相当的风险，如果处理不好，会对事业部及诺信公司整体造成伤害。

因此，诺信公司高科技事业部现在正面临着这样一种困境：如果继续将变革进行下去，不仅要接着投入大量的资源，而且内部的整合会存在相当的风险，并且整合最终能否达到预期效果存在着较大的不确定性；但是如果就此终止事业部的变革进程，前期的投入付诸东流不说，还必然会影响到事业部乃至于诺信公司整体未来发展战略的实施及目标实现。该如何进行抉择，对诺信公司高科技事业部的高层来说，无疑是一个两难的选择。

资料来源：毛庆全．诺信公司高科技事业部变革管理案例研究［D］．长春：吉林大学，2016.

思考题

1. 根据诺信公司高科技事业部所面临的困境，分析影响组织变革的因素有哪些。

2. 你认为诺信公司高科技事业部变革的阻力有哪些，应当如何消除？

案例二　分析参考

1. 根据诺信公司高科技事业部所面临的困境，影响组织变革的因素有宏观经济的影响，产业和市场的改变及组织内部问题凸显。

（1）宏观经济的影响。全球经济受到次贷危机及欧洲债务危机的影响，中国经济增速也因产业结构调整放缓，整体经济形势十分严峻。

（2）产业和市场的改变。消费电子产业经过多年的高速发展，诺信公司高科技事业部的主要目标市场逐渐饱和，导致公司产品的增量市场十分有限，企业经营的实际状况与理想状况不相一致。

（3）组织内部问题凸显。诺信公司高科技事业部的内部各组成公司因缺乏协同而导致内耗，各工厂产能没有得到充分利用等问题日益凸显。这些因素的出现使公司不得不进行组织变革。

2. 尽管组织变革与创新往往是环境变化驱动的，但仍然会遇到组织内外的各种障碍，组织中对于变革与创新的抵触力来自复杂的系统因素：组织文化、既定的发展战略、组织结构、技术水平、领导风格、成员因素都可能使变革与创新受到阻碍。诺信公司高科技事业部变革的阻力有未形成强有力的指导团队、子公司不配合及变革带来的负面效应。

（1）企业家行为选择的路径依赖。影响企业经营的从来都不是客观的环境或资源，而是人们所认识到的和所以为的环境和资源。企业家正是根据他们对环境特征及其变化的认识，根据他们拥有经营资源的认识来指定和比较不同的决策方案。面对严峻的内外形势，对诺信高科技事业部来说变革成了必然选项，但由于集团行为选择的路径依赖，虽然对变革引起了高度重视，但未形成强有力的指导团队，整个变革管理缺乏系统性，改革效果大打折扣。诺信公司高科技事业部应当从各个事业部抽调高级管理人员并邀请相关领域专家共同组成一个指导团队，系统地对组织变革进行设计，以消除此方面的阻力。

（2）企业文化的组织记忆特征。在历史上形成的企业文化是在企业经营过程中被实践证明的一种成功的行为方式，以及这种行为方式所体现的行为准则和价值观念。作为组织记忆的企业文化，制约着企业员工的思维方式，并通过对员工的思维方式的影响，限制着员工及企业行为选择。由于诺信的历史和企业文化影响，诺信各子公司长期以来处于强势地位，加之事业部缺乏与各子公司的有效沟通，导致内部整合受到来自业务强势子公司的阻力。诺信公司高科技事业部应当确定组织新的愿景，设计转化过程，获得子公司的支持，以获得持久的变革动力。

（3）由于这些阻力的存在，给事业部的整合带来了负面效应和风险，也成为了变革过程中的阻碍。一方面要消除这些阻力首先要激发组织变革的意愿，让组织成员感受变革的需求；另一方面要通过沟通和协商等方式消除其对变革的担忧，并通过创造组织共同的愿景，为组织变革描绘一个可见的未来，明确共同的目标。

案例三 "火锅培训"打造学习型组织

博世通过文化的力量，将学习文化植入每一个博世人心中，通过多元化、个性化的培训，激活个体创造力，让这个老牌德企，在数字化转型的今天，依然焕发生机。博世向健康与科学、教育、社会与文化、国际关系等关系人类福祉的领域投资，从而改善人类生活。这点是每一位博世人引以为豪的文化"基因"，让员工在博世更有意义感地工作。这也意味着，博世与很多公司不同，看问题更长远，更以人为本。相较于短期利益，更注重价值观的实现，从企业文化、领导力文化和学习文化中便可见一斑。

"We are Bosch"的企业文化。博世是一家多元的企业集团，但全球40万博世人对于博世的使命与文化有共同的认同，有着对于这一家企业的强烈自豪感，有着"一家人"一般的感情，这是自下而上推动博世学习文化的基础。

"We LEAD Bosch"的领导力文化。在博世，每一个人都是领导者，每一个人都责无旁贷，在时代变局下，这是博世倡导的企业家精神的体现。领导力需要体现在千千万万的博世人身上，也体现在博世人主动参与学习、分享的学习文化中。

"Bosch Learning Company"的学习文化。来自博世全球各个业务部门的100多名学习发展相关领域及业务部门专家，倡导推动这一文化，打造每一位博世人的学习力，最终将博世塑造成一家学习型组织。这一文化得到了博世最高决策层的支持，因为学习力被视为博世能否成功转型的关键因素。

从文化"基因"出发，博世中国培训中心（Bosch Training Center of China，BTC-CN）对于自身的定位，并非传统意义上的培训执行部门，而是学习和领导力文化团队。该团队在将博世的学习传统贯彻到底的同时，深度赋能员工成长和组织转型。因此，BTC-CN在培训与胜任素质发展、赋能数字化转型、打造领导力文化团队三方面聚能和发力，以期深度变革博世中国的学习方式和学习态度，构筑新时代的学习型组织。

BTC-CN所进行的一系列变革，形象地被比喻为建造"美食城"，创造出的一系列个性、多元的学习活动，则是为员工提供一顿"菜式丰富，各取所需"的火锅大餐。为满足不同员工的个性化学习需求，博世熬制了四种不同类型的"汤料"，学员可以按需选择适合的火锅"底料"。"猪骨汤"指传统的课堂培训；"清汤"指线上正式学习；"麻辣香锅"则是线上非正式学习；而"海鲜锅"则代指线下非正式学习。"火锅理念"是知行合一的结果，并且会随时代、环境之变而不断变化发展。

博世中国 60000 名员工，是个极为多元化的群体。正是意识到这种多样化的员工特质，博世才会在设计学习发展时践行"设计思维"，把员工放在设计的中心。博世在学习发展上尝试从以下三点去突破：首先是创新，用耳目一新、富有趣味的内容形式来冲击观念，强化感受式的学习；其次是专业，针对"随需而学"，加强专业领域的学习分享，直接支持其达成绩效；最后是共创，最大范围地邀请学习者参与学习共创。

如果把目标放得更长远，而不局限于一隅，那学习发展的关注点就会不同。只有员工的终身学习和发展，才能为企业带来可持续的跨越式发展。对所有博世人而言，这同样是他们一生的功课，努力践行终身学习、知行合一、提升格局，更多地学习人性，持续自我修行。

资料来源：改编自《博世的学习型组织》。

思考题

1. 试分析博世打造学习型组织的原因和目的。

2. 博世进行组织学习的模式与过程是怎么样的？

3. 结合案例，浅谈打造学习型组织的意义及对我国企业的启示。

案例三　分析参考

1.（1）博世打造学习型组织是为了激活个体创造力。外部环境的变化激发了组织内部决策规则的变化，通过组织学习，从而提高企业对不同环境的适应能力。

（2）博世打造学习型组织是为了价值观的实现。博世的企业文化、领导力文化和学习文化让员工对企业有强烈的自豪感和归属感，在博世更有意义感地工作。

2. 博世进行组织学习的模式与过程如下：

（1）以文化为"基因"，倡导"学习敏捷力"。博世通过基金会向健康与科学，教育、社会与文化、国际关系等关系人类福祉的领域投资，从而改善人类生活。博世注重价值观的实现，打造了员工认同的企业文化、领导力文化和学习文化，这是推动博世进行组织学习的基础。

（2）学习变革，打造"火锅培训"。BTC-CN 在培训与胜任素质发展、赋能数字化转型、打造领导力文化团队三方面聚能和发力，以期深度变革博世中国的学习方式和学习态度，构筑新时代的学习型组织。创造出一系列个性、多元的学习活动，让员工可以各取所需。

（3）设计思维，让学习充满娱乐感。把员工放在设计的中心，用富有趣味的内容形式来冲击观念，强化感受式的学习，针对"随需而学"，加强专业领域的学习分享并且最大范围地邀请学习者参与学习共创。

3. 打造学习型组织的意义及对我国企业的启示有以下三点：

（1）打造学习型组织可以激发员工创造力。不断地进行组织学习可以使员工更具活力、创造力，在内外环境发生变化时，企业具有较强的适应能力。

（2）重视企业文化。员工对企业的使命与文化有共同的认同，是自下而上推动企业协调发展的基础。

（3）在设计知识培训时，以员工为中心。用新颖、富有趣味的内容形式来激发员工的学习兴趣，并且加强专业领域的学习分享使培训更有效用；同时关注员工的终身学习和发展，才能为企业带来可持续的跨越式发展。

案例四　齿轮理论：KM 公司的驱动组织创新

深圳市 KM 技术有限公司是 2009 年 11 月 16 日成立的高新科技企业，目前拥有亚洲最大单体电子厂房，全球效益最好的产线，全球单一产能，最大 8.5 代线，以及全球面板产业建设速度最快的项目。KM 公司 CEO 薄连明表示，传统企业在组织方面的特点是科层制，难以适应外部环境的变化，这时互联网转型下的组织创新成为企业获取竞争优势的必然选择。此外，新时代下员工的个人自主意识觉醒，使组织必须改变传统的"大棒加胡萝卜"的激励政策，开创强调自主、专业和以目标为导向的新型组织和文化。

薄连明认为公司各组织间不是完全的线性串联或并联的运作模式，而是像钟表的齿轮一样，是一个相互耦合的过程。于是，薄连明提出"齿轮理论"，并自2012 年开始在 KM 公司推广实施，实践证明按照齿轮理论推进的组织创新确实为 KM 公司战略的落实提供了有力的组织能力保障。

"齿轮理论"是自下而上发起、经公司授权、完成特定使命的跨部门组织。每个齿轮都是能动的、自转的、开放的，带动别的齿轮，也被别的齿轮带动。小齿轮高速运转，驱动大齿轮加速前进，实现稳定的流程与组织之间的灵活互动有机结合。齿轮打破跨职能障碍，促进组织协同，将隐性合作关系显性化，提高自我解决问题的效率、专业和决断，培养领域专家，以团队方式支持员工释放潜能，培育新兴业务、技术和方向，鼓励内部"双创"文化。齿轮是一个有生命力的责任体，包含三大"基因"：专精、当责和自驱。专精是存在基础，要求提高专业能力；当责是前进动力，要求提高职业素养；自驱是动力源泉，要求强烈的使命感。同时，齿轮基于信任、共同的目标和价值观，这也是齿轮的社交优势。

五大关键落地齿轮理论，推动组织创新。第一，规划分阶段运作，组织创新如果变成员工乐意接受并自觉维护运行的模式，是需要一个过程的，这个过程包括启蒙、发动、强化到自运行的几个阶段。第二，搭建生态平台，构建齿轮生态。基于公司级七大齿轮，搭建生态平台，为企业长远发展提供续航能力，目前在 KM 公司内网有专门的"齿轮门户"，长期活跃的齿轮有 500 多个。第三，推动齿轮交流，内部分享包括微信、邮件和会议，外部交流包括齿轮生态平台、交流分享会和优秀案例分享等形式。第四，设计齿轮激励，激励金字塔模型从下至上分别是硬性激励、软性激励、成长激励和使命激励，而成长激励与使命激励都属于齿轮激励。第五，倡导"当责"文化，当责是当家做主的责任，也像大齿轮、中齿轮、小齿轮，相互耦合，互相带动，自驱驱人；当责是要完成自己承诺的事，并为最终成果负起完全责任，遇到意外，依旧要说明原因、提出解释、设法解决，让责任推托到此为止。

资料来源：改编自《KM 公司扎实齿轮理论，驱动组织创新！》。

思考题

1. 你对 KM 公司的"齿轮理论"创新有何看法？

2. 在实施"齿轮理论"后，KM 公司做出了哪些调整？可能会出现什么问题？

3. 谈谈 KM 公司实施"齿轮理论"的意义，对中国企业有何启示。

案例四 分析参考

1. KM 公司的"齿轮理论"是组织层面上的创新，包括组织结构、组织制度、组织文化、组织沟通等方面，是一种全面的、综合的创新。企业制度的创新主要包括产权制度、经营制度和管理制度三个方面的内容。制度创新的方向是不断调整和优化企业所有者、经营者、劳动者三者之间的管理，使各方面的权力和利益得到充分体现，使组织的各种成员的作用得到充分发挥。组织结构的创新是组织横向结构与纵向结构两个层面各种创新与变革的综合，它重点在于调整组织工作分配，重新划分内部权力和责任关系及沟通系统。

"齿轮理论"是自下而上发起、经公司授权、完成特定使命的跨部门组织。每个齿轮都是能动的、自转的、开放的，带动别的齿轮，也被别的齿轮带动。小齿轮高速运转，驱动大齿轮加速前进，实现稳定的流程与组织之间的灵活互动有机结合。因此，KM 公司的"齿轮理论"是组织层面上的创新，是一种全面、综合的创新。

2. 在实施"齿轮理论"后，KM 公司做出了以下调整：规划分阶段运作、搭建生态平台，构建齿轮生态、推动齿轮交流、设计齿轮激励、倡导"当责"文化。

尽管 KM 公司做了上述调整，但仍然会遇到组织内外的各种障碍，组织中对于变革与创新的抵触力来自复杂的系统因素：组织文化、既定的发展战略、组织结构、技术水平、领导风格、成员因素都可能使变革与创新受到阻碍。

因此在上述 KM 公司的调整中，可能会出现员工因为触及到自己的利益而对"齿轮理论"有抵触的行为；也可能会让一部分员工因为自己的能力有限，而选择反对"齿轮理论"的推行；部分员工也可能由于缺乏了解或认知惰性而不希望打破现状。还可能出现管理者行为选择的路径依赖。管理者根据他们对环境特征及其变化的认识，根据他们拥有的经营资源的质量的认识来制订和比较不同的决策方案。管理者可能因为选择的路径依赖，虽然主观意识到了变革的重要意义，但未形成强有力的管理和指导机制去保障变革的实施，改革效果大打折扣。

3. 实施"齿轮理论"的意义有以下三点：

（1）使企业更好地适应外部环境的变化。当环境变化时，跨部门组织间协同作用，可以打破职能间的障碍，各个齿轮灵活配合，实现稳定的流程与组织之间的灵活互动有机结合。

（2）开创新型组织和文化。"齿轮理论"强调自主、专业和以目标为导向的组织和文化，支持员工释放潜能，培育新兴业务、技术和方向，员工在齿轮激励作用下更乐意接受并自觉维护这种模式，推进企业可持续性发展。

（3）为战略落地提供了有力的组织能力保障。专精要求齿轮提供专业能力，当责让齿轮提高职业素养，自驱则要求强烈的使命感，这些都促进了 KM 的战略实施。

对中国企业来说，实施组织创新具有重要意义，组织创新不仅可以提升企业应对外部环境变化的能力，还能帮助企业获得竞争优势，注入活力。

案例五　乐金飞利浦公司的创新之路

北京乐金飞利浦电子有限公司是主要生产彩色电视机用偏转线圈，在偏转角度、画面失真、上下失会聚、静态特性等方面处于领先水平。每年年末，公司最高管理层都会召集专门研讨会议，分析经营业绩、市场环境，研讨公司的远景规划，制定、修订公司的中期、长期发展目标和明年的经营目标。与会者为公司的各级管理者。在会议上，大家以经营环境和相关方的需求为背景，充分考虑公司的核心价值观，采用 SWOT 分析、3C 分析、FAW 分析等工具，制定适合公司的愿景。

为了使全体员工都能够理解、记忆战略目标，公司采用多种形式进行宣传。首先把经营目标编制成易懂易记的"革新口号"，以电子版、社报、网站、现况板、条幅等形式通报全体员工。其次公司内部会议开始时，"革新口号"作为互致问候的开始语。最后总经理在新年目标发布会、每月例会和内部会议上都要向大家讲解"革新口号"的含义。

由于竞争加剧，越来越多的公司通过变革取得优势。尽管变革纷纭，但有一点永恒不变——人才是公司最重要的资源。在不断变化的环境中，如何使组织变得更加坚固，持续创造和发挥组织的优势，吸引和留住大批维系组织发展的有用人才，对公司来说显得尤为重要。强企业塑造强人才，强人才创造强企业。革新学校、品质经营意识革新课程是公司开设的教育培训课程中有代表性的课程，分别介绍如下：

革新学校是为了实现经营目标，强化团队精神，锤炼员工的意志，培养有强烈激情的员工，在 2004 年开展的强化课程中提出"资源有限，智慧无限"，"不是我，是我们"，"没有 NO 的挑战"等革新基本精神。公司全部管理层、普通职员共 400 余名参加了四夜五天的封闭训练。在这段时间里，受训者要完成 Morale 训练、打扫卫生间、生产现场浪费问题查找、生产现场作业、40 公里夜行军等高强度的训练。80 分为及格线，连续三天不能达标者将退出训练。课程的最后一项是 40 公里夜行军，由于此前每天只有 3~4 小时的睡眠，这时大家已经是极度疲惫，夜行军一般要从晚上八点徒步走到次日六点左右，中途还设有挑战项目，到达大本营后还要集体跳绳。每期训练结束，公司总经理都会到大本营迎接凯旋的英雄。

品质经营意识革新课程是为了提高生产现场员工的品质意识，减少作业中的浪费，由教育部门联合专业培训机构为现场作业者量身定做的课程，这门课程把抽象的理论知识运用到日常行为中。课程分为三个单元，分别是课程导入单元、如何进行品质经营单元、品质经营实践单元。每单元都有录像穿插其中，录像的内容均取自生产现场，受教育者在录像中可以找到自己的身影。作业是否规范，动作中是否存在浪费，一目了然，印象深刻，寓教于乐，效果显著。讲师在课堂上积极营造敞开心扉、自由说出心里话的沟通气氛，使每个人都积极参与，有所收获。课程的最后一项是每个人写下自己的"零不良宣言"，并当众宣读，请大家在以后的工作中监督。课程共举办 18 期，全部作业者都参加了为期一天的全脱产课程。学员满意度调查结果显示学员的满意度平均值为 4.4 分（5 分满分）。课程结束四周后进行的课程效果评价显示员工们的品质经营行为有明显改变，品质经营行为已经成为工作语言。

另外，公司还要求全员参加 TDR 活动"TDR-Tear Down & Redesign"的原意，是改善问题的根本原因，完全打破以前过程中的全部基准，重新再设计解决方案的方式。TDR 活动首先要找到影响企业生存恶化的要因及影响企业发展的"瓶颈"问题，汇集公司相关领域的专门人才，组成一个个临时的常勤 Team，展开"一次性结束的""需要承担责任的"革新活动。与日常进行的改善活动的区别是：在问题解决之前不允许从 TDR Room 走出来的思想，使所有成员集中精力，发挥全部的潜能去追求完美的解决方案。公司从 2002 年开始推进 TDR 活动，各个部门根据当年公布的总体的经营方向和目标，结合公司现状及市场环境开展改进课题，从顾客的要求、总公司的经营、部门业务的角度出发，以六西格玛方法为手段进行全方位 TDR 活动，管理层和普通职员每年必须参加至少一个课题，六西格玛 GB 以上人员要参加至少两项。TDR 活动得到高层管理的关心和支持，总经理每月都要到 TDR Room 巡视，听取课题进展情况介绍，提供资源保证，帮助解决疑难。每半年公司还要召开 TDR 成果发表会，对取得卓越成果的 Team 给予表彰、奖励。TDR 活动的全面开展，为公司带来了可观的收益，公司的销售收入以每年 20%～30%的速度增长，TDR 活动已经成为公司生存和发展的基础力量。

资料来源：改编自《上下同欲者胜》。

思考题

1. 北京乐金飞利浦公司在追求卓越的过程中，有哪些创造性举措？
2. 结合案例，试分析公司的核心价值是什么？
3. 试分析乐金飞利浦公司创造性举措的意义和对我国企业的启示。

案例五　分析参考

1. 组织变革的过程中，组织不仅要消除变革的各种障碍和阻力，还要确定组织新的愿景，设计转化过程，得到政治支持，获取持久的变革动力。东金飞利浦公司采取以下创造性举措：

（1）创造组织共同愿景与意义给赋。组织变革过程中，组织愿景为组织变革描绘了一个可见未来，为变革设计、执行及评估提供了一个价值导向。通过为组织成员明确共同目标，为变革的合法性进行解释和辩护，找到组织成员为变革努力的依据，增强人们对组织变革的承诺。乐金飞利浦公司非常重视创新文化打造，以经营环境和相关方的需求为背景，充分考虑公司的核心价值观，采用 SWOT 分析、3C 分析、FAW 分析等工具，制定适合本公司的愿景。为了使全体员工都能够理解记忆战略目标和愿景，把经营目标编制成易懂易记的"革新口号"，以电子版、社报、网站、现况板、条幅等形式通报全体员工；公司内部会议开始时，"革新口号"作为互致问候的开始语；经理在新年目标发布会、每月例会和内部会议上都要向大家讲解"革新口号"的含义，让创新成为企业文化的灵魂。

（2）创新活动的人才配置，获取持久变革的动力。组织变革一旦启动就需要持续的动力，组织完成从过渡状态到未来状态的转变。组织需要引进和开发创新人才，包括创造人才，也需要对创造人才进行职能管理，如招聘与培训管理、绩效管理、薪酬管理职业生涯发展规划等。组织变革中的人力资源配置就是要使人力资源成为组织变革的核心推动力。乐金飞利浦公司为了塑造人才开展了诸如革新学校、品质经营意识革新课程等培训课程。公司还要求全员参加 TDR 活动。TDR 活动首先要找到影响企业生存恶化的要因及影响企业发展的瓶颈问题，汇集公司相关领域的专门人才，组成一个个临时的常勤 Team，展开"一次性结束的""需要承担责任的"革新活动。

2. 通过对案例的分析，我认为公司的核心价值是执行力。北京乐金飞利浦公司致力于培养全体员工的执行力。对公司的战略目标，公司制定了相关的规则使全体员工都能理解和记忆；公司开展了多项培训课程培养员工顽强的意志和团队精神，培养经理人的责任感和业务能力，提高生产现场员工的品质意识等；开展 TDR 活动，问题解决前不能从 TDR Room 出来，使所有成员集中精力，发挥潜能去追求完美的解决方案。这些都体现了公司对执行力的重视，将每一项政策都落到实处，都有所结果。

3. 乐金飞利浦公司创造性举措的意义和对我国企业的启示有以下三点：

（1）重视战略规划。战略规划是企业对未来的预测及对未来行动的安排，企业只有拥有明确的目标和计划，组织才会有奋斗的方向。

（2）注重员工的培养。人是一切组织活动的中心，上下同欲者胜，企业只有不断地培养员工的能力，才能更好地适应市场和环境的变化。

（3）企业应当不断吸纳国际、国内先进的质量管理经验，注重实效，不断提升公司的管理水平。

二、推荐书目

推荐书目 1：杨国安，李晓红：变革的基因：移动互联时代的组织能力创新，中信出版社，2016

成功离不开战略，而战略的落地和推进，更需要过硬的组织能力，否则只能是空中楼阁。本书从组织能力的三角模型出发，以移动互联为时代背景，从战略、组织和人才管理、激励机制等多个角度，结合多年的研究调研、企业实践和咨询辅导，给出了如何在移动互联时代持续获得成功的战略与路径。

推荐书目 2：彼得·圣吉：第五项修炼：学习型组织的艺术与实践，中信出版社，2018

在本书中，彼得·圣吉明确提出了"学习型组织"的管理理念，以及如何通过五项修炼来打造有超强学习力的学习型组织，强调从事一项修炼就意味着成为一个终身学习者。在这五项修炼中，最重要的一项修炼是系统思考，即第五项修炼。

推荐书目3：野中郁次郎，胜见明：创新的本质，人民邮电出版社，2020

本书从个人与组织的关系出发，分析了本田、佳能、松下、吉卜力、三得利等13家知名企业的产品开发案例，解密了其开发模式，即充分发挥个体的主动参与能力，通过灵活运用企业储备的知识，运用显性知识与隐性知识之间的传递、转化，创造出企业产品特有的"理念"。